全国县级融媒体
创新发展研究报告

（2023—2024）

陈少东　刘建华 ◎ 主　编

蔡小东　黄时兵　祝　青　王晓伟 ◎ 副主编

图书在版编目(CIP)数据

全国县级融媒体创新发展研究报告. 2023-2024 / 陈少东, 刘建华主编；蔡小东等副主编. -- 北京：中国书籍出版社, 2024.9. -- ISBN 978-7-5068-9765-5

Ⅰ.G206.2

中国国家版本馆CIP数据核字第202468VV87号

全国县级融媒体创新发展研究报告.2023-2024

陈少东　刘建华　主　编
蔡小东等　副主编

责任编辑	庞　元
责任印制	孙马飞　马　芝
封面设计	东方美迪
出版发行	中国书籍出版社
地　　址	北京市丰台区三路居路97号（邮编：100073）
电　　话	（010）52257143（总编室）　　（010）52257140（发行部）
电子邮箱	eo@chinabp.com.cn
经　　销	全国新华书店
印　　厂	河北鑫玉鸿程印刷有限公司
开　　本	787毫米×1092毫米　1/16
印　　张	21
字　　数	386千字
版　　次	2024年10月第1版　2024年10月第1次印刷
书　　号	ISBN 978-7-5068-9765-5
定　　价	158.00元

版权所有　翻印必究

《全国县级融媒体创新发展研究报告（2023—2024）》出品方

中国广播电视社会组织联合会县级融媒体中心委员会

中国新闻出版研究院传媒研究所

浙江省长兴县融媒体中心

浙江省安吉县融媒体中心

山东省青岛市城阳区融媒体中心

江苏省邳州市融媒体中心

浙江省温岭市融媒体中心

湖北省利川市融媒体中心

福建省三明市沙县区融媒体中心

福建省德化县融媒体中心

《全国县级融媒体创新发展研究报告（2023—2024）》编委会

主　编

陈少东　中国广播电视社会组织联合会县级融媒体中心委员会会长
刘建华　中国新闻出版研究院传媒研究所执行所长、研究员

副主编

蔡小东　中国广播电视社会组织联合会县级融媒体中心委员会秘书长
黄时兵　中国广播电视社会组织联合会县级融媒体中心委员会副会长、
　　　　浙江省长兴县融媒体中心主任
祝　青　浙江省安吉县融媒体中心原主任
王晓伟　中国广播电视社会组织联合会县级融媒体中心委员会副秘书长、
　　　　浙江省长兴县融媒体中心总编辑

编 委

殷治中　中国广播电视社会组织联合会县级融媒体中心委员会副会长

矫俊兆　中国广播电视社会组织联合会县级融媒体中心委员会副会长、
　　　　山东省青岛市城阳区融媒体中心主任

徐希之　中国广播电视社会组织联合会县级融媒体中心委员会副会长、
　　　　江苏省邳州市委宣传部副部长、邳州市融媒体中心党委书记

赵　源　江苏省邳州市融媒体中心主任

徐勇兵　浙江省温岭市融媒体中心主任

刘洪浩　湖北省利川市融媒体中心主任

邢丹鸿　福建省三明市沙县区融媒体中心原主任

郑兴丁　福建省德化县融媒体中心主任

刘啸兵　中国广播电视社会组织联合会县级融媒体中心委员会副秘书长、
　　　　山东省青岛市城阳区广播电视协会会长

贾　蕊　中国广播电视社会组织联合会县级融媒体中心委员会秘书

卢剑锋　中国新闻出版研究院传媒研究所副研究员

薛　创　中国新闻出版研究院助理研究员

刘　盼　江西省南昌市东湖区融媒体中心编辑

杨雨晴　河北传媒学院新闻与传播研究生

黄欣钰　河北传媒学院新闻与传播研究生

前言

2022年10月16日，习近平总书记在党的二十大报告中指出：加强全媒体传播体系建设，塑造主流舆论新格局。2024年7月21日，党的二十届三中全会审议通过的《决定》指出：构建适应全媒体生产传播工作机制和评价体系，推进主流媒体系统性变革。2013年8月，习近平总书记在全国宣传思想工作会议上指出：要适应社会信息化持续推进的新情况，加快传统媒体和新兴媒体融合发展。2018年8月，习近平总书记在全国宣传思想工作会议上指出：要扎实抓好县级融媒体中心建设，更好引导群众、服务群众。媒体融合发展已进入第十一个年头，县级融媒体中心建设也进入第六个年头，我国媒体融合发展取得了十大突破：党的新闻出版理论创新成果斐然，成为指导媒体融合发展当下与未来的主要理论支撑；习近平总书记媒体融合发展论述不断逻辑化与系统化，成为传媒业健康发展的实践抓手；媒体融合发展政策不断完善，成为传媒业勇于创新的强大保障；党端短视频成为宣传报道第一抓手，丰富了舆论引导的传播平台与手段；中央和省级党媒初步建成新型主流全媒体，是确保意识形态安全的中流砥柱；市级媒体朝融媒体中心目标快速迈进，成为媒体融合发展新的增长极；县级融媒体中心全面挺进互联网主阵地，大大拓展了新型主力军阵容；媒体技术不断革新，引领中国传媒"弯道超车"走在国际传媒前沿队列；全媒体人才队伍不断扩大，有力夯实了传媒全行业核心竞争力；国际传播能力不断加强，有效传播了我国良好的国际形象。扎实建强用好县级融媒体中心是全媒体传播体系的重要环节，也是打通传播"最后一公里"、畅通基层治理"毛细血管"的重要环节。当前，我国县级融媒体中心已基本形成了建设发展的"四梁八柱"，主要包括角色论、功能论、生产论、经营论、发展论、效果论、国际传播论、人才论八个板块，这是今后县级融媒体中心深度发展，成为有强大传播力、影响力、引导力、公信力新型主流媒体的重要基础。

为了深入贯彻落实党的二十大、二十届三中全会精神与习近平总书记媒体融合系列讲话精神，全面展示全国县级融媒体中心在体制机制、宣传管理、队伍建设、精品创作、创新发展、产业融合等方面的创新成果。由中国广播电视社会组织联合会指导，中国广播电视社会组织联合会县级融媒体中心委员会与中国新闻出版研究院传媒研究所联合开展"2023年县级广电融媒创新案例征集活动"。该活动按照以内容建设为根本、先进技术为支撑、创新管理为保障的全媒体传播体系建设要求，从多维度征集本会全国会员单位在县级广电融媒创新发展的案例。这些案例全面、深入地反映了县级融媒体中心融合创新的理论和实践，梳理和分析了县级融媒体中心融合创新实践的现状，厘清了县级融媒体中心发展的技术逻辑、内容逻辑、价值逻辑，为县级融媒体中心融合创新发展和全面、高质量建设提供了借鉴和启示。经中国广播电视社会组织联合会批准，由中国广播电视社会组织联合会县级融媒体中心委员会联合中国新闻出版研究院传媒研究所共同编撰推出《全国县级融媒体创新发展研究报告（2023—2024）》。

本书从创新报道、创新运营、创新模式、创新技术应用四个方面，汇集了来自全国会员单位典型创新发展案例。入选创新案例符合中央关于推进媒体深度融合的原则要求，在媒体融合理念思路、内容形式、手段方法、路径模式上有突出创新，在加强内容建设、强化先进技术引领、创新运营管理方式、深化体制机制改革、培养全媒体人才队伍等重点领域和关键环节有创新进展和务实举措。社会效益和经济效益显著，其模式和经验可复制、可推广，能够有效提升县级融媒体中心的传播力、引导力、影响力、公信力、竞争力，对县级融媒体中心深度融合发展有较强的借鉴意义。本书可作为从事县级融媒体中心建设工作的党政部门管理人员、媒体融合从业人员和研究人员的参考书。本书的编辑出版工作得到了上级相关部门领导、行业专家、编委成员以及全国会员单位领导的关心和支持，在此我们向长期以来关心支持县级融媒体中心事业发展的各位领导和同人表示衷心的感谢！

未来，我们将始终坚持在中国广播电视社会组织联合会的领导下，从党和国家重大战略决策的高度出发，坚守政治责任和社会责任，紧跟形势发展，切实提高服务质量。进一步发挥自身优势，充分激发会员单位的积极性和创造力，紧紧依靠全国县级融媒体中心从业人员的热情参与，在全国会员单位和全行业的共同努力下，为全国县级融媒体中心改革创新发展作出新的更大贡献。

陈少东　刘建华

2024 年 6 月

目录

创新报道篇

第一章　昌平融媒体中心："我们的新时代"大型融媒直播按下媒体深度融合加速键　　3
　　第一节　基本做法　　4
　　第二节　亮点成果　　7
　　第三节　县级融媒体创新发展的未来思考　　8

第二章　城阳区融媒体中心：让"正能量"实现"大流量"　　10
　　第一节　基本做法　　11
　　第二节　亮点成果　　13
　　第三节　未来思考　　14

第三章　德化县融媒体中心：做好媒体融合发展文章　服务县域经济社会发展　　16
　　第一节　基本情况　　17
　　第二节　基本做法与亮点成果　　17
　　第三节　县级融媒体创新发展的未来思考　　21

第四章　高要区融媒体中心：创新实践与未来思考

　　　　——《二十四节气系列专题报道》　　　　　　　　　　23

　　第一节　区域媒体融合的典范　　　　　　　　　　　　　23

　　第二节　《二十四节气系列专题报道》创新实践与亮点成果　24

　　第三节　县级融媒体创新发展的未来思考　　　　　　　　28

第五章　鹤山市融媒体中心："直播+""短视频+"助力"三夹腾龙"火出圈　30

　　第一节　基本情况　　　　　　　　　　　　　　　　　　31

　　第二节　基本做法与亮点成果　　　　　　　　　　　　　32

　　第三节　县级融媒体创新发展的未来思考　　　　　　　　35

第六章　红塔区融媒体中心：彝族火把节媒体融合报道创新案例　37

　　第一节　基本做法　　　　　　　　　　　　　　　　　　38

　　第二节　亮点成果　　　　　　　　　　　　　　　　　　41

　　第三节　县级融媒体创新发展的未来思考　　　　　　　　42

第七章　惠东县融媒体中心：构建县域全媒体传播体系　展现基层善治的

　　　　传媒力量　　　　　　　　　　　　　　　　　　　　44

　　第一节　基本情况　　　　　　　　　　　　　　　　　　45

　　第二节　主要做法与成果　　　　　　　　　　　　　　　46

　　第三节　未来的思考　　　　　　　　　　　　　　　　　49

第八章　平度市融媒体中心：《抗日歌声响彻大泽山》　　　　51

　　第一节　案例基本情况　　　　　　　　　　　　　　　　51

　　第二节　基本做法　　　　　　　　　　　　　　　　　　53

　　第三节　亮点成果　　　　　　　　　　　　　　　　　　54

　　第四节　县级融媒创新发展的未来思考　　　　　　　　　55

目 录

第九章 微山县融媒体中心："融媒+文旅"双向赋能　爆款产品破圈传播　57
  第一节　基本情况　58
  第二节　基本做法与亮点成果　59
  第三节　县级融媒体创新发展的未来思考　62

第十章 夷陵区融媒体中心：融拓"视界"　飞"阅"新境　65
  第一节　《飞"阅"夷陵》介绍　66
  第二节　基本做法与亮点成果　67
  第三节　县级融媒创新发展的未来思考　70

第十一章 三峡融媒体中心：用好用活深融全融真融成果　在重大新闻中出新出彩出圈
  ——以重庆三峡融媒体中心郑渝高铁全线通车融媒体报道为例　73
  第一节　全媒体、高起点、高站位策划，形式出新，未战先捷　74
  第二节　联动式、互动式、体验式直播，传播出彩，影响更大　75
  第三节　视频化、数字化、创意化生产，产品出色，爆款不断　77
  第四节　多平台、多形式、多渠道呈现，影响出圈，传播有力　78

第十二章 诸城市融媒体中心：寻找文化共振点　探索"城市CP"宣传新路径
  ——"中国龙城·养都洪雅"城市CP联动宣传报告　80
  第一节　创新案例基本情况　81
  第二节　基本做法与亮点成果　84
  第三节　县级融媒体创新发展的未来思考　89

创新运营篇

第十三章　德庆县融媒体中心：《360°看德庆》　　93
　　第一节　基本情况　　94
　　第二节　基本做法与亮点成果　　95
　　第三节　县级融媒体创新发展的未来思考　　98

第十四章　龙岗区融媒集团："跨界联名"实现"1+1＞2"　　100
　　第一节　龙岗区融媒集团：敢闯敢试，探路融媒改革"深水区"　　100
　　第二节　"小龙包影院"：栏目赋能，实现资源流量"两手抓"　　102
　　第三节　关于县级融媒体创新发展的未来思考：自我"造血"，
　　　　　　打出发展"组合拳"　　105

第十五章　宁乡市融媒体中心："宁乡闪贷"增强"造血功能"　　108
　　第一节　创新案例情况介绍　　109
　　第二节　基本做法与亮点成果　　110
　　第三节　宁乡融媒创新发展的未来思考　　114

第十六章　温岭市融媒体中心：浙江省温岭市融媒体中心宣传经费改革　　116
　　第一节　基本情况　　117
　　第二节　基本做法与亮点成果　　118
　　第三节　创新发展未来思考　　121

第十七章　兖州区融媒体中心：打造"融媒+直播+电商"模式　　123
　　第一节　基本情况　　124

第二节　基本做法与亮点成果　124
第三节　经验启示与未来思考　129

创新模式篇

第十八章　安吉县融媒体中心："精品创作彩绘乡村振兴"　133
　　第一节　基本情况　134
　　第二节　基本做法与亮点成果　135
　　第三节　安吉县融媒体中心发展战略规划　137

第十九章　利川市融媒体中心："利川红"公共品牌融合宣推创新案例　140
　　第一节　基本情况　141
　　第二节　基本做法与亮点成果　141
　　第三节　经验启示与未来思考　144

第二十章　金牛区融媒体中心：两心融合　双向赋能
　　　　——奏响金牛新时代文明实践新乐章　147
　　第一节　基本情况　148
　　第二节　基本做法与亮点成果　149
　　第三节　县级融媒体中心创新发展的未来思考　152

第二十一章　敦煌市融媒体中心：守正创新深化媒体融合　开放自信讲好
　　　　　　敦煌故事　153
　　第一节　基本情况　154
　　第二节　基本做法与亮点成果　154
　　第三节　县级融媒体创新发展的未来思考　159

第二十二章　贺兰县融媒体中心：搭建干群"连心桥"　赋能媒体再融合　160
　　第一节　基本做法　161
　　第二节　亮点工作与成果展示　163
　　第三节　县级融媒体创新发展的未来思考　166

第二十三章　兰陵县融媒体中心：打造服务民生全平台　拓展基层治理
　　　　　　新路径　168
　　第一节　守正创新，推动融媒改革跑出"兰陵加速度"　169
　　第二节　行稳致远，连通基层治理"最后一公里"　170
　　第三节　多措并举，确保改革成效持续发力　172

第二十四章　龙岗区融媒集团：高质量建设运营"龙岗融媒·创新实验室"　174
　　第一节　基本情况　175
　　第二节　基本做法与亮点成果　176
　　第三节　县级融媒体创新发展的未来思考　180

第二十五章　南漳县融媒体中心："1+1>2"　南漳县"媒体＋新时代
　　　　　　文明实践"助推"时间存折"破圈　182
　　第一节　基本情况　183
　　第二节　基本做法与亮点成果　183
　　第三节　县级融媒体中心创新发展的未来思考　188

第二十六章　青州市融媒体中心：构建全媒体传播体系　打造大宣传舆论
　　　　　　格局　189
　　第一节　创新融合工作开展情况　190
　　第二节　当前工作中存在的问题　193
　　第三节　下一步工作的努力方向　194

目 录

第二十七章 江津区融媒体中心：如何突破媒体融合发展"深水区"瓶颈
　　　　　——构建"一体化、可视化、智慧化"全媒传播体系的经验和启示　196
- 第一节　基本情况　197
- 第二节　基本做法　198
- 第三节　经验启示与未来展望　202

第二十八章 邳州市融媒体中心：银杏融媒"数智化"赋能县域治理　204
- 第一节　政媒联动，打造政府数字治理平台　205
- 第二节　城媒相融，共建智慧城市治理体系　206
- 第三节　产媒连通，助力乡村振兴百姓共富　207
- 第四节　未来发展思考　208

第二十九章 庆云县融媒体中心：深化改革创新之路　增强自我造血能力
　　　　　——积极探索"融媒中心＋国有公司"模式　210
- 第一节　构建媒体运行新体系　211
- 第二节　激发融媒发展新活力　212
- 第三节　拓展融媒创收新路径　213
- 第四节　改革提动力　服务为目标　215

第三十章 天长市融媒体中心：以"活动"引"活水"促"活力"　217
- 第一节　大张旗鼓、不遗余力开展活动　218
- 第二节　引"活水"迈出实践步伐　219
- 第三节　活力激发，未来思考　222

第三十一章　岳西县融媒体中心："航空母舰"创新蝶变　叙写媒体融合新篇章
　　——岳西网和康养岳西 App 全媒体发布平台　　223
　　第一节　案例基本情况　　224
　　第二节　基本做法与亮点成果　　224
　　第三节　县级融媒体创新发展的未来思考　　228

第三十二章　邹城市融媒体中心：创新生产模式　打造融媒精品
　　以优质内容推动媒体深度融合发展　　230
　　第一节　基本情况、基本做法与亮点成果　　231
　　第二节　县级融媒体创新发展的未来思考　　235

创新技术应用篇

第三十三章　长兴县融媒体中心：县级融媒体从数智到数治的实践与探索　239
　　第一节　激活数据资源　　240
　　第二节　建好数字项目　　240
　　第三节　创新融合应用场景　　243
　　第四节　增强平台综合实力　　247
　　第五节　打造产业生态圈　　247

第三十四章　博山区融媒体中心：博山好"慢直播"　　248
　　第一节　博山好"慢直播"基本情况　　249
　　第二节　基本做法与亮点成果　　250
　　第三节　县级融媒体创新发展的未来思考　　253

目 录

第三十五章 城阳区融媒体中心：应急广播拓宽舆论宣传新阵地 256
- 第一节 基本情况 257
- 第二节 基本做法与亮点成果 258
- 第三节 未来思考 262

第三十六章 单县融媒体中心：应急广播在智慧城市建设中的创新应用 264
- 第一节 建设基本情况 264
- 第二节 创新过程及做法、特色亮点及经验 265
- 第三节 应用成效及发展、创新发展及规划 268

第三十七章 定陶区融媒体中心：坚持多元融合 推进上云赋智 打造"融媒+"发展新模式 271
- 第一节 创新案例基本情况、基本做法、亮点成果 272
- 第二节 县级融媒体中心创新发展的未来思考 275

第三十八章 栖霞区融媒体中心：新媒体直播车项目 277
- 第一节 创新案例：新媒体直播车项目 278
- 第二节 县级融媒体创新发展的未来思考 282

第三十九章 曲沃县融媒体中心：创新发展成长项目——智慧村务综合服务体系 284
- 第一节 成长项目 285
- 第二节 基本做法及亮点成果 286
- 第三节 创新发展推进计划和持续性安排 289

第四十章　如东县融媒体中心：深化媒介产品与服务供给侧结构性改革　291
　　第一节　创新案例　292
　　第二节　未来思考　296

第四十一章　沙县融媒体中心：沙县"近邻e家"网格化管理平台　298
　　第一节　创新案例基本情况　299
　　第二节　基本做法与亮点成果　300
　　第三节　县级融媒体创新发展的未来思考　303

第四十二章　温岭市融媒体中心：村社传播通　304
　　第一节　基本情况　305
　　第二节　基本做法与亮点成果　306
　　第三节　县级融媒体中心创新发展的未来思考　309

第四十三章　张店区融媒体中心：重构未来传媒形态　打造"元视听"先锋应用新场景　311
　　第一节　创新案例基本情况、做法及亮点成果　312
　　第二节　县级融媒体创新发展的未来思考　314

全国县级融媒体创新发展研究报告
2023—2024

创新报道篇

第一章

昌平融媒体中心："我们的新时代"大型融媒直播按下媒体深度融合加速键

张　俊　魏妍娜　纪艳妮　张馨予

昌平融媒体中心成立于 2017 年 7 月 31 日，是在合并原区广电中心、新闻中心及网管办部分职能基础上建成的北京首家、全国首批融媒体中心，内设办公室、宣传科、总编辑部等 6 个机关科室，下设广播电视台、平面媒体中心、新媒体中心、媒体采访中心、媒体事务中心 5 个正科级事业单位，监管永安城影视传媒有限责任公司 1 个企业。

近年来，昌平融媒体中心始终将党管媒体根本原则贯穿到媒体建设发展的各个环节，大力实施"三全"转型战略，持续推进媒体深度融合，走在了全国和全市前列。一是坚持全面挺进主战场。以"北京昌平"App 为主平台，以广播、电视、报纸、新媒体、市场运营优质资源为支撑，打造"一主五辅"布局，建成资源集约、协同高效、内外宣联动的昌平融媒旗舰。二是坚持全员转型移动端。集中力量做优做强"北京昌平"App，推进"三个中心"融合，用好"学习强国"等优质平台，打造头条本土热点、头屏群众互动、头部综合服务，实现了优质资源汇聚移动端。三是坚持全程开门办媒体。遵循移动传播规律，通过"专业生产＋政务生产＋用户生产"三驾马车带动，走好网上群众路线，逐步形成主流媒体引导把关、多元主体广泛参与的大宣传格局。

通过努力，有效打通了服务群众、引导群众的"最后一公里"，媒体影响力持续增强。先后荣获国家级、省市级荣誉近300项，媒体融合发展经验成功入选全国宣传思想文化工作案例，融媒体中心被全国宣传干部学院列为现场教学点，获"改革开放四十年全国百佳县级广播电视台""全国新闻出版广电系统先进集体""全国文明单位"等荣誉。

第一节 基本做法

"我们的新时代"大型融媒直播是在党的二十大召开前夕，立足昌平深入学习贯彻习近平新时代中国特色社会主义思想生动实践，做活"奋进新征程，建功新时代"重大主题宣传的一次成功探索。此次直播打破常规电视或新媒体直播模式，探索深度融合背景下的融合传播路径，立足于"我们"眼中的新时代，从年轻人视角，尝试年轻态表达，三个半小时、10个网红点位，通过"沉浸式"采访串联昌平区"两谷一园"创新格局加速成型、"产学研用"融合创新、回天地区发展成绩斐然、美丽乡村建设如火如荼、新型小城镇成为新的增长极、三条文化带助力全国文化中心建设发展、全域旅游推动文旅融合发展等发展成就，展示了昌平加快"四区"建设、服务首都发展、朝着国际一流的现代化新城迈进的坚定步伐。借力北京昌平移动客户端、抖音、快手、视频号等影响力账号，通过立体式传播、联动式发布、交互式推广有效扩大了重大主题宣传成效，先后荣获三个国家级奖项并入选了"全国县级融媒体中心直播报道典型事例"。

一、主题化编排

"围绕中心、服务大局"是党的新闻舆论工作的职责所在，抓好"奋进新征程，建功新时代"重大主题宣传，为党的二十大胜利召开营造浓厚的舆论氛围是我们必须完成好的一项政治任务。在内容策划过程中，我们按照主题化编排的思路，明确了"凸显一条主线、立足本土实践、贴近群众生活"的基本原则进行策划，既要求立意高远又要满足群众关切。一是凸显一条主线。"四区"建设是昌平深入学习贯彻习近平新时代中国特色社会主义思想，落实习近平总书记对北京重要讲话精神的战略部署。"我们的新时代"大型直播活动以昌平高质量发展为主线，着重将区域内的特色创新发展案例进行筛选、串联，全方位向观众介绍昌平"四区"建设成就，充分彰显了习近平新时代中国特色社会主义思想的实践伟力。二是立足本土实践。"我们的新时代"大型直播活动从科技创新、乡村振兴、文化建设、全域旅游、绿色发展等多个角度谋篇布局，通过可感可知的小切口对区域内发展变化及成果进行描绘，特色突显、亮点纷呈、脉络清晰，直播呈现更具生动性、信息更具代表性。三是贴近群众生活。立足于"我们"眼中的新时代，从年轻人视角，尝试年轻态表达，是这次直播活动的主要特点。直播中多个点位的选取都紧紧围绕群众身边可感知的变化展开，例如回天地区、城南昌盛园社区（老旧小区改造）、乐多港万达商圈等，都是昌平群众耳熟能详的网红打卡地，直播过程中快速拉近了与群众的距离，达到可感可知、入心入脑的效果。

二、多点位报道

"我们的新时代"大型直播活动打破传统直播一人一地一事的局限性，充分运用多点位报道优势有效突破空间和题材的限制，在有限的时间内呈现更加丰富多元的内容，使直播更深入、更有效、更全面，为观众呈现完整的信息拼图。一是精准点位筛选。面对迎接党的二十大这样一个宏大的主题，直播点位筛选成为重中之重，我们按照"展示区域特点、紧扣发展亮点、关注百姓焦点"的标准筛选了未来科学城东区能源谷、温榆河未来智谷公园、康陵宫、乐多港万达商圈等10个地标性点位，起到了对内增强认同感和归属感、对外提升昌平影响力和美誉度的效果。二是丰富场景展示。直播过程中我们注重景别与构图的设计，力争展现新时代新气象新形象。根据不同点位场景，采取"直播+录播+航拍"相结合的方式对各点位进行串联，通过直播画面、同期声、长镜头与空镜头等灵活运用给观众呈现了强烈的现场感，使画面更加丰富，更具视觉冲击，极大地发挥了传统的视听优势。三是实现故事串联。充分运用讲故事的叙事风格，围绕"创新发展的时代""拼搏奋斗的时代""高质量发展的时代""幸福满满的时代"四个板块，深挖场景背后的感人故事，以资料片介绍的形式进行板块衔接，各点位之间通过问答环节以及空镜头的自然切换实现串联，使整个直播过程故事逻辑清晰，取得了更好的传播效果。

三、融合式直播

此次直播尝试业内逐渐流行的融合式直播，打破传统媒体或者新媒体单一直播模式，试图将不同的内容形态组合包装在一个直播活动中，实现了多平台联动、多形态表达、多要素整合的深度融合直播。一是多平台联动。"我们的新时代"大型直播活动积极探索多平台联动直播，以北京昌平移动客户端为主，配合抖音、快手等影响力平台同步播发，突破了传播平台界限，各平台浏览量10多万，有效扩大了传播覆盖面。二是多形态表达。整个直播节目以资料片、人物讲述、动画短视频、新闻采访等多种表达形式贯穿其中，以达到更好的直播效果。例如，通过动画短视频为观众介绍能源谷的交通情况，内容通俗易懂，为直播带来亮点。多种表达形式的呈现使直播内容参差有致，交相呼应，调动了观众的兴趣。三是多要素整合。按照全员转型移动端的思路，充分发挥广播电视等传统视听优势，集结11个部门专业人员成立项目组，对直播活动进行深度策划，制定执行方案，细化责任分工，实行扁平指挥，在持续时间久、点位串联多、内容形态多的复杂情况下高效运转和内外联动。

四、互动化设置

此次直播注重做好互动传播，围绕直播前中后关键环节采用不同的互动方式，激发受众兴趣，拉近与群众之间的距离。一是现场互动。此次直播邀请发展亲历者、故事主人公等不同主角走进直播现场，涉及研究院工程师、社区党支部成员、博物馆馆长、村居文化旅游工作者等多个不同身份的受访者，通过切身感受、真实经历、奋斗故事讲述，使得内容更具真实性和感染力。二是体验互动。此次直播中，安排主播以"探店"形式亲身体验发展成果，让观众透过镜头充分感受到了现场氛围。例如，在温榆河未来智谷公园主播对虚拟骑行设备的感受进行随机采访、在康陵村品尝春饼宴、十三陵镇主播体验传统服饰等，以第一视角展现昌平发展为群众带来的红利，生动展示了美美与共、与时俱进的别样昌平。三是传播互动。"我们的新时代"大型直播活动采用全程式互动，通过直播前在各平台发布预热信息，直播过程中加设问答环节，直播后剪辑直播视频发布在各平台，观众随时发表观点，实现了传统媒体宣传单向性向可视化、互动化传播样态的转变，直播过程中互动条数超1万，互动的同时及时精准掌握受众需求，对丰富直播内容、改进直播形式提供了有益借鉴。

第二节　亮点成果

"我们的新时代"大型直播活动，牢牢把握媒体深度融合形势下融合传播的特点，依托主题化编排、多点位报道、融合式直播、互动化设置的方式，形成大型融媒体直播样板，全方位展示了在习近平新时代中国特色社会主义思想引领下的昌平高质量发展生动实践。

一、推出了主题报道新形式

此次直播活动解决了基层媒体在主题宣传中往往容易出现的不接地气、简单灌输、单调乏味的难题，突破传统直播的时间与空间概念，扩大了直播多场景的广度和内容挖掘的深度，大大提升了内容传播力，实现了"上接天线"与"下接地气"的有效统一，推动了主题报道创新迈上更高层次的台阶。

二、拓展了舆论引导新成效

积极适应移动传播规律，融入时代潮流，打破传统的大众传播下舆论引导模式，变"媒体本位"为"用户中心"，积极转化传统视听优势，通过站在用户视角重构直播模式，融立体化、可视化、互动化为一体，丰富的表现手法获得网友的一致好评，直播当天用户在线观看人数累计超40万，让党的创新理论"飞入寻常百姓家"。

三、探索了融合传播新路径

以此次直播为载体，完成了昌平区融媒体中心的全要素、全方位融合，一体推进传播路径的深度融合，强化多平台联动、要素协同、相互借力、相互赋能，放大了一体化效能，催生融合质变，创新了表达形态，对推动媒体深度融合具有重要的实践价值。

第三节 县级融媒体创新发展的未来思考

"我们的新时代"大型融媒直播作为一次深度融合传播探索，使我们更加深刻地认识到，县级融媒体创新发展必须牢牢把握"更好引导群众、服务群众"的总要求，在深度融合过程中不断夯实创新发展基础、时刻扭住创新发展重点、持续凝聚创新发展力量。

一、在"全面挺进主战场"中不断夯实创新发展基础

随着互联网成为意识形态斗争的主阵地、主战场和最前沿，推动主力军挺进主战场成为我们的必然选择。县级融媒体中心作为媒体融合的产物，其创新发展的基础就在于运用互联网思维再造媒体，通过信息内容、技术应用、平台终端、管理手段的共通互融，构建面向互联网的发展生态，进而将互

网这个"最大变量"转化为党执政兴国的"持久增量"。

二、在"全员转型移动端"中时刻扭住创新发展重点

在移动传播趋势下，集中力量做强做优新媒体平台成为县级融媒体中心创新发展的重中之重。"全员转型移动端"就是要遵循移动传播规律，持续推进"新闻+"，通过头条本土热点、头屏群众互动、头部综合服务，加快推进融媒体中心"主流舆论阵地、综合服务平台、社区信息枢纽"建设。

三、在"全程开门办媒体"中持续凝聚发展力量

大力推动媒体本位到用户中心的转变，发挥群众在生产传播过程中的创新力量，持续走好网上群众路线；尤其要结合区域发展实际创造性运用"专业生产+政务生产+用户生产"等多方力量逐步构建主流媒体引导把关、多元主体广泛参与的大宣传格局，培育良好的舆论生态。

第二章

城阳区融媒体中心：让"正能量"实现"大流量"

刘啸兵　刘风奇　王元俊　孙爱群

青岛市城阳区融媒体中心（城阳融媒）前身分别是建于1956年、1987年的崂山县广播站和崂山电视台。1994年青岛市区划调整后成立城阳区广播电视局。2002年按照山东省县级播出机构职能转变要求，城阳区广播电视局划归青岛市广播电视局垂直管理，成立青岛市广播电视局城阳广播电视中心。2019年4月城阳广电中心整建制重新划归城阳区管理，同年7月成立城阳区广播电视中心，加挂城阳区融媒体中心牌子。

城阳融媒现拥有广播无线频率和电视高清频道各一套，设总编室、广播部、采编部、新媒体部、电视专题部、电视栏目部等11个部门，干部职工125人。城阳融媒于2015年7月建设上线"爱城阳"App，是山东省内较早推出移动互联网客户端的县区级媒体单位。2023年"爱城阳"App数据平移，并以山东省广播电视台"闪电云"系统为平台搭建生产调度指挥中心系统，规划建设了综合调度平台、内容生产平台、技术保障平台、运营创收平台"四大平台"，建设一次采集、多元生成、多渠道传播的内容发布机制，并通过与省融媒体平台打通，实现了中央、省、市、区传播渠道互联互通。借势互联网，城阳融媒加快媒体融合发展步伐，积极推进全媒体平台建设，目前已初步构建完成涵盖广播、电视、微信公众号、微信视频号、微博、今日头条号、抖音、人民号的全媒体宣传矩阵。

第一节　基本做法

党的十九大报告指出，要坚持正确舆论导向，"高度重视传播手段建设和创新，提高新闻舆论传播力、引导力、影响力、公信力"。城阳融媒深入学习贯彻落实习近平总书记关于媒体融合发展的重要指示和党的二十大关于"巩固壮大奋进新时代的主流思想舆论"精神，按照上级工作部署，积极探索建设新形势下正能量宣传实现大流量传播的平台和渠道，不断完善强化全媒体传播体系，充分利用好流量密码，更好引导群众服务群众，使正能量产品既带来一众流量又赋能地方发展。主要体现在以下三个方面：一是搭建正能量宣传载体，形成大流量宣传矩阵；二是实施流程再造，推动正能量实现大流量；三是坚持内容为王，让正能量驾驭大流量。通过奏响正能量实现大流量三部曲，推动强而有力的主流舆论成为赋能区域经济社会发展的重要力量。

一、搭建正能量宣传载体，形成大流量宣传矩阵

坚持不懈完善强化全媒体传播体系建设，构建正能量传播载体。2015年原城阳广电中心建设的"爱城阳"App正式上线，迈出了传统媒体和新兴媒体融合发展的重要步伐。2019年城阳区融媒体中心成立后，把"爱城阳"App作为推动媒体融合向纵深发展的重要抓手，着力打造互联网传播主阵地。目前，"爱城阳"App设置新闻发布、政务服务、便民服务、商务、报料、直播等15大主题板块近百个子栏目，到2023年10月拥有用户65万人。

为进一步拓展主流媒体传播阵地，以新媒体传播优势打通信息交流新渠道，城阳融媒从2019年起多措并举，加快构建全媒体传播平台。到目前已初步构建完成涵盖广播、电视、微信公众号、微信视频号、微博、今日头条号、

抖音、人民号的全媒体宣传矩阵。目前"爱城阳"App 用户以及其他移动互联网各平台的粉丝量累计达 150 万，公众参与度日益提升，传播力、引导力、影响力、公信力进一步增强，城阳融媒业已成为区域具有较大影响力的全媒体内容供应者、新型交互传播平台和全链条内容生态服务者，为正能量宣传实现大流量传播夯实了平台基础。

二、实施流程再造，推动正能量实现大流量

通过建立全区、中心各部门之间的紧密联系、多向互动、灵活组合、协同运作工作运行机制，努力构建新闻宣传主题明确突出、信息传播及时快速的大流量新闻传播机制，提高工作效率和传播效果。一是实施内部流程再造，再造"策、采、编、审、发"工作流程，实现"台、端、号"和"文、图、音、视"的融合互动。二是建立全区全媒体指挥调度机制，将各街道、单位的宣传信息数据逐步整合到"爱城阳"App，实现新闻宣传稿件"融媒统管、平台首发"。三是坚持以需求重塑内容、内容驱动流量，提供更多便捷的公共服务。以"爱城阳"App 为核心平台，构建起全区政务公示、政务便民、政务互动"三位一体"的新型互动移动客户端，打通引导群众服务群众的"最后一公里"。四是坚持以人为本，及时了解受众所思所盼，聚焦受众意愿，以优质丰富的新媒体产品吸引口味多变的群体。如将广播栏目《爱车 940》在"爱城阳"App 进行视频直播，吸引了 3000 多万人次参与互动，在蜻蜓 FM 播放榜单中收听率位居青岛市前三。五是树立大融合、大宣传的工作理念，加大与高等院校、社会公司、网络"大 V"等的合作力度，让更多贴近市民、贴近生活的社会正能量作品进入官方媒体平台。

三、坚持内容为王，让正能量驾驭大流量

坚持守正创新、内容为王，让好声音成为最强音，让正能量驾驭大流量。城阳融媒积极整合内、外部资源，精心做好短视频等内容创作，并在首发、原创、被其他媒体转发三方面下功夫，以 2023 年为例，城阳融媒坚持把深入

学习宣传贯彻党的二十大精神作为贯穿全年宣传工作的主线，各平台协同发力，紧紧围绕城阳区"湾区都市 活力城阳"推进成果，对全区"四区一园"建设、优化营商环境、城市更新和城市建设等中心、重点工作进行了全方位、立体化、不间断宣传，同时着力提高稿件数量和质量，用优质内容实现大流量传播。如针对政策宣传方面，短视频《城阳区2023年城选计划公告》播放量达15.06万，《清明节、劳动节假期期间山东高速小客车免费通行》播放量达63.73万；围绕稳经济强信心促发展方面，原创的系列美食短视频节目《食尚城阳》和《城阳创业故事》深入挖掘城阳典型创业故事，鼓励创新创业，关切创业者需求，为经营主体做免费推广宣传，2023年以来已经制作发布60多期，浏览量超过100万；宣传城阳区社会经济建设发展历史进程方面，从城阳融媒历史影像资料入手，剪辑播出具有历史感的系列短视频作品《城市记忆》，总浏览量超过730万次；围绕城市更新城市建设方面，创作短视频作品70多条，着力反映城阳区旧村改造成果、交通发展等民生内容，浏览量突破700万次；"乡村振兴齐鲁样板——村村有好戏"宣传方面，自2023年9月下旬工作开展以来，共发布作品约100条，总阅读量1000万+，其中原创作品《小蛤蜊承载大梦想》阅读量约600万；社会服务宣传方面，短视频《寻山东青岛籍烈士亲人》播放量达61.4万，《小女孩脚踝受伤，饭店偶遇下班中医，一出手"秒"治愈，且不收钱》播放量达61.62万；公益宣传方面，短视频《气象台2日16时发布暴雨蓝色预警》播放量达60.5万，《杀鱼取出两条一米长寄生虫》播放量达2599.98万。

第二节 亮点成果

2023年，城阳融媒各平台发稿数量和点击量均创历史新高，作品发稿量44000余条（个），同比增长240%。总浏览量突破3.5亿次，全省县级融媒传播力排名由2022年的第100名跃升到第30名。其中，"爱城阳"App编发各类稿件 2 万多条，同比增长 300%。"城阳融媒微信视频号"发布各类短视频 5000 多条，单条最高点击量 2603.3 万次，同比增长 300%。"城阳融媒人民号"发布各类新闻稿件 2600 多条，单条点击量 509.4 万次，同比增长 300%。"城阳融媒微信公众号"发布各类稿件 1000 多条，同比增长 200%。"城阳融媒抖音号"和"城阳融媒头条号"两个平台制作发布作品 7400 多条，同比增长 310%，阅读量 10 多万稿件 500 余条、100 多万稿件 60 余条、500 多万稿件 20 多条。其中，"城阳融媒微信公众号"粉丝数增加 4.2 万，突破 10 万，抖音号和头条号粉丝从年初的 26.8 万增长到 36.4 万。与此同时，精品创优工程成果显著，广播电视及网络新媒体作品在 2023 年全国、省、市各级推优评选活动中，综合获奖率列青岛市区市融媒体前三名，城阳融媒的传播力、影响力、公信力、引导力得到有效提升。

第三节　未来思考

县区级融媒体中心承担着意识形态宣传、舆论引领及增强文化软实力等重大职责，让正能量作品实现大流量传播，需要在未来发展中更加顺应数字化、移动化的信息传播趋势，积极运用先进信息技术，推动传统媒体与新兴媒体在传播技术、内容制作、媒介功能、管理体制等方面的深度融合，通过内容优势赢得发展优势，从而引导舆论、引领思想、传承文化、服务人民，牢牢把握新闻媒体话语权。

一、完善管理体制

坚持正能量是总要求、管得住是硬道理、用得好是真本事。县区级融媒体亟须组建强有力的统筹协调管理机构，统筹推进技术、资源、机制和人才的互通融合发展；坚持守土有责、守土尽责，坚持主管主办和属地管理原则，加快建立科学化、规范化的管理体制，健全常态化舆情分析研判处置机制，提高善管善用新媒体的能力。

二、提高产品质量

在积极运用新的信息传播技术同时，更要把坚持"内容为王"作为核心竞争力，发挥媒体优势，靠好的作风文风，靠好的脚力、眼力、脑力、笔力制作具有权威性、思想性、客观性的深度报道和评论，以优质的新闻产品和严肃的新闻态度引领公众思想及价值判断。要满足不同社会群体的信息需求，提供专业化、分众化的信息产品。要充分利用社交平台，促进用户之间的互动交流，扩大用户的覆盖面和规模，提高产品实效性。要注重产品表达方式的多样性，善于运用图片、音频、视频、动漫、直播等新媒体传播手段带给受众全新体验。

三、运用新型信息技术

及时跟进信息技术革新态势，掌握并运用媒体融合的技术前沿成果，提升融合发展的科技含量。要运用大数据和云计算技术提升新闻生产能力，建立丰富数据资源，加大数据资源整合力度，为融合发展提供坚实的信息资源基础。要牢牢把握传播领域移动化、社交化、可视化的趋势，积极与有影响力的新媒体平台合作，利用新媒体的成熟技术和平台，提高主流媒体在移动互联网上的覆盖面和引领力，实现正能量有大流量。

四、加强人才培养引进

新时代传播格局的快速变化对媒体从业人员的素质能力提出更高要求。要加强对现有采编播人员综合能力培训和提升，完善现有人才管理政策，创新选人用人激励机制，激发队伍活力。同时要着眼长远，逐步完善人才引进制度、构建科学绩效考评长效机制，全力培养、打造一支具有专业新闻素养和互联网思维、熟悉新媒体传播运营、具备较强实践能力和创新能力的复合型人才队伍，为实现正能量有大流量、媒体融合长远发展提供坚实的人才支撑和智力支持。

第三章

德化县融媒体中心：做好媒体融合发展文章服务县域经济社会发展

郑兴丁　张德兴　郭耀宏

德化县融媒体中心于2018年4月在福建省县域率先挂牌成立，为县委直属正科级事业单位，公益一类性质，在内容、渠道、平台经营管理等方面深入转型、深度对接和高度融合，有力提升县域新闻舆论的传播力、引导力、影响力、公信力，得到省、市宣传部门的充分肯定和赞誉并且进行推介。近年来，中心深入学习贯彻习近平总书记关于媒体融合发展的重要论述，积极布局媒体融合发展道路，不断向平台化、移动化、智能化进军，汇集电视、广播、客户端、新闻网站、微信公众号、视频号等多个新媒体平台，入驻"学习强国"平台、人民日报客户端、新华社客户端、央视新闻客户端、新福建、海博TV、福建省广电网络县级融媒体平台及国际传播平台，形成了自上而下、由内到外的媒体矩阵，图文、视频并进地发布推送，更好地对外宣传展示世界瓷都德化，提升德化的知名度、美誉度。同时运营国有企业——德化广播影视文化传媒有限公司，专业从事影视制作、媒介策划以及陶瓷、旅游文化推广等品牌运营业务，建设"瓷都热淘"农特产品展销平台，服务县域经济产业发展。

中心从机制、技术、内容、产业等层面出发，探索融合发展范式，积极采取"1+3+N"融媒体发展模式，大力实施移动优先，研发"新闻＋政务＋服务＋商务"的一体化媒体融合创新应用客户端，走出了一条具有"德化特色"的融合发展之路。先后获得"改革开放四十年全国百佳县级广播电视台""全省广播电视系统先进集体""全省十佳报道组""全省优秀县级融媒体中心30强""全省优秀融媒体中心"等荣誉称号。

第一节 基本情况

德化县域面积 2232 平方公里，户籍人口 35.4 万，常住人口 33.8 万。主要有三个特点：一是世界陶瓷之都。陶瓷制作始于新石器时代，有 3700 多年制瓷历史，是首批陶瓷窑址类世界文化遗产，宋元时期泉州"海丝"代表元素。现有陶瓷企业 4000 多家，2022 年产值 502 亿元，是全国最大的陶瓷工艺品、茶具、花盆生产基地，荣膺全球唯一"世界陶瓷之都"称号。二是全域旅游示范区。闽中屋脊戴云山脉绵延境内，森林覆盖率 73.7%，空气质量接近一级标准，饮用水源达标率 100%，是"两江"（闽江、晋江）源头之一，每年为下游输送 25 亿立方优质水源，获评国家生态文明建设示范县、国家全域旅游示范区。三是大城关发展典范。20 世纪 80 年代末开始实施"大城关"发展战略，创造了"以产兴城、以城聚人、产城融合"的大城关发展模式。现有城镇常住人口 26.6 万，城镇化率 78.8%，获评全国文明城市，入选全国县城新型城镇化建设示范名单。

第二节 基本做法与亮点成果

德化县融媒体中心充分挖掘县域特点优势，以服务县域经济社会发展为抓手，发挥主流媒体压舱石、黏合剂、风向标的作用，以互联网思维、全媒体视角审视和谋划宣传思想文化工作的内容、对象、方法、手段，逐步打通各个领域、统筹各种资源、形成整体合力。两年来，中心旗下各平台策划编发刊播和向上向外传播各类宣传资讯4万多条次，移动终端总阅读量超23亿人次，央媒流量超100万的100多条，《世界瓷都·德化》城市形象宣传片3次登陆纽约时代广场展播，大幅提升"中国白·德化瓷""世界瓷都·自在德化"知名度、美誉度和影响力，有效助推德化县域经济社会高质量发展。

一、服务陶瓷主导产业

一个产业养育一座城，德化户籍人口35.4万人中从事陶瓷业人员10万多，并带动周边县区就业岗位5万多个，中心始终坚持打通线上线下、统筹媒体资源、形成整体合力，助力陶瓷产业发展。一是扩大优质内容产能。发挥采编和信息资源优势，让分散在网下的力量进军网上、深入网上，建立策划工作室，专题策划陶瓷知识产权保护、陶瓷产业提档升级、陶瓷品牌发展、陶瓷产业链建设等重点主题内容，全媒体传播"冰墩墩雪容融""围炉煮茶""兔、龙年生肖瓷"等融媒体爆款产品，把内容供给和受众需求有机结合起来，提高地域覆盖面、人群覆盖面、内容覆盖面，使互联网这个最大变量变成事业发展的最大增量。二是创新内容表现形式。对标中央主流媒体，加强制播能力建设，推行广播电台可视化改革，建设常态化直播宣传平台，开设《大师说瓷》《中国白·德化瓷》等系列陶瓷类专栏，丰富传播形态、传播样式，助力德化探索创建国家"海丝"陶瓷创新试验区；抓紧抖音短视频风口，策划运营"中国白·德化瓷"官方抖音号，采用优质短视频大力宣传省市支持"中国白·德化瓷"产业高质量发展若干措施，努力推出全息化、可视化及沉浸式、交互式宣传产品，提高陶瓷文化内涵，提升产业附加值。大力探索媒体深度融合发展模式和路径，统筹线上线下各类资源，重点围绕"马来西亚专题展""中国白·德化瓷"陶瓷高质量发展五年行动、"中国白"中国传统陶瓷艺术双年展、"德化国际陶瓷文化周"等主题和热点，助力陶瓷产业发展千亿产业。三是提升内容传播效果。坚持适应新闻传播分众化、差异化趋势，通过每周编务会做好数据收集、数据分析，找准影响传播效果的主要因素和内在规律，有的放矢推出融媒产品。如开设《一城瓷器百馆游》《文化赋能、艺术创新》《德化白瓷》《瓷国工匠》等栏目，服务陶瓷企业发展，引导企业用好"德化白瓷""德化窑"标识，打响"中国白·德化瓷"品牌，有效提升德化陶瓷宣传到达量、阅读量、点赞量。

二、助推文旅脱颖而出

文旅产业是德化县近年来打造的全县第二支柱产业，中心积极应对新形势、新机遇、新挑战，依托新媒体、新技术，坚持多媒体全方面矩阵式联动，大力推动"融媒+旅游"立体式宣传，用阅读量吸引人流量，增添旅游动力，让"世界瓷都·自在德化"成为德化文化旅游品牌的金色名片。一是做强媒体矩阵。发挥移动优先和新媒体平台资源整合优势，通过宣传推广的全面升级，为旅游赋能添彩，不断提升德化旅游的知名度和美誉度。深化媒体融合整合宣传平台，借助"报、台、网、微、端、屏"新型全媒体传播矩阵，以文旅内容的短视频、微电影、公益广告、海报图片等各类方式，多角度宣传全域旅游相关内容，让更多群众喜爱、刷屏热传的文旅产品"霸网""霸屏"。二是放大宣传效应。成立文旅策划工作室，不断增强服务意识，不断提高宣传的精准性和舆论引导的时度性，策划制作旅游线路短视频，整合串联起德化县内富有特色的核心旅游资源，策划"四季说德化"，激发"春赏花、夏避暑、秋稻浪、冬雾凇"四季旅游效应，助力德化旅游一年四季都是旺季。三是打磨精品力作。坚持内容为王，发挥采编和信息资源优势，开设《媒体看德化》《德化风光》等专栏，助力打响"世界瓷都·自在德化"品牌，展现瓷都德化文旅魅力；结合"全国民间药膳示范县"创建工作，开设《食在德化》栏目，展示舌尖上的德化，尽显一道美食记住一座城。同时综合运用原创视频、创意图片、3D动画、H5页面等方式，精心制作兼备创新性、趣味性、互动性的文旅作品，大力推广旅游攻略、分享旅游体验、进行旅游评价，进一步扩大德化文旅市场影响力和品牌竞争力。

三、助力城乡文明共建

县域是我国国家治理的基本环节，是实施城乡融合和乡村振兴的核心载体，更是促进区域协调发展、体现中国式现代化和共同富裕的要求的重要层级。中心始终坚持正能量是总要求，根植本土，做好"融"字文章，创新方法手段，弘扬城市文明"主旋律"，助力乡村振兴，营造良好浓厚氛围。一是发挥媒体监督职能。坚持"短实新"，构建群众喜闻乐见的话语体系，结合全国文明城市创建监督落实"一清、二整、三美化"成果，常态化开设"城乡共建""曝光台"等专题专栏，加大对"脏乱差"现象和违法占地、乱堆乱放等不良行为的曝光力度，教育、引导市民群众增强文明环保意识，营造上下联动、干群共建共管共治共护的农村环境集中整治工作氛围。二是展示城乡鲜活故事。关注全县文明乡村、文明家庭创建活动，推出适合移动传播、社交传播新闻作品，开设"飞阅德化"栏目，展示跨镇联建，做精做美小城镇成果，讲好德化故事，让游客愿意来、喜欢来、经常来。深入宣传报道陶瓷、旅游文创中的"福"文化，依托以红旗坊文旅产业园、月记窑文化创意产业园等为核心的传统陶瓷文化展示区，以国际陶瓷艺术城、中国茶具城等为核心的现代陶瓷文创展示区优势，策划系列"福"文化宣传推广活动，努力构建特色鲜明的"福"文化标识体系。三是服务乡村振兴需求。德化县是全国电商百强县，根植在这方沃土，建设"瓷都热淘"农特产品服务平台，实行"直播 + 商城""网红 + 产品"等推广模式，直播 500 多场次，造势营销，服务乡村。同时鼓励编辑记者、主持人走进田间地头、企业车间，着力精耕细作乡村振兴时政新闻和深度报道，大力推介"三黑、三黄、三宝"等特色种养业，带动农民增收致富，助力打造乡村振兴"德化样板"，提升德化高质量发展内涵。结合全县爱心幸福城创建活动、全国新时代文明实践中心建设试点县建设，积极宣传弘扬"远亲不如近邻"理念，持续深入挖掘文明实践工作中的先进事迹、经验做法，让友爱互助的文明新风吹遍瓷都的每一个角落。

第三节　县级融媒体创新发展的未来思考

一、坚持正确方向

要始终坚持媒体深度融合发展沿着正确方向发展，坚持公益属性，坚守社会责任，坚持把社会效益放在首位、社会效益和经济效益相统一。要始终坚持中心发展与县委、县政府紧密结合，从"融合"走向"融活"，有效提高新闻舆论传播力、引导力、影响力、公信力，真正发挥引导群众、服务群众的作用。

二、坚持移动优先

要把握移动化趋势，坚持移动优先策略，让分散在网下的力量尽快进军网上、深入网上；要不断增强网络平台聚合能力，丰富政务、民生信息和服务、社交功能，用鲜明特色、高质量服务和个性体验吸引黏住更多用户。要密切关注不断涌现的网络信息应用新业态，抢占发展先机，推动主流舆论占领新兴传播阵地。

三、坚持内容为王

要持之以恒转变作风、改文风，坚持"短实新"，构建群众喜闻乐见的话语体系；要推动县域新闻信息与政务、服务紧密结合，更好满足群众需求。要生动记录群众生产生活，及时报道基层创新的鲜活经验，推出全息化、可视化及沉浸式、交互式新闻产品，丰富传播形态、传播样式，不断提升宣传产品"霸网""霸屏"。

四、坚持人才培养

要更加积极、开放、有效地推进人才引进政策，发挥主流媒体资源、平台、品牌优势，提高人才吸引力和竞争力。要发挥媒体自身优势，鼓励和推动知名编辑记者、主持人、播音员到新媒体平台发挥作用，助力打造当地有影响力的网络账号；要坚持开展全媒体理念和技能培训，建立新闻专业技术岗位与管理岗位人员的双向交流通道，培养具有专业背景的复合型人才，着力打造"一专多能"的全媒体人才队伍。

第四章

高要区融媒体中心：创新实践与未来思考
——《二十四节气系列专题报道》

王业民　王汉文　黄美诗　刘　宇　蔡冠科

在媒体融合的新时代，县级融媒体中心作为基层传播的重要阵地，面临着前所未有的机遇与挑战。肇庆市高要区融媒体中心以其敏锐的洞察力、丰富的创新实践，成功推出了《二十四节气系列专题报道》，在内容、形式、传播等方面取得了显著成效，为县级融媒体的创新发展树立了典范。本文将全面解析高要区融媒体中心在推进媒体融合发展过程中的创新实践与亮点成果，探讨其在未来县级融媒体发展中的前瞻思考与战略布局，以期为基层媒体的融合发展提供有益的参考与启示。

第一节　区域媒体融合的典范

高要区融媒体中心自2020年6月成立以来，全力构筑全媒体宣传新格局，打造地方主流舆论传播服务平台、优秀文化艺术展示平台和特色新型智库，传播高要声音，讲好高要故事，展示高要形象。经过短短几年时间的不断探索与实践，已经发展成为区域内颇具影响力的县级媒体机构。

在工作执行方面，高要区融媒体中心始终坚持"党媒姓党、党管媒体"总原则，深入贯彻执行党中央路线方针政策和重大决策部署，以及贯彻落实省委、市委和高要区委的工作部署要求，牢牢把握正确政治方向、舆论导向和价值取向，内容聚焦全面贯彻党的二十大精神、百县千镇万村高质量发展工程、乡村振兴、民生实事等主线及重点，唱响主旋律、打好主动仗。

在战略发展方面，高要区融媒体中心始终坚持"守正创新、深度融合"的发展思路。通过整合区内各类媒体资源，构建起一个多层次、全方位的传播体系，包括一个频率、一个频道、一份内部资料和12个新媒体平台。这种深度融合的模式不仅提升了新闻传播的速度和广度，还增强了媒体的互动性和参与感，使传播内容更加贴近群众、贴近实际、贴近生活。

在使命担当方面，高要区融媒体中心始终牢记"举旗帜、聚民心、育新人、兴文化、展形象"的职责。通过持续推出有思想、有温度、有品质的新闻作品，在弘扬社会主义核心价值观、传递正能量、引导社会舆论等方面发挥了重要作用。同时，积极履行社会责任，深入基层，服务群众，为高要高质量发展提供了强有力的舆论支持。

第二节　《二十四节气系列专题报道》创新实践与亮点成果

一、创新案例基本情况

高要区融媒体中心自成立以来，不断探索新的传播方式，积极创新内容形式，努力提升传播效果。深耕细作微短视频是我们在媒体融合改革中作出的有效探索。我们在体制机制、人员配备上向新媒体倾斜，组建专业的短视频制作组，集中创作短视频产品；改变传统"宣教腔调"，扎根本土文化，从群众"愿意看""看得进""愿意听""听得懂"的角度出发，激发共情共鸣，增强文化自信。2022年，区融媒体中心率先在全市推出了《二十四节气系列专题报道》，该报道以短视频形式呈现，将中国传统文化中的二十四节气与高要地区的自然风光、人文风情完美融合，为观众呈现了一场视觉与文化的盛宴。

二、基本做法

（一）深入调研，精准定位

在推出《二十四节气系列专题报道》之前，高要区融媒体中心组织团队进行了深入的调研。通过走访当地农户、气象部门、文化机构等，了解高要地区的气候特点、农业生产情况、文化传承等，为后续的策划和制作提供了翔实的第一手资料。同时对目标受众进行了精准定位，针对不同年龄层次、不同职业背景的受众群体，制定了相应的传播策略。

（二）精心策划，创新形式

在策划阶段，高要区融媒体中心充分发挥团队的专业优势，整合各类资源，对《二十四节气系列专题报道》进行了全方位的规划。在内容方面，深入挖掘二十四节气的文化内涵，结合高要地区的实际情况，为每个节气量身定制了相应的主题和内容。在形式方面，采用了视频这一直观、生动的传播方式，通过精美的画面、动人的音乐和贴切的文字解说，将二十四节气的魅力展现得淋漓尽致。

（三）团队协作，高效执行

在制作阶段，高要区融媒体中心充分发挥团队协作的精神，各部门紧密配合，确保了整个制作过程的顺利进行。摄像团队深入田间地头，捕捉最真实、最生动的画面；编辑团队对素材进行精心剪辑和后期处理，保证了视频的高质量呈现；推广团队则通过各种渠道对作品进行广泛宣传和推广，提高了作品的知名度和影响力。

三、亮点成果

（一）内容创新：传统文化与现代元素的完美融合

《二十四节气系列专题报道》在内容方面实现了传统文化与现代元素的

完美融合。作品深入挖掘了二十四节气的文化内涵和历史渊源，同时结合高要地区的自然风光和人文风情进行展现。每个节气都有其独特的主题和内容设计：春分时节的绿意盎然、夏至日的市场喧嚣、秋分后的丰收喜悦……这些场景不仅让观众领略到了高要地区的美丽风光和节气氛围，更让传统文化在现代社会中焕发出新的活力。

（二）形式创新：多媒体元素的综合运用

在形式上，《二十四节气系列专题报道》采用了多媒体元素的综合运用。作品以视频为主要载体通过精美的画面、动人的音乐和贴切的文字解说将二十四节气的魅力展现得淋漓尽致。作品还充分利用了新媒体平台的特点和优势，通过微信、微博等社交媒体进行广泛传播，扩大了作品的影响力和覆盖面。这种多媒体元素的综合运用不仅提高了观众的观赏体验也让传统文化的传播更加生动、立体。

（三）传播效果：引发广泛关注与热议

《二十四节气系列专题报道》一经推出便引发了广泛关注与热议。作品在新华社新闻信息中心、新华社县级融媒体研究中心组织开展的2022—2023年度"全国融媒体中心能力建设"调查研究中入选《县级融媒体中心专题报道典型事例》，是广东省唯一入选的系列专题报道。同时作品在各大视频网站和社交媒体上获得了大量点赞、转发和评论，受众纷纷表示，通过这部作品对二十四节气有了更深入的了解和认识，也对高要地区的自然风光和人文风情产生了浓厚兴趣。这种广泛的关注和热议不仅提升了作品的知名度和影响力，也为传统文化的传承和发展注入了新的动力。

（四）社会影响：推动文化传承与生态保护

《二十四节气系列专题报道》的成功推出，不仅展示了高要地区的独特魅力也为观众呈现了一场视觉与文化的盛宴。更重要的是这部作品在推动文化传承和生态保护方面发挥了积极作用。创作团队通过深入挖掘和展示二十四节气的文化内涵，激发观众对中国传统文化的兴趣和热爱，让更多人认识到保护和传承传统文化的重要性。同时作品对高要地区自然风光的展现，也引发了受众对生态环境保护的关注，进而有效推动了社会对自然环境和文化遗产的保护工作。

首先，《二十四节气系列专题报道》通过展现中国传统文化中的二十四节气与高要地区的自然风光、人文风情相融合的美景，让观众更加深入地了解和感受到传统文化的独特魅力和丰富内涵。这种对传统文化的挖掘和传播，不仅增强了观众的文化自信心和归属感，还激发了他们保护和传承传统文化的热情和责任感。

其次，作品中对高要地区自然风光的展现，让更多人认识到了该地区美丽的自然景观和丰富的生态资源。这不仅提升了高要地区的知名度和美誉度，也为当地的旅游业和相关产业带来了新的发展机遇。同时，作品中强调的生态保护理念引发了社会对生态环境问题的关注，促使更多人参与到生态保护的行动中来，为建设美丽中国贡献力量。

再次，《二十四节气系列专题报道》还促进了媒体与受众之间的互动与沟通。观众可以通过社交媒体等渠道对作品进行评论、转发和点赞，与制作团队和其他观众进行交流和分享。这种互动不仅增强了观众的参与感和归属感，还为媒体提供了获取受众反馈和市场需求的渠道，有助于提升传播效果和优化传播策略。

最后，该作品也为高要区融媒体中心带来了广泛的认可和赞誉。通过精心策划和制作《二十四节气系列专题报道》，中心在内容创新、形式创新和传播创新方面的实力和能力得到有效体现，这不仅提升了高要区融媒体中心在业界的影响力和地位，也为中心未来的发展提供了更多的机遇和动力。

综上所述，《二十四节气系列专题报道》的成功实践和创新成果，不仅展示了高要区融媒体中心在推动文化传承、生态保护等方面的积极作用，也为传统文化的现代传播和地方媒体的创新发展提供了有益的借鉴和启示。在未来的工作中，高要区融媒体中心将继续秉承创新理念，深入挖掘地方特色和传统文化资源，打造更多优质、有内涵的融媒体产品，为推动文化传承和社会发展作出更大的贡献。同时，中心将不断总结经验教训，优化工作流程，提升团队专业素养，以应对日益激烈的市场竞争和不断变化的市场需求。相信在全体工作人员的共同努力下，高要区融媒体中心一定能够取得更加辉煌的成绩，为地方媒体的创新发展树立新的标杆。

第三节 县级融媒体创新发展的未来思考

在当今的媒体环境中，县级融媒体中心作为基层媒体机构，面临着巨大的挑战与机遇。肇庆市高要区融媒体中心凭借其前瞻性的视野和扎实的实践，成功推出了《二十四节气系列专题报道》，不仅在内容、形式和传播效果上取得了显著成果，更在社会影响和文化传承方面发挥了重要作用。结合这一案例来探讨高要区融媒体中心在县级融媒体创新发展的未来思考。

一、持续创新内容与形式

内容始终是媒体的核心竞争力。高要区融媒体中心应继续深入挖掘本地特色和文化底蕴，结合现代审美和传播方式，创造出更多富有地方特色、贴近群众的优秀内容。同时，在形式上，应积极探索新媒体平台的运营策略，充分利用短视频、直播等形式，增强与观众的互动与黏性。

二、加强技术应用与平台建设

随着5G、大数据、人工智能等技术的发展，县级融媒体中心应加强技术投入，提升内容生产的效率和质量。同时，建立适应新媒体传播的平台架构，实现多渠道、多终端的内容分发，增强传播的广度和深度。

三、培养人才队伍

人才是媒体创新发展的关键。高要区融媒体中心应加强对专业技术人才的培养和引进，打造一支既懂媒体业务又懂市场运营的专业团队。同时，建立良好的激励机制，激发员工的创新活力。

四、深化与受众的互动与沟通

在新的媒体环境下，受众不再是被动的信息接收者，而是参与到信息传播中的重要一环。县级融媒体中心应积极搭建与受众互动的平台，如线上社区、论坛等，及时获取群众反馈，调整传播策略。同时通过这些平台加强与群众的联系，提升媒体的公信力和影响力。

五、拓展产业合作与发展

县级融媒体中心不仅是信息传播的平台，也是地方文化产业的重要组成部分。高要区融媒体中心可以结合本土特色，开发文创产品、举办文旅活动等，实现媒体与产业的深度融合，这不仅能增强媒体的自我造血能力，还能为地方经济发展注入新的活力。

六、强化合作与交流

在区域一体化和全球化的大背景下，县级融媒体中心应加强与其他地区的合作与交流，学习先进经验，拓展传播视野，通过合作项目、经验分享等方式，提升自身的发展水平。

七、关注环境与文化保护

作为地方媒体机构，高要区融媒体中心有责任关注本地的环境与文化保护，通过制作相关主题的节目、发起保护倡议等途径，引导社会大众树立环保意识，共同守护地方的文化遗产和生态环境。

综上所述，高要区融媒体中心在县级融媒体创新发展的未来有着广阔的空间和无限的可能。只要坚持以人民为中心的发展理念，不断探索、勇于创新，必定能在新的媒体格局中发挥更大的作用，为地方经济高质量发展作出更大的贡献。

第五章

鹤山市融媒体中心："直播+""短视频+"助力"三夹腾龙"火出圈

龚　拓　吕悦怡　吕桢华　陈浩林

鹤山市融媒体中心是鹤山市委直属事业单位，归鹤山市委宣传部领导管理。2019年4月15日，鹤山市融媒体中心挂牌成立。2020年9月，鹤山市融媒体中心建设顺利通过广东省委宣传部验收，并成为典型示范单位。

经过三年多的改革探索，鹤山市融媒体中心已建成集广播电视、新媒体为一体的全媒体传播矩阵，是广东省广播电影电视协会县（市、区）广播电视专业委员会会长台，也是中国广播电视协会城市广播电视台（县级）工作委员会广东省联合会会长单位。其运营的微信公众号"鹤山发布"常年位居江门市（区）政务微信影响力排行榜前列，连续多年位列全省县级政务公众号影响力排行榜十强；微信公众号"鹤山融媒"进入全国县级媒体微信号百强榜；鹤山电台收听率在全国最大的专业音频平台——蜻蜓FM长期稳居全国综合类电台榜首，全省县级电台排名第一；多项作品荣获中国电视金鹰奖、中国（广州）国际纪录片节评委奖，多次荣获中国广播影视大奖、广东省广播影视奖等国家、省、市各项新闻奖；公益作品《咏赞鹤山，传承情义》荣获中国广告协会金奖，这是鹤山广播电视台近三十多年来荣获的广告类最高奖项。

在 2023 年中国广协广播电视融媒体经营创新高峰论坛上，鹤山市融媒体中心荣获优秀新媒体创新团队称号。2023 年 9 月，在最新发布的全国优秀融媒云传播力调研结果中，鹤山市融媒体中心荣列"2023 全国优秀融媒体产业创新发展综合影响力/传播力 TOP10"，"最鹤山"客户端荣列"2023 全国优秀融媒体产业创新发展综合传播力客户端 TOP10"，"鹤山融媒"微信公众号居"2023 全国优秀融媒体产业创新发展综合影响力微信 TOP10"。

第一节　基本情况

"三夹腾龙"是鹤山市古劳、沙坪等地每年端午期间赛龙夺锦的传统民俗活动，已被列入广东省非物质文化遗产名录。"三夹腾龙"历史悠久，蕴含着鹤山深厚的文化底蕴，彰显着"向上向善、刚健朴实"的鹤山力量，传承至今已有近 300 年的历史。

"三夹腾龙"是极富群众基础的传统体育竞技活动。每逢端午赛龙舟，由沙坪城区通往赛区——古劳三夹桥至升平圩河道两旁，十里堤围，都是前来观看龙舟赛的群众，三夹河两岸的观赛台上更是人山人海。爆竹声、锣鼓声汇成一片，震耳欲聋。

基于此，在本案例中，鹤山市融媒体中心聚焦"龙腾三夹　鹤舞昆仑"2023"农商银行杯"鹤山龙舟文化季活动，通过提前介入做好赛事直播准备，用"鼓手和他们的龙舟"系列短视频产品和"备战慢直播"持续聚合龙舟迷的目光，多平台分发龙舟赛高清直播，瞬间吸引流量；图文、短视频、直播、评论等多手段齐用做好导流，紧跟热点时事争取效果最大化，持续推动龙舟文化乃至鹤山文化精神的宣传。从端午前夕慢直播的火爆，到龙舟运动员冯伟浚"火出圈"，在鹤山市融媒体中心"直播+""短视频+"组合拳的助力下，鹤山龙舟文化的热度一波接一波，相关点击量、转发量、收看量已超一亿人次。

第二节　基本做法与亮点成果

一、基本做法

（一）敲定选题，提前介入

一个好的选题，一个有竞争力的选题，辅以合适的经营报道手段，可以吸引更多的用户关注，提高通达量和转化率，甚至成为爆款，引发社会热议。时隔五年，"重出江湖"的"三夹腾龙"无疑是自带流量话题、颇具本地特色的题材。

2023年3月10日，鹤山2023年全域旅游嘉年华新闻发布会公布了端午节期间举办大型"三夹腾龙"龙舟赛的消息。鹤山市融媒体中心高度重视，精心策划，多次组织召开专项工作会议、现场调度会，拟定龙舟赛的宣传方案。

为保障龙舟赛顺利直播，6月初，鹤山市融媒体中心龙舟赛直播工作组提前布置好现场和沿线的直播点，并在1公里赛道上设置了包括落地、航拍、备用在内的10个机位，以展示鹤山龙舟竞渡的超燃画面。

（二）充分准备，营造氛围

在选题技巧方面，有一个重要的原则是围绕一个重点写深写透，不求面面俱到，使主题更集中，报道更深入。

鼓手是龙舟的"灵魂"，鹤山市融媒体中心推出《"鼓手和他们的龙舟"系列报道》，组织记者深入到全市各龙舟队伍中，了解龙舟队核心人物——鼓手，以他们作为报道的切入口，带出有温度的叙事表达。该系列报道通过鼓手讲述他们和龙舟的故事，以文化探源为内核，围绕龙舟文化精神，采用"短视频＋图文"等多种手段，聚焦赛前训练等亮点，站在情怀和传承层面进行宣传报道，展示鹤山龙舟竞渡的独特魅力和鹤山人昂扬抖擞的精气神。相关作品上线后，社会反响热烈，聚合了来自海内外的龙舟迷、摄影发烧友，为龙舟赛直播提前圈定粉丝群。

慢直播通过镜头，连接着新闻事实和新闻受众。另外，慢直播具有身临其境的在场感，为广大观众提供交流场域，人们在观看慢直播和在线互动中，强化共同记忆。在本案例中，鹤山市融媒体中心创新性地提出：抓住慢直播的风口，让慢直播的"长尾效应"赋能新闻传播内容。

自6月初起，鹤山市融媒体中心在视频号"鹤山融媒"、抖音号"鹤山融媒"、"最鹤山"App等平台开设慢直播，将直播镜头设置在升平河龙舟公园主看台附近，对各龙舟参赛队伍的备战情况进行全天候24小时直播，让市民朋友可以通过慢直播"督战"各个龙舟队，观众们表示"太爽了"，只因为他们实在"太想划龙舟啦！"。

（三）多平台分发，增大流量

6月20日至21日，"龙腾三夹 鹤舞昆仑"2023"农商银行杯"鹤山龙舟文化季活动在古劳龙舟公园精彩上演。鹤山市融媒体中心聚焦龙舟赛的精彩看点，将镜头对准赛道起点、运动员中途发力状态、龙舟队冲刺等精彩瞬间，让观众通过直播第一时间了解现场情况，感受现场的紧张激动氛围，给观众带来愉悦和兴奋的精神体验。

截至6月21日下午8:00，累计超300万人次通过微信公众号"鹤山融媒"、抖音号"鹤山融媒"、视频号"鹤山融媒"等网络平台在线观看赛事。约100万人次通过鹤山电视综合频道、鹤山电台、蜻蜓FM收看收听实况直播。

（四）多手段齐用，互相导流

党的二十大报告中指出："加强全媒体传播体系建设，塑造主流舆论新格局。"加强全媒体传播体系建设，构建以多平台、多账号、多形态为特征的融媒体矩阵，其核心在于虽"多点发力"但能够汇聚成合力，从而体现媒体运营的核心价值。

在赛事期间，鹤山市融媒体中心持续通过短视频、图文推送等多种手段给直播间导流——每组比赛一结束，编辑组就通过微信视频号、抖音号、手机客户端等发布短视频、图文推送展现龙舟比赛的精彩瞬间，公布赛果，从而将刷到赛果短视频、推文的观众有效引流至直播间观战，直播间观看人数每个小时都在稳步上升。

赛事结束后，赛果会及时地在当日上、下午通过微信公众号"鹤山融媒"推送给所有关注用户，每条公众号都会插入已发布的赛果视频号，这对视频号内容的二次传播有很大的帮助。

短视频时长短、节奏快、表达力强，赛事直播现场体验感强、多元有趣，推文内容精准、传播分众化……多种手段相辅相成，有效发力，充分发挥鹤山融媒体矩阵合力，从而提高"三夹腾龙"直播活动的曝光率，凝聚声量，提升影响力。

（五）紧跟热点，效果显著

比赛结束后，随着中东西龙舟队"摇头哥"在各大社交平台火爆出圈，鹤山市融媒体中心紧跟网络热点，紧抓流量密码，推出"摇头哥""英雄鼓手"等一系列短视频、推文，再度引爆鹤山"三夹腾龙"这个话题，通过发布短视频、留言互动等方式，引发网络狂欢，让"燃起来"的传统文化习俗焕发出新的活力。截至 7 月初，2023 鹤山龙舟文化季活动的全网点击量、转发量、收看量已经超过一亿次，为传统文化活动宣传推广提供了一个很好的范例。

二、亮点成果

在本案例中，鹤山市融媒体中心立足"三夹腾龙"本土文化特色，把握好时、度、效，依据微信公众号、手机客户端、视频号、抖音等平台不同的特色以及用户的不同特点，把握好"赛龙舟"这个文化热点，用好"直播+""短视频+"这套组合拳，将龙舟赛事这个正能量事件做成大流量，在全国全网出圈。

（一）坚持内容（直播、短视频）为王，流量为器

敲定方案后，鹤山市融媒体中心提前介入，推出"备战慢直播""鼓手和他们的龙舟"系列报道等优质直播、短视频产品，多平台分发，增大流量，多手段齐用，互相导流，引发本地观众的情感共鸣，聚合了来自海内外的龙舟迷、摄影发烧友。

（二）紧跟热点，做好直播、短视频的周边产品，抓好导向引领

龙舟赛期间，"摇头哥"等龙舟运动员在各大社交平台火热出圈，鹤山市融媒体中心抓住群众爱看想看、能产生共鸣的素材，加强策划，整合碎片化信息，做精做优内容，打造系列爆款图文、短视频，不断突破宣传影响力、覆盖面的瓶颈。

2023年夏天，在鹤山市融媒体中心"直播／短视频＋"模式的助力下，鹤山龙舟文化火爆"出圈"：赛前24小时慢直播，每天上万网友在线"督战"，鹤山融媒矩阵中的视频号、抖音号等纷纷涨粉，其播放量相较于往期更是增加40万人次；"鼓手和他们的龙舟"系列报道，深挖鹤山龙舟精神和鹤山人的龙舟情怀，为活动进行持续的预热，暌违五年的龙舟竞赛一开始就拥有了十分高的热度；两天的龙舟赛直播，亮点不断，直播浏览人数超400万；紧抓"摇头哥"爆火契机，做好"三夹腾龙"的二次宣传，流量超200万人次……

截至7月初，2023鹤山龙舟文化季活动的全网点击量、转发量、收看量已经超过一亿人次，持续擦亮"看龙舟，到鹤山"的特色文化名片，反映鹤山龙舟竞渡的独特魅力和鹤山昂扬抖擞的精气神，为传统文化活动宣传推广提供了一个很好的范例。

另外，6月26日，微信视频号官方发布推文《县城里跑起来的融媒体，用赛龙舟"霸屏"视频号》，聚焦鹤山市融媒体中心在本次2023鹤山龙舟文化季活动中取得的亮眼成绩。

第三节　县级融媒体创新发展的未来思考

我国媒体融合走向攻坚克难的"深水区"。目前县级融媒体中心呈现出了全面铺开、移动优先、强调合作、多元经营的融合发展趋势。在新发展阶段，如何适应新的媒体格局和传播形态，认真贯彻好习近平总书记提出的"建设全媒体，推动媒体融合向纵深发展"重要指示精神？鹤山市融媒体中心将继

续立足发展实际，积极顺应移动化、视频化、智能化发展趋势，持续推进队伍融合、平台融合、业务融合、跨界融合，把媒体融合往深里融、往心里融、往用里融，不断提升引导群众、服务群众能力，舆论宣传阵地不断巩固壮大。

首先，要持续推进队伍融合，强化媒体融合智力支撑。以践行"四力"为标准，加速完成整合采编业务队伍、更新采编人员观念思维、再造采编流程模式，根据专业人才专业特点配备岗位和融合团队，打造一支既有专业新闻素养，又懂新媒体传播运营，还具有互联网思维和实践能力的复合型人才队伍。

其次，要持续推进平台融合，打造服务、宣传综合平台。继续深化"移动优先"理念，深刻把握"内容为王"核心、"便民服务"抓手，不断拓展媒体融合深度广度，以提高公共服务能力作为强有力的抓手，不断强化服务群众的能力，建强新媒体平台，引入新技术融入平台，打造出综合性的宣传服务平台，拓展"媒体+政务""媒体+服务""媒体+商务"等业务，提供多元化服务，满足群众需求，把媒体融合往深里融、往心里融、往用里融。

最后，要持续推进跨区域跨界融合，突破传播覆盖瓶颈。创新传播渠道，推动跨区域融合、跨媒体融合、跨界融合，形成立体式的宣传效果，推动鹤山融媒走出鹤山，争当全省区县级融媒标杆。

第六章

红塔区融媒体中心：彝族火把节媒体融合报道创新案例

吴菁菁　尹　策　向永祥　刘歆旎　施　瑞

"火把节"是彝族的传统节日，同其他地区一样，玉溪市红塔区在彝族"火把节"期间也要举办隆重的庆祝活动。作为当地的主流媒体，红塔区融媒体中心承担着节日活动的主要宣传任务。2023年已进入媒体深度融合的第三个年头，为了更全面、深入、直观地展现红塔区火把节的民俗风情，红塔区融媒体中心提前组织策划火把节宣传报道和直播活动，组建报道团队，通过移动端、电视、新闻网等中心自有的媒体平台，发布消息、短视频、图文、宣传海报等，营造浓厚的火把节氛围。整个火把节宣传从节日预热、欢庆节日、民风民俗展示以及乡村美景、秀美河山推介着手，依托"享红塔"App、微信公众号、视频号、抖音、快手、头条、电视、微博等平台全方位、多角度融合报道、立体呈现，特别是火把节网络直播在玉溪市红塔区融媒体中心各网络平台引起强烈反响，直播参与人数达到40531。

玉溪市红塔区融媒体中心由原红塔区电视台和红塔区媒体管理服务中心（玉溪市红塔区新闻中心）整合建设，为区委直属正科级公益一类事业单位，归口中共玉溪市红塔区委宣传部管理。目前，配备主任1名、副主任4名，内设6个部（室）：办公室、新闻中心、总编室、融创部、技术保障部、事业发展部。核定事业编制 49 名，现有在职在编人员 47 名，无其他聘用人员。

红塔区融媒体中心自 2019 年 2 月 22 日挂牌成立以来，紧紧围绕"主流舆论阵地、综合服务平台、社区信息枢纽"的功能定位，打造红塔区电视台、"享红塔"App、"红塔区发布"微信公众号和新浪微博、红塔区新闻网、"红塔融媒"抖音号和快手号及视频号融媒体传播矩阵，守正创新，开拓奋进，为红塔区实现高质量跨越式发展提供了强有力的舆论支持和精神动力。

中心融合发展以来，取得了不错的成绩：在新华社新闻信息中心举办的 2021 年云南省"央地联动·协同创新"评选活动中，红塔区融媒体中心被授予"十佳县级融媒体中心"称号；2022 年 11 月 1 日，红塔区融媒体中心入选新华社新闻信息中心云南中心"县级融媒体创新实践基地"首批共建单位；在新华社新闻信息中心、新华社县级融媒体研究中心组织开展的 2022—2023 年度"全国融媒体中心能力建设"调查研究中，"红塔区税收共治体系、红塔区个人消费发票摇奖系统开发设计及运维推广"案例入选县级融媒体中心政务商务服务典型事例；在新华社新闻信息中心举办的 2022 年度云南省县级融媒体中心传播力建设先进单位评选活动中，荣获"央地联动"先进单位称号。

第一节　基本做法

彝族火把节媒体融合报道是中心整合自有平台进行立体融合报道的一次有益探索。红塔区 2023 年彝族火把节活动定于 8 月 12 日举行，在节日举办前一周，中心按照策划方案，多梯次、连续性、全方位地推出消息、短视频、海报等报道，达到了尽可能多的受众知晓率。同时，对将要进行的节日直播活动开展全方位、多频次宣传。

8 月 12 日是火把节正式举办的时间，按照策划方案，当天采用新闻报道、短视频制作发布和现场网络直播等多种报道形式呈现节日气氛。由于红塔区的火把节活动地点分设于小石桥乡、洛河乡一北一南两个不同地域的山区彝族乡,两地相距有 20 多公里,重点和难点是网络直播。

针对直播活动,中心组织相关部门及报道团队召开策划会,决定采用"两地联动+整合直播"的形式,中心融创部负责制定直播方案,整合小石桥乡和洛河乡两地节庆活动,把最精彩、最绚丽的民族风情呈现在全网观众面前。

融创部经过实地调研和分析,初步策划提出三套直播方案。第一方案为:在红塔区融媒体中心指挥中心设立总导播台,小石桥乡和洛河乡分别设立分导播台将直播信号推送到红塔区融媒体中心指挥中心,再由总导播台抓取、导播并向全网推送。第二方案为:小石桥乡设立总导播台,小石桥乡的直播信号直接传入总导播台;洛河乡设立分导播台,洛河乡直播信号推送到云端再由总导播台直接抓取,并向全网推送。第三套方案为:洛河乡设立总导播台,洛河乡的直播信号直接传入总导播台;小石桥乡设立分导播台,小石桥乡直播信号推送到云端再由总导播台直接抓取,并向全网推送。

按照初步直播方案,创作团队人员分别到小石桥乡和洛河乡党委、政府对接协调,确认火把节活动方案和流程,并到现场进行实地勘察。结合实地勘察情况和火把节活动方案,创作团队对直播活动方案进行反复推敲,最终确定采用方案二,即小石桥乡设立总导播台,小石桥乡的直播信号直接传入总导播台;洛河乡设立分导播台,洛河乡直播信号推送到云端再由总导播台直接抓取,并向全网推送。紧接着,直播团队围绕方案二对直播活动的每一个环节任务进行细化分解,明确人员分工,形成执行方案,进行反复预演,并在预演结束后认真复盘分析,查缺补漏,仔细梳理,进一步完善直播方案。

直播当天,依托新华社现场云平台,在技术上设置总导播和分导播,先把分导播画面(洛河彝族乡画面)推流到新华社现场云,总导播(小石桥彝族乡)再从新华社现场云拉流进行画面切换,最终由总导播(小石桥彝族乡)将画面推流至新华社现场云及各网络平台。在直播中实现了不同场景、不同空间、不同纬度的多项整合,观众在同一场直播中就能看到相距 20 多公里的小石桥彝族乡和洛河彝族乡火把节的现场。

《2023 年红塔区火把节网络直播》于 8 月 12 日在"红塔融媒"抖音号、

"红塔融媒"视频号进行全网直播,配合直播开展的媒体融合报道有效服务了直播预热、增强了直播互动和直播效果,是对全媒体融合报道的有益探索。直播不但吸引了上万观众,而且在评论区与观众热烈互动,增加直播的黏性,通过互动更直接地了解观众喜好,导播组可以根据观众要求切换相应的节目活动画面,让观众看到自己想看到的场景。此次直播成为我中心在媒体融合时代能力建设的典型事例成果,为我中心多现场直播和全媒体融合报道工作开创了先河。

在此次媒体融合报道中,我们总结了以下基本创新思路、方法和媒体融合创新模式。

一是创新思路、方法。树立融合报道理念,整合中心自有平台,形成报道合力,先期拍摄制作了短视频、图文消息、宣传海报等火把节活动直播预告,通过微信公众号、视频号、微博、抖音、快手、"享红塔"App 等平台广泛推发,营造浓厚氛围。开展直播报道,不断创新形式和路径,设置总导播台和分导播台,利用技术赋能,实现直播信号流畅推送抓取,精彩呈现红塔区南、北两地彝族乡火把节的喜庆热闹。

二是直播方法创新。根据现场实地勘察情况,选取电源保障和网络传输更为便捷的小石桥乡设立总导播台,放弃了在洛河乡设立总导播台的第三方案;经过统筹考虑,放弃第一方案(三点三线方案),采取更为直接的第二方案(两点一线方案),直接由小石桥乡现场进行切换和直播推送,既节省了人力和直播设备,又减少了一次网络传送链接,降低了网络传输风险,有效保障了直播安全和效果。

三是发布平台精准。本项目作为同期官方直播中唯一的火把节直播专场,所用的直播平台均以短视频平台为主,直播内容起到关键舆论引导的重要作用,担负起宣传节日内核与人民安居乐业幸福场景的重要职责。

第二节　亮点成果

在此次媒体融合创新模式发展中，我们也形成了自己的特色。媒体融合的发展为媒体报道提供了更多可能，《2023年红塔区火把节网络直播》不仅利用技术优势生动呈现现场活动，使作品更加贴合受众需求，还借助媒体矩阵拓宽传播渠道，呈现更多元的作品形式，让报道更易被受众接受。此案例在理念思路、内容形式、手段方法、路径模式上有突出创新，以新理念、新技术、新模式丰富人民群众精神生活，讲好民族团结故事，讲好红塔区各族人民齐心协力、美美与共的奋斗故事。

红塔区融媒体中心在融合实践中，不断创新理念、内容、体裁、形式、方式、手段、业态，努力形成内容产品的全媒体系和多样态化。在重大主题方面，发挥融媒优势，强化融合策划。对重大主题宣传采用"集团作战"和全平台传播，放大一体化效能，扩大宣传效应。《2023年红塔区火把节网络直播》以大型活动聚集人气，通过集中推流，利用"红塔融媒"抖音账号、"红塔融媒"微信视频号等官方账号多个直播间同时推荐，为受众打造高沉浸感、高互动性的活动体验，实现抖音直播总场观看人数达40531，让社会各界人士更加了解民族文化以及节日传统，感受节日氛围。项目的实施，达成了促进文旅发展、实现新旧媒体跨界联动的目的。全媒体、多样态、立体化的内容生产能力，在切实提高新闻舆论工作能力和水平的同时，更为直播地小石桥乡和洛河乡带来了经济效益，为当地节日经济带来客流。同时，通过直播宣传让红塔区火把节成为红塔区节日文旅项目的一张亮丽名片。

社会各界对本项目的评价如下。一是社会公众评价。参与讨论度高，表示愿意参与本活动的群众多，直播间平均点赞量破新高，本次参与活动的人数多，项目镜头展示细节全面立体，现场气氛喜庆热闹，现场环境安全有序。二是学界评价。达成优良的节日宣传氛围。县级融媒体中心在媒体融合大潮中，按照

"引导群众、服务群众"的总要求，向网而生，因融而兴，成为我国四级全媒体传播体系的重要环节和塑造主流舆论新格局的重要力量。党的二十大报告指出，"加强全媒体传播体系建设，塑造主流舆论新格局"。媒体融合的根本任务，最核心的目标是服务于建设具有强大凝聚力、引领力的社会主义意识形态。

第三节　县级融媒体创新发展的未来思考

未来，红塔区融媒体中心将着眼长远，优化机制，聚合资源，服务群众，强化内容，打造精品，因地制宜地加入符合地方发展的坐标参数，拓展基层服务平台，融入社会基层治理，实现产品融合破界、渠道多元拓维。

一、制定长期规划，深化管理体制改革

制定长期规划是地方主流媒体进行深度融合的重要保障。中心依托区委区政府，立足自身特点和发展情况，制订目标计划，从内部管理和组织架构入手，建立完善评价机制。首先，需要优化组织架构，统筹规划，明确职责，保障工作协调有序进行。同时，应建立专门的融合业务部门，以推动融合项目的策划、组织和推进。其次，在机制改革管理方面，建立更加科学、规范、有效的管理体制，加强内部管理和监督，制定更为完善的管理制度和流程，实现能者上庸者下。创新激励机制，实现多劳多得，激发干部职工的干事激情，创新人才队伍建设，进一步提高媒体的品牌力和综合竞争力。

二、参与社会治理，创新服务模式

县级融媒体中心肩负着构建立体化治理体系的任务，要依托党的执政优势，整合各种执政资源和社会资源，通过提供政务服务及其他公共服务这一"刚需"，将人民群众聚合在主流媒体自主可控的新媒体平台上，从而提升其网络传播能力，真正成为红塔区政府信息的权威发布平台、权威解读平台；

要导入各项政务服务，成为网上政务服务端口的运营主体，从而成为党和政府开展基层社会治理的有效抓手。由此构建起"互联网＋媒体＋智慧政务＋政府数据公开＋智慧城市运营"的智能媒体新平台和基层治理新平台。应充分体察用户需求，增加用户黏性，适当将内容重心向本地区的热点事件和民生百态倾斜，制作当地群众喜闻乐见的民生新闻，提高传播力。同时，拓宽便民服务渠道，通过微信公众号、小程序或App等多种形式，连接医疗、出行、住宿、教育等各项民生服务入口，实现智能传播、政务服务、政府数据公开、智慧城市建设等功能的有机融合。

三、产品融合破界，渠道多元拓维

内容创新是媒体融合发展的起点，更是媒体融合发展需要着力把握的根本。融合创新的重点，应从内容生产到数字产品创新再到渠道拓维，进而到自主平台建设。在内容生产方面，应明确自己的优势与定位，从而生产出独具特色、有亮点、有质量的内容。这些内容可以是报道、评论、特写等，也可以是短视频、直播、H5等，以满足不同层次读者的深度需求。在数字产品创新方面，挖掘本地特色，打造聂耳IP，讲好聂耳与国歌的故事，组织高原特色农产品直播活动丰富自身产业链条，推动数字产业化，助推文旅产业融合发展，深度参与到社会经济建设发展中。

与此同时，跨界融合发展、服务行业领域。开展跨界合作，通过跨界合作弥补自身资源局限，达成共生共赢。以新闻服务、视频服务、数据服务、舆情服务四大板块，打造区域社会经济生态服务链条，服务区域内政务公开、教育资源、医疗健康、商圈经济等行业发展。

作为区内主流媒体，我们将坚持用习近平新时代中国特色社会主义思想凝心铸魂，持续聚焦经济社会高质量发展，让正能量更强劲、主旋律更高昂。同时，持续推动媒体深度融合发展，增强新闻舆论传播的针对性和实效性，不断提升"红塔融媒"的传播力、引导力、影响力和公信力，形成立体多样、深度融合发展的全媒体传播体系，传播党的声音、讲好红塔故事。

第七章

惠东县融媒体中心：构建县域全媒体传播体系展现基层善治的传媒力量

蒋 波 郭锦威 王丁全

广东惠东县融媒体中心是中共惠东县委直属公益一类事业单位，行政级别正科级，归口中共惠东县委宣传部管理，加挂惠东县广播电视台牌子，合署办公，实行两块牌子，一套人马。内设9个机构：办公室、总编室、人事财务部、事业发展部、安全播出部、新媒体部、采编部、网络平面部、政务服务部。下设4个分支机构和1个事业单位：惠东人民广播电台、惠东电视台、广告中心、播控中心及铁涌广播电视转播站。现有在职在编员工152人，事业编制113人，现有正高和副高职称各1人，中级职称16人，初级职称31人，两位同志获评惠东县"山海人才"的优秀专业技术人才和优秀青年人才，为推动融媒高质量发展提供了有力的智力支持。在编人员经费由县财政全额保障，广告和宣传经营收入全额上缴财政，"收支两条线"管理，主要用于聘用人员经费、办公经费缺口和设施设备更新维护等。

惠东县融媒体中心现有新闻客户端"学习强国"惠东融媒号、"今日惠东"App、惠东县人民政府网时政、惠东县官方微博微信公众号"惠东+"、惠东融媒视频号和抖音号等，以及两个广播调频频点、一套广播节目、一个自办电视综合频道，中心拥有两座广播电视发射塔。在惠东县委、县政府的正确领导下，在惠东县委宣传部的具体指导下，惠东县融媒体中心切实解放思想，锐意改革创新，围绕中心，服务大局，讲好惠东故事，引导社会舆论，县级融媒体传播力、引导力、影响力和公信力不断提升，努力推动惠东融媒在高质量发展中走在前列。近几年，惠东县融媒体中心先后被评为"广东省基层宣传文化先进单位"和"全国新闻出版广播影视系统先进集体"。

第一节　基本情况

惠东县融媒体中心以习近平新时代中国特色社会主义思想为指导，深入学习贯彻习近平文化思想，全面落实党的二十大精神，坚决贯彻落实党中央决策部署，深刻领会把握中国式现代化的世界意义和文明意义，始终胸怀"国之大者"，坚持党管意识形态、党管宣传、党管媒体的原则，以政治建设为统领，把政治方向摆在第一位，把握正确舆论导向，唱响新时代主旋律。贯彻新发展理念，紧紧围绕夯实党在基层的宣传思想文化阵地这一核心任务，贯穿融媒传播工作全过程，按照"新闻＋政务＋服务"的要求，进一步推动内容、平台、渠道、数据、技术、人才、机制、管理等方面深度融合，建强融媒体矩阵，全领域提升舆论引导力，不断开拓融媒基层善治新路径，促进县级融媒体从数字化到智能化再到智慧化高质量发展，由此，以新的管理理念和模式，推动县域基层治理创新，展现基层善治的现代传媒力量，构建县域全媒体传播体系，形成县级融媒新发展格局。近年来，惠东县融媒体中心广播电视和网络视听工作走在全省前列，创新闻精品能力处于全省第一位，全面打造全国一流县级融媒体中心，惠东融媒做法被人民日报社、中国人民大学新闻学院、《新闻战线》杂志社征集为全国融媒传播优秀案例，得到广东省委宣传部和中央宣传部肯定。惠东县融媒体中心主创《构建县域全媒体传播体系，展现基层善治的传媒力量》案例，被评为广东省2022—2023年度"粤治——治理现代化"优秀案例，得到北京大学中国政治学研究中心、中山大学互联网与治理研究中心、广州粤港澳大湾区研究院等 14 家研究机构联合推荐。

第二节　主要做法与成果

一、全领域提升舆论引导力，为基层善治提供良好舆论环境

（一）深化提升广播电视和网络视听"头条工程"，巩固壮大基层奋进新时代的主流思想舆论

近年来，围绕县委、县政府中心工作，联系惠东实际，努力办好融媒体自办栏目，突出本土特色，大屏小屏推出时政类、民生类重大主题报道近 30 个，举办专题专栏节目活动 80 多个，突出广播电视和网络视听"头条"的引领作用，全面反映全县各地各部门学习宣传贯彻党的二十大精神的生动实践。组建全省县级融媒体中心第一支记者宣讲队，分赴农村、学校、机关企业单位宣讲；在全省县级台首创《惠东新闻机器人手语播报版》，解决聋哑特殊人群收看电视新闻难问题；全力推动习近平新时代中国特色社会主义思想"进群入圈""飞入寻常百姓家"，让新思想和党的创新理论更加深入人心。

（二）不断提升舆论监督功能和服务水平，主动担当在基层善治中的角色和作为

一是办好广播电视舆论监督民生栏目《第一现场》，通过全媒体传播，成为本土最具影响力融媒体节目，该栏目获评广东省新闻奖。二是与县委宣传部、县直机关党工委联合举办《行风热线》节目，对群众反映的行业不正之风和热点难点问题，立即督办和整改。三是抓好《网络问政》，及时在融媒体平台收集老百姓服务需求，搭建政府渠道，线下尽快解决老百姓实际困难的线上渠道，成为融媒服务老百姓的一种高效方式。四是打造全媒体公益品牌，在全省率先创办绿色公益频率，彰显为爱发声、积极帮扶、弘扬优秀传统文化等主题，积聚力量践行社会主义核心价值观。每年开展全媒体公益广告征集活动，制作播出一批公益广告精品；发挥公益宣传弘扬正能量职能

作用，推出大型公益节目《健康访谈》。同时，组织策划大型助农公益直播系列活动，缓解农产品销售难问题，近年来，助农销售总额3000多万元。

（三）创作一批全媒体精品力作，更好地鼓舞基层善治

实施精品工程，持续推出更多有高度有深度的专题节目和群众喜闻乐见的新媒体产品，创精品能力位于全省县级融媒体中心前列。近年来，共采制60多件作品获国家省市级奖。融媒体精品力作的新闻宣传，提升了惠东良好形象，鼓舞了基层善治的士气。根据"惠东县港口英雄民兵连1962年10月全国首创民兵连分队独立作战取得全胜的光辉战例，时任中南局第一书记陶铸为连队题词'南海长城'"这一题材，组织策划拍摄制作《新南海长城》电视纪录片，计划在中央台播出。2023年1月18日省委书记黄坤明作出重要指示，要求省军区把港口英雄民兵连作为重大典型来培养和宣传，推向全军全国，争取早日授称"时代楷模"，以典型宣传促进基层善治高质量发展。

二、构建全媒体传播体系，开拓基层善治新路径

（一）组建全媒体传播矩阵

惠东县融媒体中心构建了新闻客户端"学习强国"惠东融媒号、"今日惠东"App、惠东县人民政府网时政、惠东县官方微博微信公众号"惠东+"、惠东融媒视频号和抖音号，以及两个广播调频频点、一套广播节目、一个自办电视综合频道等全媒体矩阵，将其建设成为主流舆论和综合信息枢纽，为智慧城市建设提供平台、项目、数据支撑，推进政府数字化转型。组建政务服务部以云技术平台为支撑，为全县各镇（街道、管委会、旅游区）各机关、学校和企事业单位提供党务政务服务，为惠东县域高质量发展建设提供"存储细胞"。

（二）打造云上服务平台

以党建为引领，惠东融媒"今日惠东"App与粤政易、县域网络政务服务平台以及惠东政务中心信息等实现无缝对接，人民群众通过融媒平台，进行数字电视、水、电、气等网上缴费；提供交通、旅游、教育等民生服务，通过一融媒平台一端服务一站式通办，实现"最多跑一次"为"一次都不用跑"

的目标。惠东融媒创新做法《深化"党建+融媒"模式呈现"1+1>2"效应交出群众满意"答卷"》，被列为广东省机关"先锋杯"工作创新典型案例。

（三）融通"学习强国"平台

自2019年3月起，惠东县融媒体中心成立"学习强国"惠东融媒号编辑部，实现惠东电视、广播、报纸、新媒体等多个平台配合联动，通过云计算技术，第一时间选出各类图文和网络视听等优秀作品进行第二次编辑，向"学习强国"平台精准供稿。2022年全年累计报送稿件2545篇，大量稿件被惠州平台、广东平台和全国平台录用，进一步提升了惠东影响力，开拓了基层善治新路径。

（四）组织公益传播活动

近年来，组织采访组3次分赴惠东对口帮扶的贵州省望谟县农村采访报道，帮助解决农产品销售问题；2022年组织实施的"乡村振兴"大型助农公益直播实践活动，被评为2022年全国广播影视业影响力活动；组织实施的"惠东融媒慢直播"项目在乡村振兴和社会现代治理方面发挥积极作用，被评为广东基层社会综合治理创新优秀案例。近年来，发挥广播电视全媒体公益职能，积极制作播出经济社会发展公益广告，惠东县融媒体中心被国家广电总局评为"全国公益广告制作播出示范单位"。

三、推进全媒体融合，打通基层善治"最后一公里"

（一）健全指挥中心建设

健全惠东融媒体指挥中心建设，融媒体管理运营实行一套班子、一个团队、一体发展。每周一、每一次应急任务和每一次重大活动都召开指挥中心调度会议，打破部门壁垒，扭转各自为政的局面，推进融合发展，整合协调各方力量和资源，集中攻坚克难，提高工作效率和效益。近年来，在融媒体指挥中心组织、策划下，完成大型系列报道25项，重大活动新闻直播12次，举办大型活动16个；主持完成惠州市社科课题3项，省级课题1项，国家级课题1项。

（二）提升融媒体精准化服务

与人民日报、中央广播电视总台、新华社等中央级媒体平台，以及南方日报、广东广播电视台和惠州日报、惠州市广播电视台等省市主流媒体平台和其他商业平台建立合作机制，整合资源"一盘棋"，着力提升影响力，建立"一键统发"传播机制，全县各乡镇、各机关企事业单位、各系统的平台入驻"今日惠东"App，以网络智能化为载体，分类设立信息服务"菜单"，基于大数据的传播力评价体系，提供精准化服务。

（三）发挥平台融合联动功能

惠东县融媒体中心与惠东县新时代文明实践中心对接，充分提升平台驱动的联动优势，与新时代文明实践平台数据共享，统筹协调全县新时代文明实践活动。针对新时代基层宣传思想工作的新特点、新要求，结合信息时代精神文化需求，推出更具吸引力的活动内容，进一步传播主流价值，平台形成如下工作机制：项目清单—点单选择—实际定单—派发订单—接单志愿者执行—服务对象评价—视情况追究责任，切实打通了宣传群众、教育群众、关心群众、服务群众的"最后一公里"。

第三节　未来的思考

今后，惠东县融媒体中心进一步构建县域全媒体传播体系，推进全媒体融合高质量发展，提升基层社会治理能力。

一、以高质量党建引领融媒高质量发展

围绕举旗帜、聚民心、育新人、兴文化、展形象的使命任务，在媒体融合发展的大潮中，惠东县融媒体中心将始终坚持全面落实新时代党的建设总要求，不断提升党建工作质效，推动党建与媒体融合改革互促共建、融合发展，深化"党建＋融媒"模式，勇于担当、善于作为，努力使党建工作与融媒高质量发展同频共振，呈现"1+1>2"效应，交出群众满意答卷。

二、推进广播电视和网络视听"头条工程"

以习近平新时代中国特色社会主义思想为指导，在惠东融媒各平台上，积极报道全县各地各部门学习宣传贯彻党的二十大精神的生动实践，宣传习近平新时代中国特色社会主义思想始终居于首页、首屏、头条位置，打造广播电视精品，持续推出更多有高度有深度的专题节目和群众喜闻乐见的新媒体产品，创作一批广播电视精品力作，巩固壮大奋进新时代的主流思想。

三、建强综合服务平台

依靠科技创新，完善新型主流媒体的综合服务功能，聚焦点，政务服务更到位；解难点，民生服务更贴心；通堵点，利民服务更有效；将全县人民群众聚合到惠东县融媒中心新型县域主流媒体平台上，提升群众获得感、幸福感，把惠东融媒打造成惠东县委、县政府基层治理重要平台，为经济社会高质量发展赋能。

四、塑造主流舆论新格局

加强全媒体传播体系建设，推动广播电视传统媒体与新兴媒体在体制机制、内容生产、播控分发、技术支撑、运营模式、人才队伍等方面加快融合步伐，奋力提升惠东县级台传播力、影响力。

五、加强广播电视全媒体经营

加强广播电视全媒体经营，发挥广电全媒体在新时代乡村振兴、社会综合治理方面的作用，为群众提供党务政务商务等服务，积极参与智慧城市和数字政府建设，当好智库参谋，拓展广电全媒体经营创收新业态，提高融媒经营创收能力，把惠东融媒体建设成为全国一流的县级媒体。

第八章
平度市融媒体中心：《抗日歌声响彻大泽山》

于伟伟　尚茉琳　唐玉峰　赵中华　张　勇

2023年4月，山东省广播电视局公布《2022年度全省广播电视和网络视听节目联合制作优秀单位》，平度市融媒体中心采制的微纪录片《抗日歌声响彻大泽山》获得广泛好评，平度市融媒体中心被评为2022年度山东省广播电视和网络视听节目联合制作优秀单位。现将该纪录片的基本情况、基本做法、亮点成果及平度市融媒体中心对于创新发展的未来思考等方面总结如下。

第一节　案例基本情况

为进一步提高县级节目制作质量，2022年5月，山东广播电视局组织开展了县级融媒体中心拍摄纪录片的系列活动。其中，"追寻——百年风华耀齐鲁"活动，要求以习近平新时代中国特色社会主义思想为指导，围绕学习、感悟、传承、弘扬伟大建党精神，深化庆祝中国共产党成立100周年、迎接党的二十大胜利召开主题，深入挖掘山东红色资源的丰富内涵，着力讲好党的故事、革命的故事，坚定人们永远跟党走的信心、决心，凝聚奋进新征程的强大力量；要求县级融媒体中心以用好红色资源、赓续红色血脉为出发点，选取辖区内最具特色、最具代表意义的一至两个红色旅游资源、红色人物、党性教育基地、爱国主义教育基地等为展示主体，围绕"加强红色资源保护与传承""加强红色资源的发展与弘扬""打造自己的红色资源品牌"等，制作系列微纪录片，每集时长 8 分钟。

  接到创作任务后，我们对选题进行了反复斟酌。平度革命遗址、场馆、纪念地、红色景点、党性教育基地等红色资源众多，怎样挖掘其中蕴含的感人至深的红色故事？在充分考量后，我们将目光定为大泽山革命根据地。大泽山位于平度市北境，层峦叠嶂、气势磅礴，绵延百余平方公里，横亘鲁中平原，其地理位置十分重要，历来为兵家必争之地。为了粉碎日寇"把胶东变为侵略中原跳板"的图谋，1939 年底，中共中央山东分局、八路军山东纵队做出了创建大泽山抗日根据地的决定。抗日战争时期，根据地民兵组成民兵联防，开展游击战、麻雀战、地雷战等，配合主力部队作战 600 余次，杀伤日伪军 2300 多名，在中国抗战史上写下了辉煌的一页。在与当地文化部门工作人员交流时了解到，当时，革命歌曲在大泽山革命根据地广为传唱，这些革命歌曲内容生动活泼，富有表现力，反映了根据地军民的战斗、生产、生活的各个方面，唱出了抗日战争的正义、人民抗战的决心与信心和取得战争胜利的欢欣鼓舞。代表歌曲有《保卫大泽山》《敌人进阵完了蛋》《大盖枪叭啕叭啕响》《战斗花棍》《参加八路军最荣光》等等。

  微纪录片《抗日歌声响彻大泽山》由一位抗战老战士后人对当年爷爷的一个记录抗战时期歌曲的歌本的讲述开始，回忆了当时发生在平度的抗战故事。片中既有宝贵的已逝抗战老师回忆歌本记录的镜头，又有多名抗战老战士后人对于歌曲背后故事的讲述和当地文化工作者对于革命歌曲的史实挖掘与保护。这些革命歌曲是在当时特殊的历史环境下，由广大革命者与劳动人民共同创造的精神财富，其所包含的革命精神和民族精神、传统道德价值在现今仍然具有重要的思想意义。最难能可贵的是，这些抗战老战士的后人还能传唱当年革命老前辈流传下来的革命歌曲。没有醉人的旋律、没有华丽的辞藻，但我们能从这些朴实的歌曲中深切地感受到当年那种昂扬的锐气、蓬勃的朝气、浩然的正气。

第二节　基本做法

我们县级融媒体中心没有专门的纪录片业务和团队，山东省广播电视局微纪录片制作任务是我们面临的一场"硬仗"，这场"硬仗"确定怎样的主题、怎样实施、要达到怎样的目标，我们事先进行了系统、周密的安排。接到任务后，我们迅速组建起创作团队。

第一步是确立选题。经过多次论证，我们将选题确立为讲述抗日歌声背后的故事。第二步是根据选题搜集素材。经过我们十多次走访调研，充分考量增加受众吸引力和共鸣点，确定拍摄主题为红色歌声里的回忆。采访步骤：一是联系抗日老战士的后人；二是寻找当年发生在大泽山革命根据地故事的知情人；三是寻找当年散落民间的歌曲；四是航拍大泽山；五是确定采访人，学唱红色歌曲；六是实施采访拍摄。第三步是根据主题内容确定表现形式。第四步是为片子制定剧本。第五步是制作，完成片子。分镜头脚本拍摄，减少片比；为达到视觉效果，确定拍摄基调为真理、信仰、忠诚、牺牲，并设计好镜头；剪辑环节，强调段落感和节奏；确定片子为稳重的风格，找到合适的配音员；根据片子的推进节奏，选取渲染情绪的背景音乐；充分运用20多种特效，加上省局的总体包装，为片子进行风格设计。

我们的基本创作步骤是：一是题目打破常规。标题既简洁又文艺，还要符合纪录片的特点，思来想去，把"抗日歌声响彻大泽山"作为宣传点。二是结构要打破常规。考虑到新媒体平台快餐式、碎片化的特点，而本片有足够的泪点，不如进入主题快一点，先展示抗日老战士后人看爷爷留下的歌曲小本片段，用感人的场景打动观众，然后再倒叙讲述发生在当地的红色故事，中间穿插实地演唱红色歌曲，最后再回到当下，升华主题和情感。

该微纪录片创作之初，我们中心即组建起由中心中高级专业技术职称人员组成的专业团队，确立了不拼海量拼质量、既聚流量又聚人心、以内容优势赢得创新优势的方向。充分发动团队成员，多方联系，先后与平度市委党史办公室，平度市文旅局、博物馆、文化馆，平度市大泽山镇党委、镇宣传办、文化办等多部门相关人员进行多次深入沟通交流，了解情况。

虽说提前策划考量，但此过程还是遇到了不少困难。先是当年记录传唱红色歌曲的歌本被其后人遗失，一度使主创团队陷入困境。后经多方了解，有位已退休多年旅居外地的中心记者了解情况，我们随即联系。由于当时的疫情等原因，到当年9月中旬，这位中心记者才赶回平度。接下来遇到的一个难题是，曾经的红歌由于没有歌谱，很多歌抗日老战士的后人不会唱。团队当即联系平度文化馆寻求帮助，幸运的是，有位曾经在文化馆工作的老师曾经参与过当年寻找红色歌曲的搜集工作。根据他的回忆，大致写出歌谱，歌曲成型。参与唱歌的人员分散在各地，组织起来比较费劲，好在这些红色歌曲朗朗上口，比较容易学唱，大家学唱一天就基本会唱了。

万事俱备，主创团队全员出动，各负其责，耗时一个月，终将片子初步采制完成。后经省台老师多次指导，11月底最终完成，在新媒体网络平台播出，颇受好评。

第三节 亮点成果

2022年，省委宣传部对全省136个县级融媒体中心排名评价主要涉及传播力、服务力两项指标，数据由第三方机构权威采集，平度市融媒体中心服务力全省排名第9，青岛第1；传播力全省排名第13，青岛第1；综合排名全省第7，青岛第1。作为青岛市唯一进入全省综合排名前10的县级融媒体中心，平度市融媒体中心还获得了专项奖励支持资金。

此次微纪录片的创作过程，我们紧扣当下如何做好红色资源的传承与弘扬重大主题，小切口大主题，充分挖掘红色资源背后的历史故事，展示其历史意义、时代价值，坚定人们永远跟党走的信心、决心，凝聚奋进新征程的强大力量。同时，我们紧跟政策风向，把握主题主线，创新小而美的微纪录片，关注新兴技术应用，探索微信号、视频号、App 等新媒体矩阵，致力于融合传播力提升。在省局专业老师的指导下，我们县级融媒体中心打造了一支专业人才队伍，还打造了我们本土的红色资源品牌，提升了我们县级融媒体中心纪录片、专题片、新闻报道和新媒体等类节目的制作水平，更好引导群众、服务群众，用权威声音凝聚思想共识，奉献出更多记录奋斗历程、描绘历史画卷、展现时代风貌的精品力作，用心用情为时代而歌。

2023 年 4 月，山东省广播电视局公布《2022 年度全省广播电视和网络视听节目联合制作优秀单位》，平度市融媒体中心采制的纪录片《抗日歌声响彻大泽山》获得广泛好评，平度市融媒体中心被评为 2022 年度山东省广播电视和网络视听节目联合制作优秀单位。

在入选省局"追寻——百年风华耀齐鲁"项目后，我们对片子进行了扩充、丰满，但仍保持了片子的总体结构。该片先后在掌上平度微信号、视频号、"爱平度"App 上播出，获广泛关注，公众好评如潮，"是不可多得的爱党爱国爱家乡的红色教育片""看后让人印象深刻，心情久久难以平静"；也有网友说，"作为革命老区、红色热土，平度拥有资源富集的红色文化故事。该片视角独特，在短短 7 分多的时间里，让大家沉浸式融入那段红色岁月中，值得一看"。

第四节　县级融媒创新发展的未来思考

媒体融合，风起云涌。在新时代的媒体环境下，习近平总书记针对县级融媒体中心建设，作出了"要扎实抓好县级融媒体中心建设，更好引导群众、服务群众"的指示。当前，县级融媒体中心建设形势总体上是好的，但也有一些县级融媒体中心存在资金不足、技术薄弱、影响力不强等问题。

一、新时代县级融媒体中心建设困境

资金投入有限。在县级融媒体中心建设的过程中，不仅需要对原有的媒体资源和结构进行整合，还需要建立大数据库，购置或添置最新最好的设备来保障中心的正常运营，这些工作的实现，都需要充足的资金作为支撑。而目前县级融媒体中心的财政预算都很有限，加之创收渠道狭窄，没有形成成熟的盈利模式，致使县级融媒体中心的建设和发展受到影响。

人才极度匮乏。主要体现在三个方面：一是人员编制不足；二是复合型人才匮乏；三是技术型人才难求。这些都在一定程度上成了融媒发展的瓶颈。

媒体融合不深。不少县级融媒体中心没有充分地将传统媒体优势与新媒体优势进行有机融合，只是简单相加，这就导致各个平台报道的新闻内容同质化严重，没有鲜明的特色，受众不买账，发展后劲不足。

二、新时代县级融媒体中心发展路径

优化顶层设计。首先，政府需要在机构编制、人员配置、建设标准、资金扶持等各个层面，为融媒体中心的建设提供支撑。其次，应对媒体机制内部进行调整，并建立起适合融媒体中心建设的人员招录、绩效考核、运营管理体系，激发融媒体中心的发展活力。

创新运营机制。在融媒体中心的建设过程中，一定要在完善组织架构、创新管理体制、调整运行机制、统筹考核机制等方面，融合"一体化"思维，对媒体运营机制进行创新，推动媒体融合的进程。

加大培养力度。在融媒体中心建设的过程中，要不断优化人才培养模式，加大人才培训力度，提升采编人员的业务能力与素质。

坚持"内容为王"。首先，应坚持正确的舆论导向，打造新闻精品。其次，以"内容为王"，提升服务意识。最后，立足本地特色，打造本土化融媒体产品，增强融媒体中心的影响力。

第九章

微山县融媒体中心："融媒+文旅"双向赋能爆款产品破圈传播

曹绿萌　张亚楠　岳芮帆

2019年7月18日，微山县整合县新闻中心、微山广播电视台，挂牌组建微山县融媒体中心（以下简称"中心"），设立统一的新闻信息采集中心、编辑中心，整合采编资源。成立后，中心为县委直属正科级公益二类事业单位，内设指挥调度中心、新闻中心、新媒体部、平面媒体部等23个部室机构。核定事业编制101名，空编7名，在职在编人员共94名，其中研究生学历15人，占16.0%。大学文化程度70人（其中，本科49人，专科21人），占74.5%。

2023年以来，中心聚焦全县工作重点聚合发力，全面深化转型，做好融合文章。聚焦全县各阶段重点、亮点工作，完成好重大主题和基本新闻宣传任务。发挥好《微山新闻》和《一周镇街亮点》作为全县电视新闻宣传主阵地的作用，把镜头对准一线，把版面留给群众。新旧媒体同频共振，坚持移动优先，拓展"媒体+"传播矩阵，做到传统媒体和新兴媒体同频共振，在"看微山"微信平台、微博、移动客户端等新媒体平台顺利运行的同时，持续开发并做强今日头条号、抖音号、快手号等自媒体平台，实现一次性采集、多平台发布，其中《文旅局长邀请全国网友畅游微山湖》在网上成功"出圈"，奏响"媒体+N"县域主流媒体最强音。

2022年7月15日，微山湖旅游区成功创建国家5A级旅游景区。面对后"5A"时代这一"融媒+文旅"融合发展新机遇，中心自动作为，秉承内容为王理念，聚焦"微山文旅IP"这一关键处和优势点持续发力，深化"新闻走转改"，强调"有为才能有位"，深耕本土，力求破圈，因地制宜走一线，生产出大批原创的、富有个性的、有吸引力的爆款文旅宣传产品。"微山文旅IP"持续出新出彩，持续获得国家级媒体关注点赞，实现破圈传播。在多维聚焦的宣传热潮中，微山湖旅游区游客不断爆棚，网评持续火热，线上线下，闪亮绽放。2023年7月，微山湖旅游区新晋"全国5A级景区品牌传播力（MBI）榜单"100强。这是对中心融媒矩阵多维融合传播模式的肯定，代表中心已经从单向传播的机构融合迈向"融媒+文旅"双向赋能的社会融合，蹚出一条可借鉴、可复制、可推广的县级融媒体中心抢抓机遇创新发展之路。

第一节　基本情况

2022年7月15日，微山湖旅游区成功创建国家5A级旅游景区。面对县域内全面推动文化和旅游高质量发展这一难得的历史机遇，中心自动作为，全面发挥新闻主阵地作用，积极探索中心融媒矩阵多维融合传播模式，砥砺点亮"微山文旅IP"。一是立足传统媒体和新兴媒体互为补充的全媒体传播优势，依托融媒传播矩阵强大的引导力、创造力，内容为王、深耕本土，"走转改"力求破圈，不断创新报道内容、报道形式、传播渠道，深挖微山湖旅游区人文底蕴。二是多维度传播，融媒矩阵聚焦文旅火出圈。以"看微山"App为载体，以微信、视频号等平台为依托，中心通过"看微山"微信、微博、微头条、抖音、快手、视频号等 平台开展全方位、多层次的宣传报道。三是以人为本，向内发力，强调"有为才能有位"，同时不断强化以互联网思维、全媒体视角来策划和制作节目的力度，坚持移动优先，大、小屏"同频共振"，从传播的广度、温度、深度入手，突出权威性、服务性和趣味性，因地制宜生产出大批原创的、富有个性的、有吸引力的爆款文旅宣传产品。

在多维聚焦的宣传热潮中，微山湖旅游区游客不断爆棚，网评持续火热，线上线下，闪亮绽放。"微山文旅IP"出新出彩，持续获得国家级媒体关注点赞，实现破圈传播，成功实现了县级融媒体中心与文旅产业的破壁融合与层级联动。

第二节 基本做法与亮点成果

一、基本做法

（一）抢抓机遇、自动作为，积极探索"融媒＋文旅"模式

面对微山湖旅游区后"5A"时代"融媒＋文旅"融合发展新机遇，中心抢抓机遇，积极靠上，第一时间集合中心最优人才团队成立文旅专题报道组，制定系列策划方案，深度挖掘推广"微山文旅IP"。强化以互联网思维、全媒体视角来策划和制作节目的力度，按照"一次采集、多次加工、多渠道分发、全媒体传播"流程，从传播的广度、温度、深度入手，突出权威性、服务性和趣味性，以自有客户端"看微山"App为载体，通过"看微山"微信、微博、微头条、抖音、快手、视频号等平台构建立体式宣传格局。

（二）内容为王、深耕本土，"走转改"力求破圈

一是紧紧围绕"微山文旅IP"，深化"新闻走转改"。记者走一线，聚焦微山湖旅游区"中国荷都、北方水乡"绿色自然景观和"铁道游击队故乡"红色文化资源这两条主线，主动策划选题，力求每一个作品都富有微山泥土气息和温度。在融媒矩阵先后开设"相聚5A景区 畅游大美微山""运河记忆"专栏，持续挖掘展现"微山文旅IP"鲜活脉搏。二是围绕重大节庆，探索全媒体融合报道新方式新流程。在"2023微山县首届樱花节""微山湖荷花节""微山湖大闸蟹节"等文旅节庆中，聚焦期间的文旅产业推介会、文艺演出、湿地娱乐嘉年华、无人机表演秀、网红达人走进微山湖等活动，推出一批具有感染力、舆论引导力的正能量爆款产品，在大小屏不断破圈。三是大胆探索"音

画＋文旅"宣传新途径。因地制宜生产出《一城河湖》《最美微山味》《微山谣》等系列短视频。创作《遇见微山》《醉微山》等原创歌曲4首，并邀请知名歌手进行演绎，邀请16家中央和省市级媒体和30多名网络达人参与宣推。设置"这就是微山湖"抖音话题，网络点击量达2700万。

（三）以人为本、向内发力，强调"有为才能有位"

创新选人用人机制，大力培养年轻干部，打破身份限制，多名年轻同志走上中层正职岗位。开展"融媒大课堂"，借力外脑优化提升人才队伍。与山东大众报业（集团）联合签订培训协议，通过外请专家、线上培训、线下实战等方式培养新型复合型人才队伍，先后邀请齐鲁晚报鲁南融媒中心县域新闻部主任康岩、省著名专家张福文等，前来为中心人才队伍讲授"短视频的前期拍摄和后期编辑制作调色的技巧""社会新闻的策划"等课程。三是按所在岗位成立"专业兴趣小组"4个，开展融媒人才师徒结对，尽其所能"传帮带"，为年轻干部快速成长搭桥铺路，激活干事创业的青春力量。

二、亮点特色

（一）立足微山、因地制宜，创新"融媒＋文旅"模式实现双向赋能

面对微山湖旅游区后"5A"时代"融媒＋文旅"融合发展新机遇，中心立足微山、因地制宜，聚焦"微山文旅IP"这一关键处和优势点持续发力。坚持"内容为王"，深化"新闻走转改"，聚焦文旅，记者走一线，深耕本土，力求破圈；强化互联网思维、全媒体视角，坚持移动优先，大、小屏"同频共振"，从传播的广度、温度、深度入手，突出权威性、服务性和趣味性，以自有客户端"看微山"App为载体，通过"看微山"微信、微博等平台构建立体式宣传格局；围绕重大节庆，探索全媒体融合报道新方式新流程。在"微山湖荷花节""微山湖大闸蟹节"等文旅类节庆活动的节目策划、创意创作方面，集聚内容资源、实行联动机制，实现立体化矩阵式传播，推出一批具有感染力、舆论引导力的正能量爆款产品，成功将"微山文旅IP"从凸显打造到爆火，实现"融媒＋文旅"双向赋能。

（二）创新人才队伍建设，强调"有为才能有位"

不断完善"一专多能，团队协作"的融合内容生产模式，向内发力、深化改革。创新选人用人机制，全面落实中央关于媒体融合和事业单位人事制度改革部署，打破陈规，大胆创新，打破身份限制，多名年轻同志走上中层正职岗位，强化"有为有位"用人导向，不搞平衡，不搞论资排辈，对工作落实突出的干部予以提拔重用，对躺平式、中梗阻式、不守规矩式干部果断予以调整；开展"融媒大课堂"，借力外脑优化提升人才队伍。与山东大众报业（集团）联合签订培训协议，通过外请专家、线上培训、线下实战等方式培养新型复合型人才队伍。成立"专业兴趣小组"4个，开展融媒人才师徒结对，专业熟练的老融媒人尽其所能"传帮带"，为年轻干部快速成长搭桥铺路，激活干事创业的青春力量，以满足中心高质量融合发展需求。

三、亮点成果

（一）"微山文旅 IP"出新出彩，持续获得国家级媒体关注点赞，实现破圈传播

央视《新闻联播》播发《"江河奔腾看中国"京杭大运河 微山湖上好风光》《"江河奔腾看中国"南四湖：四湖相连 一水多用》报道；CCTV-13 新闻频道现场连线微山县南阳古镇，播发《千年古镇美如画 河湖交融引客来》，全面展现了南阳古镇的历史、美景、特点、特产；央视新闻《"县"在出发》大型融媒体行动生态日特别节目《"县"在出发，向绿而行》直播活动在微山开展；新华社刊发《大型人文纪录片运河新生》《一池碧水 十里春风》，点赞微山县为保护一池碧水，从"靠湖吃湖"到"靠湖养湖"，湖区生物多样性得到全面恢复。CCTV-4《走遍中国》播放《走进济宁——运河风情剪影》，展现南阳古镇渔家婚礼、鱼鹰表演、戏曲表演等独有的南阳文化，古韵十足的南阳古镇。

（二）融媒传播矩阵"微山文旅 IP"双向赋能，让"正能量"实现"大流量"

在多维聚焦的宣传热潮中，《资深媒体人胡锡进点赞济宁微山湖》《和

美运河里》等一系列文旅产品不断被策划产出，特别在《山东文旅局长邀请全国网友畅游微山湖》这一爆款短视频中，微山文旅局长身穿古装分别穿越饰演微子和湖畔渔夫的角色，先后游览微山岛、微山湖芦苇荡等景区"网红"打卡点，推广微子文化、运河文化和渔家文化，单日播放量超 380 万，并登上同城热搜榜第三，彻底火出圈。《外国友人游微山湖旅游区》《外国友人闹元宵》《蒲扇编织传统工艺》系列短视频全网观看量屡创新高。微山湖旅游区游客爆棚，网评持续火热。"融媒 + 文旅"线上线下双向赋能，同步闪亮绽放。

（三）融合传播模式成效凸显，迈出由单向传播的机构融合向多元赋能的社会融合步伐

2023 年 7 月，微山湖旅游区新晋全国 5A 级景区品牌传播力（MBI）100 强榜单，中心融媒矩阵多维融合传播模式成效凸显，实现县级融媒体中心与文旅产业的破壁融合与层级联动，迈出向"融媒 + 文旅"双向赋能的社会融合步伐，实现微山湖旅游区后"5A"时代"融媒 + 文旅"的双向赋能与高质量发展，彻底叫响"融媒 + 文旅"品牌，蹚出一条可借鉴、可复制、可推广的县级融媒体中心抢抓机遇创新发展之路。

第三节　县级融媒体创新发展的未来思考

一、围绕中心工作，创优生产内容

移动互联网时代，优质内容是融媒体中心的核心竞争力。为加快实现高质量发展，持续办好品牌电视栏目《微山新闻》。头条"干在一线"等专栏持续对准全县经济发展第一线，对准全县乡村振兴主战场，对准全县红色文化最前沿。对上宣传瞄准顶流推大稿，持续加大和上级媒体的对接，上心用心，以心换心，注重对接央视央企媒体等大报大台大网，让上级单位和媒体熟悉微山，更有针对性支持、帮助微山宣传，确保对上宣传提质增量。持续

发力"短视频"创作，坚持"移动优先"，聚焦"内容为王"，实行全员短视频，紧跟热点出爆款。充分利用"看微山"App、抖音、头条、快手等平台，确保入驻"看微山"App的15个乡镇街道和60个县直部门单位的"政务号"齐发力，齐唱好声音，让融媒"正能量的声音""主流的声音"刷爆朋友圈，占据和引导整个微山互联网舆论场。

二、深耕"新闻+"领域，打造融媒品牌

在坚持正确导向、积极传播正能量、推动社会进步的原则下，中心将紧贴本地市场需求、群众期盼，深耕"新闻+"领域，实施"以活动策划为形式，以产业合作为突破口"的经营策略，打造"微山融媒"品牌，实现由"单兵作战"向"联合作战"的转型。推出新的专栏，在品牌栏目《微山新闻》中推出"吃在微山""住在微山""购在微山""游在微山"和"故事微山"五个专栏，吸引全县各大餐饮店、宾馆酒店、土特产销售等商超、商铺入驻栏目，合力社会资本打造"微山融媒品牌宣传战略联盟"。承接县域内大型庆典晚会、展览等政务活动，提供线上线下的策划创意推广宣传等服务。联合本地商家，策划举办消费节、空调节、电动车节等展销会营销活动，带动产品销售，树立品牌形象，同时通过网络直播带货和地面宣推双向赋能社会资本开发和融媒品牌树立。

三、激活内生动力，创新管理机制

千方百计引才留才。不断引进高质量人才，如新媒体策划、直播带货活动运营等，以提升整体业务水平，让中心"血液"通畅更"鲜活"。实现让专业的人干专业的事，充分发挥人才的最大效用，做到人尽其才、才尽其用。坚持用制度管人管事。加强员工培训和素质提升，抓实绩效管理和奖惩制度，做到"多劳多得""有为有位"，实行中层干部"能上能下"，让干得好的有地位、有舞台。强化素质提升，持续以"融媒大课堂"为契机，通过与专家学者面对面交流，掌握新媒体技术手段和方法，不断开阔眼界视野、优化

知识结构、提高综合素质，培养出一支有思想、有温度、符合主流媒体需要，集采访、写作、编辑、播音等多元知识与技能复合于一身的专家型人才队伍，从而不断树强、打响"微山融媒"传播品牌和服务品牌。

第十章
夷陵区融媒体中心：融拓"视界" 飞"阅"新境

袁　平　李春梅　兰佑海　李仟军　黄彦乔

湖北省宜昌市夷陵区是巴楚文化发祥地之一，位于长江西陵峡之畔，是县级体制的区。夷陵区融媒体中心于2019年3月正式挂牌成立，是公益二类事业单位，现有在编在岗职工67人，负责全区对内对外宣传工作，同时承担广播、电视、网络和移动端等全媒体融合发展业务。

"生于小而不安于小"，夷陵区融媒体中心始终坚持与时代同频共振，与党和人民同呼吸共命运。通过一体化生产、多元化传播、扁平化架构、专业化队伍"4化建设"，推进机构、内容、渠道、人员、管理"5个融合"，实现智慧城市大脑、主流舆论阵地、综合服务平台、社区信息枢纽、精神文明家园"5个功能"，初步形成了夷陵融媒体中心"455"的创新融合格局。不断加强传播平台建设，形成了电视、网站、"云上夷陵"App、微信公众号、视频号、"5210我爱夷陵"抖音号的全媒体传播矩阵。

中心坚持探索实践、守正创新，不断健全体制机制、强化平台建设、优化公共服务、加强队伍建设，构建起网上网下一体、内宣外宣联动的主流舆论格局。中心开设有《夷陵新闻》《党旗在一线飘扬》《天南地北夷陵人》《你好，夷陵》等数十个专题专栏。

中心不断提高"新闻+政务+服务+旅游"质效,不断开拓新局面;在抗击疫情、城市发展、文明创建、典型报道中,不断展现新作为。

几年来,媒体融合卓有成效,在湖北省县级融媒体中心改革中走在前列。2020年上半年,中心活力指数排名位居全省103个县(市、区)榜首;2021年6月,中心选送的《媒旅新融合 云端见三峡》媒体融合案例,荣获2021年湖北省媒体融合创新案例评选活动内容创新最佳案例,同年10月入选《全国广电媒体融合实战案例蓝皮书》;2022年1月,在第三届优秀城市融媒创新发展年会上,夷陵区融媒体中心被推荐为优秀城市融媒综合传播力TOP10,《我宣誓》广播剧被推荐为创新发展融媒体作品TOP10,"云上夷陵"App被推荐为优秀城市融媒(客户端)综合传播力TOP10;2023年,中心荣获新华社新闻信息中心、新华社县级融媒体研究中心联合发布的"全国县融中心央地联动优秀案例"。网络直播节目《"巍巍三峡"媒体行》系列直播获得"我们的新时代"湖北省主题原创网络视听作品创作展播大赛最佳作品。网络直播节目《江山多娇——探访国家文化公园》入选总局"2022年网络视听精品节目"。《飞"阅"夷陵》获得2023年湖北省媒体融合创新案例内容创新类(县市区)优秀奖。

第一节 《飞"阅"夷陵》介绍

党的二十大报告指出:"高质量发展是全面建设社会主义现代化国家的首要任务。"省委省政府深刻把握大局大势,提出要从新时代长江经济带湖北发展的生动实践中,准确把握推动长江经济带发展面临的新形势新要求,赋予宜昌建设长江大保护典范城市、打造世界级宜昌的使命任务。宜昌市委市政府精心擘画,推动城市和产业集中高质量发展,奋力推进中国式现代化的宜昌实践。

夷陵是大国重器三峡大坝所在地,是刚刚入列的全国百强区,是在湖北建设全国构建新发展格局先行区中争当先锋、在宜昌打造长江大保护典范城市中勇当示范的热土。展现夷陵担当，体现夷陵站位，坚定不移走产业兴区、主城融合之路，全力承接宜昌"北拓"，答好时代命题，奋力实现城市和产业集中高质量发展，夷陵融媒人坚决站位大局，坚持服务大局，坚定融入大局，将高质量发展的火热实践与探索融媒传播深度融合，履行传播责任，恪守媒体规范，与人民心手相牵，与发展同频同振，《飞"阅"夷陵》应运而生。

《飞"阅"夷陵》栏目定位是打造"紧跟党、紧扣中心、紧贴群众"的样板，上"群众喜欢的菜"，让《飞"阅"夷陵》成为夷陵融媒融合的拳头产品和夷陵新媒体的形象大使。

《飞"阅"夷陵》从航拍的角度，以短视频的形式呈现，内容涵盖工业、农业、城市建设、美丽乡村、景区等多个方面，全方位展现夷陵发展成果，凝聚起多方合力发展的强大气场。从2023年1月起至12月底，《飞"阅"夷陵》推出66期，本土浏览量过200万。经央视频、中新社、长江云、湖北日报客户端、三峡日报、三峡广电等中央、省市级媒体推送，全网流量超过了500万。目前，《飞"阅"夷陵》成为夷陵融媒的"金牌"栏目。

第二节　基本做法与亮点成果

一、基本做法

《飞"阅"夷陵》栏目有何创新之处呢？简单地说，就是在拍摄手法、内容呈现和传播方式上寻求突破。尊重短视频创作规律，多做减法，高度聚焦一个传播点，每期内容30秒以内，通过"小屏"触达不同的受众。

在传播方式上，《飞"阅"夷陵》探索融合传播路径，依托"云上夷陵"客户端、"夷陵发布"微信视频号、"5210我爱夷陵"抖音平台分发，打造"融多多"多元传播格局。

"飞"是一种时尚、流行、立体的媒体姿态。先进技术是媒体融合发展的支撑力量，以技术创新赋能媒体融合，《飞"阅"夷陵》依托成熟的航拍技术，立体式、直观化呈现夷陵工业、农业、城市、民生、文旅的关键节点和重要成果，集中力量创精品、出力作，以主流媒体的向上之姿引领高质量发展的昂扬之气。作品充分尊重短视频创作规律，每期内容时长最短5秒，最长不超过30秒，摒弃"讲完整故事"的传统媒体思维，多做减法，高度聚焦一个传播点，将信息送至更广受众，通过"小屏"触达不同年龄、行业、区域、需求的受众，让"正能量"澎湃"大流量"。

"阅"是展阅、审阅、检阅的传播融合。身处媒体融合向纵深发展的前沿，我们更能感受到实时互动、社交共享、即时反馈为媒体融合带来的挑战与机遇，利用好与受众交流的这些优势，融合传播相较于传统媒体更容易搭建好与群众之间沟通的桥梁。笃定打造新型媒体形象名片这一目标，"阅"不是简单的俯瞰，而是以全新的视角，承担起发展的"观察员""记录员""监督员"的使命：项目建设是否如期推进、交通堵点何时畅通、哪里新建停车场、哪里新增口袋公园……通过短视频直观体现，这是对城市发展的审视，人民群众既可以看变化、看成长、看将来，也可以点赞、建议、批评，通过评论区智慧建言、犀利追问，自觉地参与到城市发展中来。在回应人民关切中，夷陵融媒与受众建立起更广泛、更深度的联系，粉丝黏度不断增强，截至2023年12月，夷陵融媒官方抖音号的粉丝从4.2万激增至15.6万。群众发展信心更足，政府公信力更高，社会舆论氛围不断向好，发展合力聚得更牢。

二、亮点成果

（一）我们力求飞出高度

《飞"阅"夷陵》以俯瞰的高度突破，满足人民对信息的需求以及日益增长的精神文化需求，尤其是满足观众对生活变迁的真切洞悉和对地域发展的深刻感知。从高铁新城到峡江山水，《飞"阅"夷陵》记录的每一个瞬间、每一幅画面，都旨在引领受众于高瞻远瞩中感受发展脉动，于新奇有趣中饱览自然山水，从融合传播中拓宽视野，获取新知，提升境界，激发人们对大好河山的热爱和夷陵未来的信心。

《飞"阅"夷陵》是人民、社会、企业、市场的眼睛，通过远近结合、动静相宜的镜头设计，带领观众俯瞰可爱的家园，以"接地气"的表达拓展内容的广度，地域之广，行业之广，我们打造的是一部夷陵的"百科全书"，飞田野、飞城市、飞项目、飞产业，气象万千里有拔地而起的速度，产业转型的力度。

（二）我们力求保持内容的"鲜度"

视频团队会提前做好内容规划，每个月我们会定一个飞"阅"主题，2023年1月推出"工地大拜年"，2月推出"焰火闹元宵"，3月推出"缤纷四季 乡约夷陵"乡村游，4月推出"送你一朵芍药花"，5月推出百里荒"滑翔伞全国邀请赛"，6月推出"我在夷陵过端午"，7月推出百里荒"青燥音乐节"，8月联合央视频、CCTV-3推出《向幸福出发》七夕特别节目"徒步遇到爱"……做到"月月有飞阅，月月不重样"。翻看每期视频，就犹如翻看一本夷陵发展的"百科全书"。

（三）我们力求"阅"出深度

2023年8月28日，位于夷陵区龙泉镇的楚能新能源（宜昌）锂电池智能制造项目正式投产，该项目投资600亿元，是全市最大的工业项目，于夷陵的发展而言具有不同寻常的意义。从签约、主体竣工、试机到投产，短短一年时间，《飞"阅"夷陵》紧跟楚能崛起的速度，用5期视频，见证了一个全省工业经济高质量发展新样板的成长，我们用镜头传递着城市和产业集中高质量发展的实践。

同年10月，第九届湖北宜昌（夷陵）柑橘节如期举行，举办地是翠林农业国家现代柑橘产业园，这是一个集产学研、选加销、农工贸于一体的现代化农业示范园，充分展示了夷陵区现代农业"五链一体"发展成就。《飞"阅"夷陵》紧跟项目建设进程，用四个视频完整展现了翠林农业产业园项目当年开工、当年投产、当年达效的全过程以及柑橘节盛况。

（四）我们力求阅出温度

加快建设长江大保护典范城市，透过镜头里的夷陵山水、产业转型，背后折射的是一系列生态保护修复举措和曲折的转型之路，受众从而对生态保护修复取得的历史性成就有更深体会。托物言志，寓理于情，《飞"阅"夷陵》力争隔着屏幕，就能让人感知到夷陵家园的微风、河流、花开，感知各美其美、美美与共背后的深刻内涵，作品《三峡茶旅小镇 一起住进诗意里》发布后，观众给我们留言："我的家乡，美的不像话！""连看一万遍，越看越想往。"丰富每一个人对家园的形象认知和情感体验，这是市井生活的温度。

媒体融合时代，信息无处不在、无所不及、无人不用，《飞"阅"夷陵》是身处舆论生态、媒体格局、传播方式深刻变化中的媒体人，对新时代夷陵发展图景的生动描摹。镜头收近一些，能感受一草一木的生机勃发；镜头拉远一些，可阐释时代大势的欢欣潮起，让夷陵人更好观察我们生活的这片土地，穿过时光，跨越山河，也鼓励每一个人用积极的心态拥抱时代。

第三节 县级融媒创新发展的未来思考

一、在内容上：坚持上群众喜欢的"菜"

群众关心什么，我们就报道什么。坚持内容为王、用户至上，紧跟群众的需求变化"上菜"，"多上菜""快上菜""上好菜"。

近年来，短视频平台迅速成长，深刻改变着广大人民群众的阅读习惯，短视频也从以往的辅助传播，成为传播的主战场、主阵地。对于短视频作品，地方领导期望高，市民关注度高，媒体同行创作热情高，在这样一个"三高"背景之下，作为地方主流媒体，在当前和今后的一段时间内，要坚持把打造高水平的短视频作品作为一项首要任务，从技术创新、内容创意、激励机制等多方面发力，让短视频成为县级融媒的"金字招牌"。

二、在模式上：坚持"事业＋产业"共振

创新始终是事业发展的不竭动力，作为地方主流媒体，"守正"是生存之本，"创新"是发展之道。

如何创新？必须坚持"事业＋产业"共振思维。事业层面，就是坚持内容创新，以群众喜闻乐见的方式进行内容创作和表达。要改变以往四平八稳的生产习惯，学会用电影思维和手法来创作脚本、拍摄视频，让画面故事讲得更加丝丝入扣，让受众看得更加感同身受。

产业方面，要坚持"经营媒体"的理念。当前的很多县级融媒体是由传统的县级广播电视台转变而来，生产思维和生产模式固化、传播渠道单一，经营状况难言乐观，只有把握时代的主题，不断强化互联网思维，利用互联网广阔平台来实现内容的"变现"，加速推动经营转型，创新创收举措，才能不断增强自身的造血功能，提升媒体综合实力。

三、在基础上：坚持加强人才队伍建设

在几年的平台打造和运营中，我们深刻感受到队伍是事业发展的源头活水。

多年来，我们一直把人才培养作为工作的重中之重，采用"走出去、请进来"的方式，多渠道培养人才，一方面每年安排新闻采编制播人员到中国传媒大学等高校和长江云、湖北日报等上级媒体进行系统培训和跟班学习；另一方面，建立长期的学习制度，外请专家授课或组织内部行家里手讲课，收到良好效果。80后90后成为事业发展的中流砥柱，骨干记者走上中层干部岗位。全中心倡导"师徒制"，一带一的学习加上从业经验的积累，一改以往人才"青黄不接"的局面，梯队建设卓有成效，事业发展后继有人。

以中心短视频团队为例，10余名成员的平均年龄28岁，且多人毕业于电视编导、摄影等专业，专业能力强，干事创业劲头足，爆款产品不断、精品迭出，在重大活动和报道中表现出色，2023年被团省委授予"青年文明号"称号。

技术是融合发展的有力支撑。通过不断推进媒体融合改革，夷陵区融媒

体中心统筹推进平台项目建设和媒体资源整合，完成了融媒体高清演播室、可视化智能广播、融媒体平台建设等任务，建成了全媒体指挥系统，实现调动指挥更畅、新闻质量更高、传播速度更快、宣传渠道更广、服务功能更强。

"融"发展，"汇"力量。夷陵区融媒体中心将不断突破现有的格局和思路，守正创新，以融合姿态传递新闻的价值。

第十一章

三峡融媒体中心：用好用活深融全融真融成果在重大新闻中出新出彩出圈
——以重庆三峡融媒体中心郑渝高铁全线通车融媒体报道为例

刘鹏儒　洪启辉　段　志

重庆三峡融媒体中心由原三峡都市报社、万州区广播电视台整合组建，两个媒体单位均有着深厚积淀。2020年9月24日正式挂牌以来，经过近两年的运行，实现了由物理融合到化学融合的转变，品牌影响力进一步扩大，发展成为重庆市各融媒体中心中规模最大、传播平台最多、覆盖人群最广的主流媒体平台。

郑渝高铁全线开通运营，对万州乃至三峡库区发展影响重大。市民关心，媒体关注。作为全线开通重要节点城市万州的主流媒体，高质量报道好郑渝高铁全线开通运营这一盛事，是一项必须完成的政治任务，也是对媒体深度融合的一次全面检验和实战大考。重庆三峡融媒体中心用好用活融合后的全媒体采编力量、先进运行机制，强化统筹，打破界限，交出了一份创新融合传播的优异答卷。

第一节　全媒体、高起点、高站位策划，形式出新，未战先捷

重庆三峡融媒体中心成立后，全媒体指挥中心肩负"统人员、统指挥、统流程、统资源、统采访、统发布、统考核"管理七位一体职责，信息汇集、资源配置、新闻策划，以及采访、发布和技术力量实现总协调、总调度，全媒体生产效能大大提升。"七个统一"机制，在郑渝高铁报道中，实现了生产资源融合、传播平台融合、技术力量融合，形成了新闻生产、传播一体化运行模式。

一、超前谋划抢先机

在郑渝高铁全线开通宣传报道策划中，全媒体指挥中心高起点、高站位、提前谋划，坚持互联网思维，全媒体视角找选题、做策划，打破传统思维模式，立足三峡、放眼全国做方案。《郑渝高铁全线开通全媒体报道方案》《"郑渝高铁通车，万州准备好了吗"系列访谈》《从黄河到长江郑渝高铁首跑云体验——郑渝高铁 全线贯通三地联动直播活动》一系列方案提前两个月相继出炉，从前期预热造势，到正式开通联动报道，乃至后期热度保持，对高铁通车前后，报、视、网、端、微等全媒体平台的融媒体生产内容进行了一体化、立体式策划，充分体现全媒、全员、全程、全效，突出媒体联动提升影响，突出报道形式出新多样。

二、氛围营造掀热潮

6月13日起，融媒体中心连续推出6期《"郑渝高铁通车，万州准备好了吗"系列访谈》，在全国率先拉开了郑渝高铁通车有规模、有气势的预热性报道。万州相关部门和企事业单位负责人，从交通枢纽、旅游升级、文化融合、产

业转型、人才引进和区域发展等方面，围绕如何以开拓创新的理念把高铁机遇转化为发展优势等话题开展系列访谈。文图、视频、海报、H5等融媒体产品，在万州新闻、万州时报、三峡传媒网、看万州App、微信微博、视频号、抖音号等全媒体平台同步刊播、发布，为郑渝高铁全线开通宣传报道开好局，也推动了地方党委、政府抢抓高铁机遇先行一步。6月18日、6月19日正式通车前两天，全媒体持续推出万州城市、旅游、文化、美食等系列融媒体产品，前期宣传造势热度达到顶点。

由于准备充分、保障有力，从前期预热造势到正式开通运营，郑渝高铁全线开通运营宣传，亮点产品不断，宣传热潮迭起。一周时间内，融媒体中心各平台持续推出融媒体产品近300个（条），总访问量逾5000万，得到媒体研究机构以及业内人士一致肯定。

第二节　联动式、互动式、体验式直播，传播出彩，影响更大

报、台融合后，三峡融媒体中心着力改造组织架构，全力推动采编人员全媒体转型，构建起"一支队伍、多个平台"内容生产运营全链条，"一次策划、一次采集、多种生成、多元传播"一体化生产运行机制，并以移动化、视频化、直播化、数字化引领内容供给侧改革。机制体制改革的大力推进，队伍凝聚力、协作力，人员全媒体技能等得到有力提升，达到遇"事"不慌，能"战"善"战"目标。

一、全媒体全平台齐发力

在郑渝高铁全线开通这场检验实力的"新闻战"中，全媒体骨干采编人员组建最强队伍，兵分多路，找准用户的关注点、共鸣点、兴趣点，协同作战，全力以赴做好报道："郑州首发班车分队"同时肩负起了全程直播、全程采

访报道、营销万州等任务，圆满完成直播任务的同时，及时抓拍、制作新媒体产品回传；"重庆首发班车采访分队"抢角度抢新闻，和时间赛跑，采访分队发扬吃苦耐劳精神，接续开展重庆首发班车、郑州首发班车抵达万州现场采访，能写能拍能出镜……前端记者文字、图片、视频信息一次采集，资源共享；后端编辑采用多种媒体手段深层加工、多平台推送。全媒体全平台一齐发力，第一时间推出《郑州首发列车从郑州东站驶出》《开通新体验17分钟！万州跑到云阳》等关注度高的报道，以及《坐郑渝高铁，带着妈妈回娘家》等独家报道。

二、三地联动提升影响力

集合了重庆三峡融媒体中心优势兵力开展的《从黄河到长江郑渝高铁首跑云体验——郑渝高铁全线贯通三地联动直播活动》，是本次郑渝高铁全线开通运营全媒体宣传中最大的亮点。三峡融媒体中心率先提出渝鄂豫（万州、襄阳、郑州）三地主流媒体联合直播模式，主动联系河南广电和湖北襄阳广播电视台，迅速达成共识，三地最有号召力的媒体平台集结，共同策划实施联动直播活动。

联动直播活动既是一次合作，也是一次媒体形象的展示。重庆三峡融媒体中心内部以准项目制的方式"招兵买马"，组建了一支集策划、主播、摄影摄像、视频制作、现场新闻等技能于一身的近20人"精兵"分队分赴郑州、重庆。6月20日通车当天，分别在河南广电直播间、郑州——重庆首发列车上、万州北站站台以及万州交广直播间进行实时互动连线。由于设计精准，直播活动克服了隧洞信号盲区等多种困难，以"零失误"完美呈现。

长达6个多小时的直播，在大象新闻App、看万州App、云上襄阳App、重庆华龙网、河南信息广播、万州交通广播、襄阳广播电台等媒体的微博、微信、抖音、视频号、快手、百家号等近20个平台进行了直播和话题推送。截至直播结束，各平台总数据达4200万，观看人数超过300万人次。其中占据全国微博话题热搜三天，总话题量3800多万。重庆三峡融媒体中心也是此次重庆唯一一家直播全程的媒体,活动中全媒体记者展示出来的专业素养和职业精神被合作媒体交口称赞。

第三节 视频化、数字化、创意化生产,产品出色,爆款不断

重庆三峡融媒体中心积极推动主力军全面挺进主战场,大力实施"阵地向看万州客户端转场、内容向看万州客户端转型、采编向看万州客户端转岗""移动优先、视频优先、小屏优先"的"三转三优先"战略,中心全媒体采编人员坚持视频化、数字化、创意化生产发布内容,提升传播效果。郑渝高铁全线通车报道前后,全媒体以手绘动漫、海报、H5、航拍、微电影、短视频、直播等多种形式生产内容,增强产品的创意性、趣味性、知识性、互动性。

动漫作品《郑渝高铁来了》通俗、有趣地展示郑渝高铁线路及主要城市标志内容,生动活泼地带领用户"坐上"高铁"趣"万州,推出后好评不断。微电影作品《平湖万州,一座来了还想再来的城市》以国际化视角呈现万州故事,从小情怀着眼展现万州发展大面貌、万州生活的幸福感、万州旅游的独特魅力。互动H5产品《郑渝高铁全线通车:一路风景一路歌》以中国风元素,对郑渝高铁全线近30个站点进行介绍,让群众更加清晰、明确了解沿线城市,使得线路内容变得生动可感。《烟火之城烤鱼之乡》《多彩平湖生态美》等"串起大动脉万州迎万客"系列产品兼具服务性贴近性,引发广泛传播。《郑渝高铁来了》《一路山水皆风景》等郑渝高铁系列航拍作品,以鸟瞰视角,展示复兴号动车组穿行万州美丽山川,让大家看到不一样的"万州高铁"和万州美景,成为朋友圈刷屏爆款产品。

第四节　多平台、多形式、多渠道呈现，
　　　　影响出圈，传播有力

原报社、电视台合并后，重庆三峡融媒体中心拥有报纸、广播、电视以及"两微一端"等传播平台达30个。融合后，关、停、并、转10个，集约化打造传播平台20个。在此基础上，2022年，全媒体进行全新改版升级，主动适应媒体深度融合发展的舆论生态环境，达到移动更优先、内容更优质、服务更优良的融合目标。

在这次郑渝高铁全线通车报道中，重庆三峡融媒体中心充分发挥各平台特色和优势，报纸、电视、广播、微博、微信、客户端、抖音、视频号齐上阵，直播、长图、H5、视频齐发力，特刊、专题、特写、访谈、解读齐展现……全媒体使出"十八般武艺"，持续推出有吸引力、传播力、影响力的产品。

一、传统媒体做足"气势"

报纸、电视新闻继续巩固内容优势，在深度、高度上做文章。通车当日，三峡都市报立足三峡，开设专栏"聚焦郑渝高铁全线通车"，用3个整版推出动态报道；同时以24个整版特刊浓墨重彩推出"'串起大动脉万州迎万客'——郑渝高铁开通特别报道"。通车次日，三峡都市报继续推出11个整版特刊，特别是云阳、奉节、巫山、兴山四地连线版面，全方位展示三峡库区喜迎高铁开通的盛况，淋漓尽致体现"坐着高铁游三峡"的主题。特刊版面大气磅礴，设计巧妙，构图合理，元素多样，色彩搭配凸显活力，注重细节不失精致，传播效果明显。电视新闻栏目《万州新闻》《平湖视线》在全线开通前后，同步推出"'串起大动脉万州迎万客'——郑渝高铁开通特别报道"，持续推出《万州正式融入全国高铁大动脉》深度报道，制作精良质量高。全线开通当日，推出"郑渝高铁全线开通"专题报道，《乘坐高铁追

逐梦想》《空铁联运成为畅游三峡新选择》等报道，以现场、服务、故事、回顾、展望等5个部分，直观形象地呈现这一盛事。

二、新媒体做强"声势"

新媒体平台遵循互联网传播规律，开设专栏集纳，设置话题互动，引发社会关注。看万州客户端推出《"串起大动脉万州迎万客"——郑渝高铁全线开通大型全媒体报道》《奔向诗和远方——乘郑渝高铁逛长江国家文化公园》《郑渝高铁通车万州准备好了吗》等重点专题。橘视频栏目持续推出《开通初体验一路美景一路欢歌》现场短视频新闻产品，全面视频化发布。微博设置了"郑渝高铁""郑渝高铁首跑云体验""万州烤鱼奇妙游"等话题，其中，"郑渝高铁"登上微博全网热搜，总阅读量达3851.1万。平湖万州、三峡融媒等视频号、抖音号坚持碎片化发布，发挥引流作用，为爆款产品打下基础。

建设融媒体中心，是新形势下抓住机遇构建全媒体传播格局的关键点。在县级融媒体中心如火如荼建设并取得重大进展后，目前，地市级融媒体中心建设也逐步展开。在推动"报社＋电视"融合过程中，只有立足实际，以"壮士断腕"的勇气，推进流程再造、平台再造、产品再造、传播途径再造，心相融、行致远，才能坚守好舆论主阵地，提升引导力、影响力、传播力以及公信力。

第十二章

诸城市融媒体中心：寻找文化共振点 探索"城市CP"宣传新路径

——"中国龙城·养都洪雅"城市CP联动宣传报告

臧　强　马帅帅　陈文龙　王栋栋　朱丽锦

山东省诸城市融媒体中心于2019年7月组建，为正科级公益一类事业单位，归口诸城市委宣传部管理。目前，事业编制110人，企业人员86人，内设融媒总编室、全媒采编部、新媒编辑部、活动创意策划部等12个部室。中心始终坚持党管媒体原则，不断推进媒体融合向深度发展，努力建设成全市的主流舆论阵地、综合服务平台和社区信息枢纽。一直坚持深入宣传诸城在乡村振兴、高质量发展和现代化高品质城市建设中取得的显著成就，2023年"诸城融媒"人民号荣登人民日报新媒体"乡村振兴传播计划传播力榜单优秀县融榜"第一位次，作品《诸城：二十四节气中的别样美景》入选2022—2023年度"全国融媒体中心能力建设"短视频传播典型事例等，进一步提升了诸城的美誉度、知名度。该中心连续多年获评山东广播电视台电视宣传先进集体、潍坊广播电视宣传先进报道集体，先后荣获"山东县级融媒体优秀传播力奖""山东县级融媒协作贡献奖""广播电视和网络试听节目联合制作优秀单位"等。

四川省眉山市洪雅县融媒体中心为县委直属正科级公益一类事业单位，归口县委宣传部管理。目前事业编制39名，内设总编室、互联网事业部、采访部、编审部等7个部室。洪雅县融媒体中心全面贯彻落实习近平总书记来川视察重要指示精神，紧紧围绕中心服务大局，抓住重要节点和时机，突出高质量发展主线，聚焦融入成渝双城经济圈和成德眉资同城化、生态文明、绿色产业、康养文旅等重要领域，策划主题深度稿件和视频新闻。2023年短视频生产增量提质，公益广告《2023年六五世界环境日建设人与自然和谐共生的现代化》获评"新时代·新征程·新伟业"2023年西部陆海新通道视听公益广告大赛视频类二等扶持作品，拍摄制作的《"山水展新颜　城乡共繁荣"飞跃洪雅十二镇宣传片》《匠心茶人》《越清净越自然》在四川观察展播，其英文版在央广网国际频道展播，不断巩固壮大主流舆论，为洪雅建设"两山"转化示范县、绿色发展先行区营造了良好的舆论氛围。

第一节　创新案例基本情况

"中国龙城·养都洪雅"城市宣传CP联动宣传活动由诸城市融媒体中心与洪雅县融媒体中心共同完成创作。潍坊市委宣传部、眉山市委宣传部全程指导CP宣传活动，诸城市委宣传部、洪雅县委宣传部负责双方的对接联络、后勤保障等工作。诸城市融媒体中心、洪雅县融媒体中心主要承担资料收集、采访拍摄、稿件撰写、宣传推送等工作。

一、创新案例背景

洪雅缘何牵手诸城？这得从一首诗说起。公元1074—1076年，苏轼在密州（现诸城市）任知州，灭蝗、抗旱、治匪、救治弃婴……一心为百姓造福。1076年苏轼登高望远，思乡之情油然而生，在密州想象瓦屋春后雪，写下了《寄黎眉州》："胶西高处望西川，应在孤云落照边。瓦屋寒堆春后雪，峨眉翠扫雨余天。治经方笑春秋学，好士今无六一贤。且待渊明赋归去，共将诗酒趁流年。"近千年前，洪雅与诸城因苏轼而结缘。

如今，传播手段几经创新拓展，县级融媒体中心发展日新月异。诸城市融媒体中心与洪雅县融媒体中心积极尝试创新，探索新的宣传路径。2022年中秋节期间，诸城市融媒体中心与广州省惠州日报社联合推出的"东坡先生的月亮"——惠州诸城双城同屏秀活动，活动持续一周多，通过城市慢直播、短视频、报纸、电视等全媒体宣传方式，讲述苏轼与广东惠州、山东诸城两地的渊源故事，积累了双城联动宣传的经验做法。2023年眉山市启动第二季"城市CP"联动宣传活动，洪雅县与诸城市组对，正式开启"中国龙城·养都洪雅"城市CP联动宣传活动。在互访中，感受城市发展的心跳脉搏，共同向外界宣传展现"东坡文化"的独特魅力，共同擘画未来美好蓝图。

二、创新具体思路

积极寻找双城的联系点，探索实现报纸联版、视频同屏、海报联相，大屏小屏同时展映，通过两地主播隔空演绎、合体对话等形式，介绍两地的城市风光、美景美食等，共同推出宣传精品，展现两地城市形象，壮大主流舆论，让优秀地域文化走进更多人的视野。

三、创新案例组织实施

（一）筹备阶段

2023年4月中下旬，召集相关单位人员开展线上线下讨论，就项目可行性提出意见建议，草拟工作方案。

（二）确定宣传契合点

网络搜集相关资料，了解双方地域人文特色，寻找、确定宣传契合点。

序号	契合点	报道形式	拟稿单位
1	好山好水 中国龙城——养都洪雅	海报/图文/视频	诸城融媒 洪雅融媒
2	千年东坡 超然台——瓦屋山	海报/图文/视频	诸城融媒 洪雅融媒
3	宜人乐园 金查理小镇——柳江古镇	海报/图文/视频	诸城融媒 洪雅融媒
4	宝中之宝 恐龙公园——大熊猫博物馆	海报/图文/视频	诸城融媒洪雅融媒

续表

序号	契合点	报道形式	拟稿单位
5	美食对话 诸城烧肉——洪雅钵钵鸡	海报/图文/视频	诸城融媒 洪雅融媒
6	东坡茶话 诸城超然红茶——瓦屋春雪	海报/图文/视频	诸城融媒 洪雅融媒
7	常来玉屏 常山——玉屏山	海报/视频	诸城融媒 洪雅融媒
8	话里话外 诸城方言——洪雅方言	海报/视频	诸城融媒 洪雅融媒

（三）确定具体方案

2023年5月上旬，通过沟通，双方达成共识，确定《关于洪雅县与诸城市CP联动宣传活动工作方案》及具体的策划方案；双方融媒体中心对接，组建创作团队，沟通宣传重点、展现形式、采访细节、互传整理宣传素材，做好备稿、采访准备等。

主创团队主要包括：臧强全程指导；李代华、马帅帅、陈文龙主要负责短视频的策划、脚本撰写等工作；张青友、罗杰、朱丽锦主要负责视频拍摄、后期剪辑制作等；孙铭珠、王栋栋主要负责出镜、文稿撰写等；张琪、张勇、彭威楠、王敏子、巩向红、程晓燕主要负责《眉山日报》《今日诸城》报纸方面的稿件撰写、版面编排等；李芳、王槐德主要负责后勤保障等工作。

（四）实地采访

5月中下旬，采访团赴诸城、洪雅采访，按照双方融媒体中心商议的分镜脚本开展实地采访和现场拍摄，同步收集相关宣传素材。

2023年5月18日，活动正式启动，创作团队合影。

（五）备稿阶段

6月上旬，洪雅县融媒体中心、诸城市融媒体中心筹备相关稿件。

（六）刊播阶段

7月中下旬，按照宣传部门统一部署做好宣传预热、宣传推广，每日推出短视频、图文、海报等内容至少1篇，可根据宣传阵地特点单独刊播或者自由组合，时间为期一周，诸城市融媒体中心和洪雅县融媒体中心同步推出。

第二节　基本做法与亮点成果

一、基本策划

以诸城融媒、洪雅融媒确定的"中国龙城·养都洪雅"主题，统领整个城市 CP 宣传，推送 1 条总体编者按，每个版块含 1/2 海报、1 条综合视频、1 条图文综合稿件，在双方官方客户端、网站、抖音、视频号、微信公众号等新媒体平台连续推出 8 期报道。

二、详细策划

（一）电视

洪雅电视台开设《中国龙城·养都洪雅》专栏，《洪雅新闻》播 1 条综合消息，主要突出诸城市。诸城电视台播出 1 条综合消息、1 期洪雅旅游推荐。

（二）报纸联版

《眉山日报》《今日诸城》分别刊登《寻"密"东坡足迹 "洪"扬东坡文化》《但愿人长久，千里共婵娟》专版，以相片和文字为主，展现两地特色产业、城市建设、美景美食、文化内涵等。

2023 年 5 月 18 日，活动正式启动，创作团队合影

第十二章 诸城市融媒体中心：寻找文化共振点 探索"城市CP"宣传新路径 ｜创新报道篇 ｜

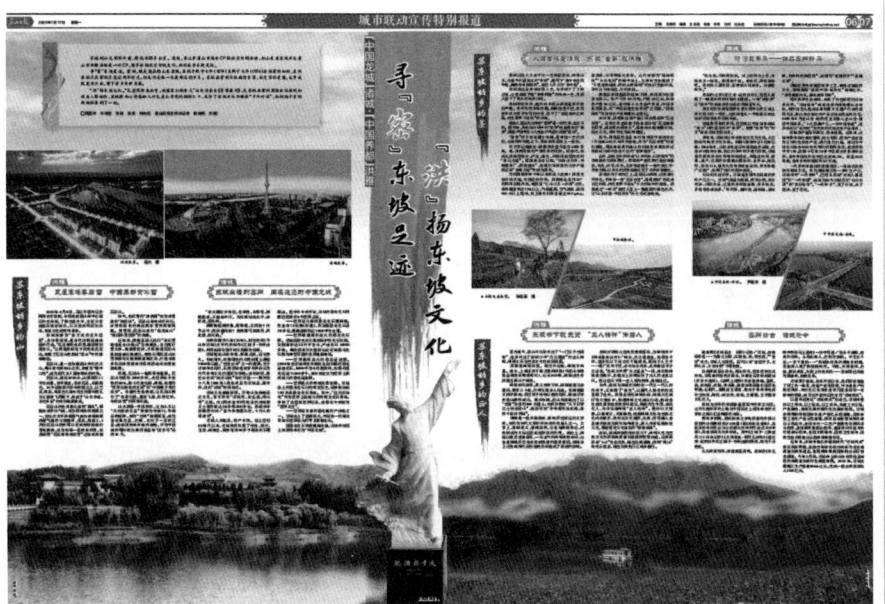

《眉山日报》2023年7月17日6版、7版

《今日诸城》2023年7月21日2版、3版

（三）新媒体

1.编者按。以双方自然禀赋、人文特色开篇，突出"中国龙城·养都洪雅"主题，运用多种形式，统揽全平台资源，形成联动宣传矩阵。

2.联相海报。拍摄制作1个主题海报，7个宣传契合点专题海报。主题海报设计主要元素包括CP主题、双方LOGO、双方美图等。7个专题海报设计，主题分别是好山好水（中国龙城与养都洪雅）、千年东坡（超然台与瓦屋桌山）、宜人乐园（金查理小镇与柳江古镇）、宝中之宝（恐龙博物馆与大熊猫博物馆）、美食对话（诸城烧肉与洪雅钵钵鸡）、东坡茶话（超然红茶与瓦屋春雪）、常来玉屏（常山与玉屏山）、话里话外（诸城方言与洪雅方言）。

"中国龙城·养都洪雅"主题海报

《千年东坡》《宝中之宝》《美食对话》海报

3. 短视频。双方主持人一同参加实地采访，互动出镜，聚焦美食、文化、旅游等群众关注热点，主持人通过体验式吃播、实地探访、美食碰撞等，推荐对方旅游优势、亮点，推出系列短视频。

两地主播实地出镜

4. 综合图文。将各版块双方资源、美景美食、旅游线路、优惠政策进行梳理，形成综合稿件。在"康养洪雅"客户端、"爱诸城"客户端开设《中国龙城·养都洪雅》专栏，以消息形式刊发采访活动情况，以图文连版形式刊发深度稿件。

（四）组织刊发刊播

所有作品在诸城市、洪雅县报纸、电视、新媒体等平台发布。择机在新华社、央视频等央级平台进行宣传推介。

三、创新案例亮点成果

（一）数据亮点

诸城市融媒体中心与洪雅县融媒体中心洪雅电视台、"康养洪雅"客户端、洪雅融媒抖音、诸城电视台、"爱诸城"客户端、融媒诸城视频号、诸城融媒抖音等平台发布相关图文、视频60多篇（个），总阅读量1000多万。另外，此次活动报道还登上新华社客户端、人民日报客户端、"学习强国"平台、今日头条等媒体平台。

（二）社会效益

诸城市融媒体中心与洪雅县融媒体中心创新方式方法，讲好双城故事、唱响双城声音、展示诸城及洪雅的形象，提升国际国内关注度和影响力。

宣传海报、图文、短视频等作品一经推出，获得两地众多读者和网友、观众点赞、分享，特别是受到"东坡迷"的好评。山东网友闻龙留言点赞此次活动："川鲁虽远却有缘，皆因苏子一线牵。双城携手寻文脉，盛世同谱新华篇。"山东网友言者之城留言点赞："中国龙城与养都洪雅的方言对话，让两地人一起感受到了文化差异带来的大同小异。""东坡迷"小敏留言，"诸城有他诗歌创作的超然台，洪雅有他超然台上遥望的瓦屋山"。

（三）经济效益

洪雅县与诸城市开展CP联动宣传活动，以此次活动借用双方宣传平台进行宣传，弘扬东坡文化，把双方的好山水、好风光、好产业、好人文、好成绩宣传出去，吸引更多游客、投资者、高校人才来诸城、到洪雅投资、旅游、兴业。

（四）专家评价

"中国龙城·养都洪雅"城市宣传联动活动得到了潍坊市委宣传部、眉山市委宣传部的领导肯定，诸城市委宣传部及洪雅县委宣传部对活动给予了大力的支持。有关专家认为"城市 CP"联动以全域性、互动性和开放性为特点，交流维度从经济、文化、旅游等多方面兼容并包，诸城市融媒体中心、洪雅县融媒体中心双方积极尝试创新传播手段，探索双城宣传联动活动，聚力打造融媒精品，既加强了自身队伍建设，提升了专业水平，又进一步拓宽了宣传通道，拓宽了"朋友圈"的开放形象，在互访交流中实现互相进步，树立了更加广阔的视野和战略眼光。

第三节　县级融媒体创新发展的未来思考

伴随着网络和数字技术的爆发式发展，传媒的内容、结构、形式以及受众的习惯都随之发生深度转变。自媒体平台越来越多，传播距离越来越广，县域媒体的体量、空间乃至流量受到了极大压缩，出现了发展观念滞后、传播力弱化、产业经营困难等问题。2018 年，习近平总书记在全国宣传思想工作会议上发表重要讲话，指出"要扎实抓好县级融媒体中心建设，更好引导群众、服务群众"，从国家战略层面提出了县级融媒体建设的发展方向。

网络时代打破了物理平台的限制，但县级融媒要想真正走出去，扩大主流价值的影响力版图，让党的声音传得更开、传得更广、传得更深入，需加强媒体资源整合，加大平台交流力度，借助外部力量，强化县级融媒的传播力、引导力、影响力、公信力。

诸城市融媒体中心与洪雅县融媒体中心极具创新与开拓意识，以其强烈的历史使命不断探索宣传方式与途径，主动分析与研究利用传播优势，化挑战为机遇，化变量为增量，通过整合资源，找到双方的共同点与差异，创作生产出主题鲜明、结构合理、形式新颖、内涵丰富的优秀视听作品，进一步提升县域融媒的专业水平，激发和释放县级融媒的发展活力，提升传播效率，延伸传播距离，拓展传播空间，以正能量汇聚更多流量，实现县域融媒间的良性互动和发展，展现出新时代基层媒体新闻单位的新气象、新作为。

值得注意的是，在进行城市CP联动前，要认真搜集历史渊源、文化背景、地方特色等资料，分析双城之间的契合点，精准寻找地方文化与读者受众之间的同频共振点，传承和弘扬地域特色文化，通过双城互动传播，突破地域圈子，打造全新融媒体生态，让正能量更强劲、主旋律更高昂。

本报告详细介绍了"中国龙城·养都洪雅"城市宣传CP联动宣传创新案例的基本情况、基本做法、亮点成果等，研究分析了双城联合宣传的基本做法和合作经验，为各地开展城市CP联动宣传提供了清晰思路和实践参考，具有较强的针对性和操作性。

全国县级融媒体创新发展研究报告
2023—2024

创新运营篇

第十三章
德庆县融媒体中心：《360°看德庆》

冯小燕　莫伟志

德庆县融媒体中心为县委直属正科级公益二类事业单位，归口县委宣传部管理，核定德庆县融媒体中心事业编制88名，现有人员110人，其中在编人员77人。内设办公室、总编室、事业发展部、技术部、广播部、电视部、新媒体部、《西江潮》编辑部8个正股级职能部门，经费按财政补助二类拨付。

充分发挥媒体"融合"优势，打造以广播、电视、报刊、新媒体、户外大屏、应急广播等为主体的传播矩阵，基本形成了"融媒体＋新媒体＋政务＋服务＋商务"的综合体。

2023年，我中心荣获广东省广电总局的两个先进，是全市唯一获此殊荣的单位，分别是：2023年广东省广播电视媒体融合先导单位（全省5个）、制播《360°看德庆》栏目入选2023年广东省广播电视媒体融合成长项目（全省10个）。

新闻精品创作走在全市山区县前列，2022年有37篇作品获省、市级好新闻奖。其中，《向着海外出发　德庆贡柑首次走入欧盟市场》《我县全省率先建立RCEP柑橘国际交易中心　助农增收致富》2篇作品获省级一等奖。

2023 年，我中心共有 42 篇作品获省、市级好新闻奖，2 篇作品获省级一等奖。

2022 年，德庆县融媒体中心全年共制作播出、发布、刊登德庆新闻 2029 篇；在中央、省、市媒体播出德庆新闻 1500 篇，其中，在央视、新华社等央媒刊播 382 篇，在"学习强国"平台发布 200 篇，在省级媒体刊播 454 篇，在市台播出 638 篇。

2023 年以来，共制播新闻 2237 篇。在央视、新华社等央媒刊播 294 篇，在"学习强国"平台发布 131 篇，在省级媒体刊播 230 篇，在市台播出 435 篇。德庆贡柑"12221"市场体系建设的宣传工作，两年来均获得省农厅领导等的充分肯定，认为为全省提供了可复制可推广经验。

共举办网络直播 41 场、网上访谈 3 场。其中人气最高的户外直播为德庆乡村半程马拉松赛事现场直播，最高观看人次达 700 万。

制作了一批群众喜闻乐见的专题、短视频、探店等融媒产品，制播视频号作品 82 个，公益广告 128 条，专题片 25 个，深受百姓的喜爱。

推出"直播带货农产品"10 多场，帮助农户实现销售德庆贡柑、富笋、荔枝、百香果、黄瓜榨等特色农产品 500 多万元。

成功承办了 2023 年德庆闹元宵直播、全国风机招商大会、贡柑文化节、中国农民丰收节、新农人会客厅、2023 乡村半程马拉松等户外活动共 20 多场，进一步提升了融媒体中心的品牌。

第一节　基本情况

为持续"擦亮"实施乡村振兴战略的这一"品牌工程"，推动美丽乡村从点上出彩向全域拓展、从外在美向内在美提升、从绿水青山向金山银山转化，本中心制播系列短视频《360°看德庆》，制播 20 集，每集时长不少于 1 分 30 秒。德庆县作为"全国文明城市""广东省历史文化名城""广东旅游强县""广东旅游特色县",历史文化深厚,物产丰饶。本中心通过生态、宜居、村容、乡风、历史、民俗、文化等方面体现德庆县乡村振兴、产业振兴、美丽乡村建设的成果,充分添加人文文化、全域旅游等元素,增强德庆风光在省市甚至全国的影响力及旅游品牌的引领作用,让广大群众以短视频的形式见证德庆历史人文景观、良好的自然生态及经济社会发展变化。

《360°看德庆》项目,满足了广大群众日益增长的精神文化需求、丰富了德庆宣传节目形态、提升了宣传质量和水平、适应了融媒事业发展需要。

第二节 基本做法与亮点成果

一、基本做法

（一）确定主题和目标

确立《360°看德庆》拍摄团队走遍全县的目标,以拍摄展示其自然风光、人文历史、社会经济发展等为主要内容,旨在提升德庆县的知名度和美誉度。

（二）组建团队

专门成立工作专班,由融媒体中心主任为专班组长,分管副主任为副组长,成员为总编室、电视部正副主任、相关总监和编辑、业务骨干、主持人等。负责每周开会策划、采访、拍摄、撰稿、编辑、制作、配音、配乐、播出等,分工明晰、各负其责,确保项目的顺利实施。

（三）制订拍摄计划

对《360°看德庆》纪录片项目的生产从团队组建、选题决定、采访拍摄、演播制作、播出安排、经费管理等进行明确规定,根据主题和目标,制订详细的拍摄计划,包括拍摄地点、时间、内容、方式等。建立项目负责人制度,明确负责人的权责,并严格遵照实行,保证项目的顺利实施。

（四）拍摄时间

2023年1—12月。

（五）拍摄集数

20集，每集时长不少于3分钟。节目安排在电视和新媒体（德庆资讯App、微信视频号、抖音）发布。

（六）目前已拍摄的二十集内容

①《满山尽带黄金甲　黄花风铃木绽放》；②《巢顶山茶场樱花迎春绽放》；③《高良大顶山日出云海》；④《紫薇花开香满街》；⑤《绿色之城——德庆》；⑥《德庆香山森林公园桃花绽放》；⑦《盘龙峡》；⑧《德庆贡柑》；⑨《德庆：古色古香的美丽乡村》；⑩《金秋时节　稻谷飘香》；⑪《只新不旧三元塔》；⑫《西江奇观——德庆的旅游胜地之一》；⑬《永丰古蓬村》；⑭《高良大顶山云海》；⑮《"西江奇观"锦石山》；⑯《巢顶山采茶》；⑰《马圩斌山中学》；⑱《悦城龙母祖庙》；⑲《庆学宫》；⑳《金林水乡》。

（七）拍摄经费

50万元（￥500000元）。

（八）资金用途

用于节目策划、撰稿、拍摄、剪辑、后期的制作合成等。

（九）实地拍摄

按照拍摄计划，进行实地拍摄，捕捉德庆县的自然风光、人文历史和社会经济发展等方面的素材。

（十）后期制作

对拍摄的素材进行剪辑、音效处理和字幕添加等后期制作，最终形成一部完整的纪录片。

（十一）推广宣传

通过县融媒体中心的电视、广播、报纸、新媒体等各类媒体平台进行推广宣传，同时推送到抖音、微信视频号等，吸引观众关注和收看。

（十二）经费筹措

该项目对德庆县融媒体中心来说是一项重大创新创优项目，投入的人力、物力、财力较多，共计需要投入资金50万元（￥500000元）。

二、亮点成果

带来了良好的社会效益和经济效益，提高了我中心专题制作的技术水平和品质，提升了我中心纪录片在全市乃至全省的竞争力和市场占有率。通过项目宣传，充分发挥德庆旅游品牌引领作用，宣传德庆风光，增强我县旅游市场影响力及旅游经济。从生态、宜居、环保、绿水青山等角度展现了乡村之美，体现了乡村品格，彰显了乡村风貌，展望乡村未来，助力乡村振兴，实效助推德庆产业发展和文旅扶贫。同时通过吸引企业公司等进行特约、赞助栏目，争取最大的经济效益。通过以上做法，《360°看德庆》纪录片项目成功地展示了德庆县的独特魅力和发展潜力，提高了德庆县的知名度和美誉度，为推动当地经济社会发展发挥了积极作用。

（一）全域展示，全景呈现

《360°看德庆》系列短视频以德庆县为拍摄范围，全面展示了德庆县在乡村振兴、产业振兴和美丽乡村建设等方面的成果。通过20集的系列短视频，观众可以全方位了解德庆县的自然风光、人文历史、村容乡风等，深入感受德庆县的经济社会发展变化。

（二）创新形式，生动呈现

该纪录片采用创新的拍摄手法和剪辑技巧，将德庆县的美丽风光、历史文化和乡村振兴成果生动地呈现在观众面前。每集短视频时长不少于1分30秒，内容涵盖德庆县的生态、宜居、村容、乡风、历史、民俗、文化等多个方面，让观众在短时间内全面领略德庆县的魅力。

（三）人文关怀，情感共鸣

《360°看德庆》系列短视频注重人文关怀，通过展现德庆县的历史文化和人民生活，让观众感受到德庆县的自然景观、人文历史文化、德庆人民的朴实和热情。同时，通过呈现德庆县的经济社会发展变化，让观众感受到德庆县的活力和希望，引发观众的情感共鸣。

（四）强化品牌，提升影响

该纪录片通过在省市甚至全国范围内推广宣传，进一步提升了德庆县的知名度和美誉度。同时，通过充分添加人文文化、全域旅游等元素，增强了德庆风光在省市甚至全国的影响力及旅游品牌的引领作用，为德庆县的乡村振兴和产业发展提供了有力支持。

综上所述，《360°看德庆》系列短视频作为县融媒体中心的创新案例，取得了显著的亮点成果。它不仅全面展示了德庆县的乡村振兴和产业发展成果，还通过创新的拍摄手法和剪辑技巧，生动呈现了德庆县的美丽风光和历史人文景观。同时，该纪录片注重人文关怀和情感共鸣，强化了德庆县的品牌形象，提升了其在省市甚至全国的影响力。广大群众的积极参与也见证了德庆县的发展历程，为德庆的乡村振兴和产业发展注入了新的动力。

同时，《360°看德庆》拍摄的内容以及采用的创新拍摄手法和剪辑技巧，成功吸引了各镇（街）和不少县直单位，纷纷与中心签订了合作宣传协议。通过合作拍摄专题片、网上访谈、承办县委县政府活动等，产生了良好的经济效益，2023年1—11月，累计经济收入600多万元。

第三节 县级融媒体创新发展的未来思考

县级融媒体中心作为基层媒体的重要组成部分，对于推动媒体融合发展、提升基层宣传工作水平具有重要意义。德庆县融媒体中心在近年来取得了一系列显著成果，为地方经济社会发展提供了有力支持。结合德庆县融媒体中心的实际情况，提出未来创新发展的期望。

一、持续深化"融媒体＋新媒体"运营模式

其一，进一步整合资源，实现传统媒体与新媒体的深度融合，提升整体运营效率。加强与各类媒体平台的合作，拓宽传播渠道，提升影响力。

其二，继续创新运营模式，探索新的盈利模式和业务模式。结合新媒体发展趋势，开发更多具有创新性和市场潜力的业务。

其三，强化内容创新，结合地方特色和受众需求，打造更多高质量、有吸引力的内容产品。提升原创内容的比例，增强品牌影响力。

二、拓展"融媒体+户外活动"与"融媒体+电商"业务领域

其一，继续承办各类户外直播活动和网上访谈活动，打造品牌活动，提升影响力。

其二，探索拓展"融媒体+电商"业务，结合地方特色农产品资源，开展直播带货等电商活动，助力乡村振兴。

其三，加强与其他县区融媒体中心的交流与合作，共同推动基层融媒体的发展与创新。

县级融媒体中心作为基层宣传思想工作的重要阵地，承担着举旗帜、聚民心、育新人、兴文化、展形象的使命任务。德庆县融媒体中心在未来的发展中，将继续深化改革，创新运营模式，加强与各类媒体和政府部门的合作，不断提升服务能力和影响力。

第十四章
龙岗区融媒集团:"跨界联名"实现"1+1 > 2"

陈宇翔　董宝宏　王　聪　鲁真龙　郝　莲

在网络信息技术迅猛发展、社交媒体广泛普及的今天,新型主流媒体正面临着前所未有的机遇与挑战。这些机遇和挑战既包括技术层面的创新与变革,也涵盖了媒体行业的竞争生态和商业模式的变化。本文将对深圳市龙岗区融媒集团创新案例"小龙包影院"栏目进行介绍,通过分析该栏目的亮点做法和取得的良好传播效果,阐释媒体融合时代新媒体栏目 IP 建构的意义和策略,进而探讨龙岗区融媒集团的改革经验和融合发展路径,旨在为县区级融媒体创新发展提供一些借鉴和参考。

第一节　龙岗区融媒集团:敢闯敢试,　　　探路融媒改革"深水区"

在媒体深度融合不断推进的大潮中,龙岗区融媒集团应运而生。秉持着"敢闯敢试"的特区精神和"探路者"的使命担当,龙岗区融媒集团挑起国企和融媒"双重改革"的重任,在全国首创纯国企模式的县区级融媒体中心。在深圳市，龙岗区融媒集团是平台要素最齐全的区县级融媒体，拥有"1+2+7+N"共38个平台的全媒体矩阵，培育出"龙岗融媒"App、"深圳龙岗发布"微信公众号、"掌上龙岗"微信公众号三个200万粉丝级"大V"，全平台粉丝量近1000万。其中核心平台"龙岗融媒"App影响力稳居深圳市各区首位，是大湾区领先的县区级客户端，总下载量280多万次，获评"2021年全国县融中心优秀奖项"榜单中的"优秀管理与平台奖"，入选2022年中国报业媒体融合"用得好"案例库名录；"深圳龙岗发布"微信公众号位列"2022年深圳年度优秀政务新媒体"前三甲（仅次于深圳卫健委、i深圳），粉丝量300多万，综合传播力和影响力指数稳居深圳各区第一；"掌上龙岗"微信公众号位居"全国县区级媒体微信号百强榜"前三名，获评深圳网络盛典"最受欢迎政务新媒体"，粉丝量200多万；传统端自办龙岗区委区政府和深圳市侨办机关报——《深圳侨报》；自办电视频道5个、广播频率1个（FM99.1），自建户外LED屏、市民阅报栏、智能阅报栏等。此外，全国驻深记协融媒创新基地落户龙岗区融媒集团。龙岗区融媒集团创立融媒创新实验室、融媒学院，全面支撑创新创意发展。

改革后的龙岗区融媒集团，内容提质创优活力迸发，全年原创策划内容数量增长2倍，融媒作品荣获各类奖项120余项，培育出"小龙包影院""海报特攻队""融媒姐妹花""主播E议""龙叨叨"等品牌。"爆款"创作愈趋常态化，"中国人小哥哥""龙岗最美新娘"等内容刷爆网络，"新编防疫四大名著"受到上级宣传部门的高度评价，荣获广东省"走转改"新闻奖，并获评国家级新闻核心期刊平台推介"爆款破圈"做法。外宣方面，上送央媒刊播内容达50余条，实现历史性突破。

第二节 "小龙包影院":栏目赋能,实现资源流量"两手抓"

随着互联网的快速发展,人们每天都可以接收到海量信息,同时,每个人也都成了信息发布者,即"人人都是自媒体"。只需一台电脑或一部手机,就可以利用微博、微信、视频号、抖音、快手等公共网络空间发布消息和观点。

在网络与自媒体的"流量争夺战"中,主流媒体一方面要充分认识到危机所在,及时调整自身的生存之道,以适应新发展生态与竞争环境;另一方面,要坚定信心创新内容形式,在求新求变中突破发展,通过新媒体渠道不断拓展以往主流媒体的原有优势。

在龙岗区融媒集团"大运营大推广"机制指引下,集团新媒体中心、全媒体策划部、商务服务部、技术直播部、教育事业部等强强联合,借助现有公益品牌活动,试水"树品牌"的同时"搞创收"。特别是"龙岗融媒520宠粉嘉年华暨首届小龙包趣玩节"创新将集团招商推介会、宠粉嘉年华、融媒影厅揭牌"三会合一",在为集团节省成本的同时,活动总曝光量70多万,线下超10万人次参与,并带来经营收益,在对融媒品牌形象进行全方位展示的同时,打响了集团大运营大推广"当头炮",更彰显了龙岗区融媒集团强大的策划统筹和线下执行能力。龙岗区融媒集团与仁恒梦影廊签订战略合作协议,龙岗融媒成为深圳第一家冠名影厅的媒体,获得全年1万+次映前广告权益,在试水出一条全新的经营路径外,更致力于丰富龙岗区乃至整个深圳市市民的精神文化生活,履行了县区级融媒体的社会责任。

在这一背景下,龙岗区融媒集团在核心平台——"掌上龙岗"微信公众号上推出了"小龙包影院"这一栏目作为与仁恒梦影廊合作的线上内容部分。用对媒体融合发展的独特理解,打造了一批社会反响强烈的作品,探索出了一条适合自身的媒体融合发展之路。

一、IP 孵化，孕育爆款"火种"

IP，是英文"Intellectual Property"的缩写，原意为知识产权，引申为适合二次或多次改编开发的文化产业产品，是能带来效应的"梗"或者现象。其展现形式不拘一格，既可以是音乐、故事、人物，也可以是用户喜闻乐见的卡通形象。一个好的 IP 能够形成轻松、生动、亲和的品牌语言，满足受众的审美需求与情感慰藉，并使其在一定程度上达成集体共识。

龙岗区融媒集团在改革过程中，紧抓融媒环境下的创新趋势，高度重视 IP 形象的打造，前有呆萌可爱、头上有龙角、为龙岗区"代言"的卡通人物形象"小龙"，后有自"小龙"IP 衍生而来、可爱圆润、作为龙岗融媒粉丝统一昵称的"小龙包"。

在媒体融合实践中，龙岗区融媒集团不断开拓新闻内容产品化思维，在原创策划、活动推广、周边开发等应用场景积极植入融媒 IP，使其不断深入人心，让 IP 聚合受众，让创意为内容赋能，不断发挥品牌效应，凸显 IP 价值。

"小龙包影院"这一栏目的名称也源于"小龙"和"小龙包"两大 IP，其内涵既是龙岗融媒的"小龙"为大家霸气"包"场观影，也是融媒粉丝"小龙包"的专属影院。这一栏目名既直截了当地体现了栏目内容，又凸显了该栏目以福利回馈粉丝的宗旨，为后续栏目上线后的火爆传播埋下了"火种"。

二、强强联合，实现"三赢"局面

"小龙包影院"栏目由龙岗区融媒集团与仁恒梦影廊合作打造，是一档为读者提供送票福利和新鲜影讯的栏目，更新频率为每两周推出一期，自 2023 年 7 月 27 日上线以来，目前已推出 11 期。

仁恒梦影廊位于龙岗区仁恒梦中心商圈，是一家定位较高端的本土影院。龙岗区融媒集团的"掌上龙岗"微信公众号之所以能与仁恒梦影廊合作，成功推出这一栏目，并在影院拥有"龙岗融媒"专属冠名影厅，与二者定位的契合度有着密不可分的关系。

首先从内容方面着眼，"掌上龙岗"微信公众号致力于提供民生服务资讯，是引导市民吃喝玩乐购、乐享美好生活的平台。仁恒梦影廊能提供最前端的院线资讯，根据行业估算和市场卖座率每期筛选一部广受大众喜爱的电影作为当期栏目主推内容，与"掌上龙岗"微信公众号内容调性吻合；此外，每期"小龙包影院"栏目还送出观影券作为粉丝福利，大大提升了栏目互动性及粉丝参与感，提升了活动的传播力度。

其次从定位方面而言，"掌上龙岗"微信公众号扎根龙岗本土、影响力辐射深圳全市乃至整个大湾区，拥有超200万粉丝；仁恒梦影廊是龙岗较高端的影院，位于东部新兴的仁恒梦中心商圈，拥有低密度坐席的舒适观影体验。二者通过融媒影响力和影院资源的互通合作，使得龙岗区融媒集团以"低成本"打造出了"高流量"栏目，提高了粉丝黏性、知名度和美誉度，影院得到了品牌宣传，粉丝收获了观影福利，实现了融媒、影院和粉丝的"三赢"局面。

经分析统计，参与"小龙包影院"栏目留言互动的粉丝大多为新粉，或此前留言不活跃的粉丝，这意味着该栏目的上线，有效巩固了新老粉丝黏性，增强了粉丝活跃度。此外，由于提供观影福利的仁恒梦影廊为龙岗本土影院，栏目也有效实现了龙岗本地粉丝比例的提升，这类粉丝是更加具有忠诚度、稳定性和消费潜力的，能为融媒未来的大运营大推广提供更多助力。这也是龙岗区融媒集团首个与影院合作的系列冠名栏目，对后续微信公众号原创内容制作和商业板块推广具有前瞻和参考意义。

三、一炮打响，粉丝"流量"作答

随着信息技术的快速发展和媒体形态的多元化，单纯的新闻资讯很难调动用户的互动热情。因此，在媒体融合这一发展进程中，应以用户为原点，充分考虑用户需求，提供多样化的服务，并通过内容创新、形式创新来构建平台的多元价值链条，从而实现融媒体的可持续发展。

"小龙包影院"栏目无内容培育期，实现首期上线即一炮打响，平均每期阅读量均破万，总阅读量10万+。粉丝对内容反响十分热烈，纷纷在评论区探讨推文内容，分享观影心得，总留言量4600+，平均每期留言稳定在500+，其中最多一期留言破1000条，数量和热度远超其他普通推送内容，为原创栏目内容实现经营合作创收提供了良好探索。

该系列栏目上线后好评如潮，不仅增强了新老粉丝的互动，提升了"掌上龙岗"微信公众号的推文留言量，创新的联合专栏模式也奠定了公众号后续业务推广的基石，同时也广泛传播了"小龙包"概念，将龙岗融媒这一IP强势打响，提升了融媒的知名度和美誉度。

第三节　关于县级融媒体创新发展的未来思考：自我"造血"，打出发展"组合拳"

"小龙包影院"栏目的成功推出，正是龙岗区融媒集团探路融媒改革"深水区"的一个典型案例和缩影。结合龙岗区融媒集团的媒体融合实践经验，现对县区级融媒体未来创新发展路径提出以下几点思考。

一、进行机构重组，精简瘦身

县区级融媒体在融合过程中应以"壮士断腕"的魄力，对于无法激活新产能的旧有阵地大胆地撤并、关停，对于有特色的既有存量要守住并激活，建设和使用好重点核心平台，将更多资源和精力用来探索新的发展增量。

龙岗区融媒集团整合原龙岗区新闻中心、龙岗广电中心、电台等单位，经过近两年的艰苦筹备，完成"事改企"机构改革，于2021年4月23日正式挂牌成立。对于网络媒体发展初期带来的多个新媒体账号，龙岗区融媒集团撤并或关停了其中关注度较低、影响力较小的账号，并果断缩减了报纸版面和广播电视自制节目时长，集中精力打造核心平台。对于新媒体平台的栏目建设，龙岗区融媒集团也采用了同样的发展策略，积极鼓励采编团队开设原创栏目，并设置培育期，在经过一段时间的发展运营后，再进行优胜劣汰，关停流量和效益不理想的栏目，集中采编力量于受粉丝欢迎的优秀栏目。

二、考核制度先行，激发动能

县区级融媒体在发展过程中应做到以人为本，激活组织内生动力。媒体融合并非简单地将不同单位、不同平台进行堆砌，其本质是通过资源、人力、发展思维的重组创新，打造出一个全新的"物种"。媒体融合对于从业人员个体而言，无论在内容生产技能还是在综合素质要求上，都让员工面临着走出"舒适区"的更大挑战。融合过程中发生的改变使得员工对薪酬有了进一步的期待，而薪酬公平合理，才能更好地激发员工动能，有效解决"合而不融、融而不合"的发展难题。

龙岗区融媒集团始终秉持"人才立媒"的理念，在人事、薪酬等方面以制度为先，建立了覆盖集团全员的KPI考核管理制度、"多劳多得、优绩优酬"的绩效薪酬管理制度以及"能者上、庸者下、劣者汰"的用人制度。在实行薪酬总额控制、全员身份统一的基础上，破除传统媒体"大锅饭"式薪酬制度的束缚，真正做到了"以岗定薪、按绩取酬"，改革减员实现提质增效。

三、内容提质创优，力争"破圈"

除了深化体制机制改革、大力培养融媒体人才外，要推动媒体融合行稳致远，高质量内容始终是发展的根本。无论技术和传播方式发生怎样的改变，都仍需以内容生产力为基础，为用户提供独特价值的专业优质内容，是媒体融合发展的基石和关键。

龙岗区融媒集团高度重视内容生产的高质量发展，在发展过程中出台一系列创优奖励、好作品评选制度，澎湃内容创作动能，每年投入300万元实施"提质创优攻坚工程"，建立了龙岗融媒创新实验室等创意孵化空间，以创新的理念有效提升融媒内容的创优水平和融合报道成效。例如，在疫情期间刷屏网络的"中国人小哥哥""龙岗最美新娘""新编防疫四大名著"等内容，都经采编团队反复进行头脑风暴和优化打磨，打破了内容形态界限，以"网红"特质实现几何级传播，在履行媒体社会责任的同时，彰显媒体融合创新特质，打响融媒品牌。

四、坚持多元发展，自我"造血"

在国家一系列县区级融媒体中心建设政策的支持和推动下，各地融媒体中心不断探索新的融合发展模式，涌现出很多各具特色、各有所长的融媒体单位。目前，县区级融媒体中心发展已进入"建强用好"的下半场，应结合本地实际情况，走出一条适合自身的融合之路。除了被"输血"（上级单位拨款）之外，更应学会"造血"（自主经营创收），这才是新形势下媒体融合的正确路径。

作为深圳市唯一纯国企模式县区级融媒体，龙岗区融媒集团在做好新闻主业的前提下，高度重视"自我造血"能力的提升与方式方法的创新，创新提出"大运营与大推广"思路，优化资源配置，让采编、经营成为融媒发展的"一体两翼"，相辅相成、相互促进。在主攻优质新闻产品创作的同时，采编也为经营拓展提供创意支撑，龙岗融媒创新实验室旗下多个特攻队作品目前已实现经营转化，采编IP成为创收"利器"。

目前，"龙岗融媒小龙包趣玩节""小龙包四季会""小龙包影院"等线上线下大运营大推广品牌项目均已形成品牌效应，在推介融媒IP的同时可柔性植入各类商业资源。龙岗区融媒集团还组建了跨政务服务、采编、新媒体、技术、影视等部门的"1+6+N"联合服务团队，不断提升综合服务水平，实现了代运营业务的井喷式增长。此外，龙岗区融媒集团着重拓展文化创意、教育培训、影视事业等产业，孵化了"龙岗手信"、创新型产业物业运营、信息技术开发等经营项目，目前多元化经营之路正越走越宽，总体收入连续保持增长，实现了"事业＋产业"双轮驱动以及社会效益和经济效益的双丰收。

第十五章
宁乡市融媒体中心："宁乡闪贷"增强"造血功能"

宁乡市融媒体中心

根据中央及省市关于媒体融合的改革精神，宁乡自2014年开始创建新媒体平台，探索广播电视媒体和新兴媒体融合；2018年启动县级融媒体改革；2019年3月20日，按照机构改革总体部署，宁乡市融媒体中心挂牌成立，全面整合原宁乡市广播电视台和《今日宁乡》信息中心职能职责，为宁乡市委直属正科级公益一类事业单位，归口市委宣传部管理。宁乡市融媒体中心现有员工176人（含班子成员5人），其中编内人员91人，编外人员85人。中心下设宁乡市望北峰广播电视转播台、宁乡市广播电视台两个副科级二级单位；分设综合线、新闻线、发展线三大部门，构建由报纸、电视、电台、新媒体共11个平台组成的融媒矩阵，宁乡电视综合频道接入IPTV、应急广播在融媒设立市级平台，本地广播电视受众大幅增长；注册成立宁乡市传媒集团有限公司，与宁乡市融媒体中心实行"两块牌子，一套人马"运作，分设宁视界公司、文创公司2家公司，实行市场化运营。

作为省市宣传部门重点联系推动的融媒体中心建设试点县市，宁乡融媒立足实际，坚持正确的政治方向、舆论导向、价值取向，以"更好引导群众、服务群众"为融媒体中心建设的出发点，整合市内广播、电视、纸媒、网站、公众号、App等所有公共媒体资源，积极顺应移动化、视频化、智能化发展趋势，在体制机制创新、业务流程再造、传播平台建设、融合业务拓展、人才队伍建设等方面采取了深层次的改革举措，探索发展的新模式新路径，整体进展突出、成绩显著，媒体融合改革取得出色实效，传播力、引导力、影响力、公信力不断增强，让党的声音传得更开、传得更广、传得更深入，同时取得了良好的社会效益和经济效益，主流媒体地位进一步巩固，在宣传党和政府主张、通达社情民意、引导社会舆论、传播优秀文化、保障群众文化权益等方面发挥了不可替代的重要作用，各项工作指标在湖南省县级媒体中位于前列。

目前，宁乡融媒发展态势向好，但也面临多重压力，尤其是人员过剩但人才紧缺、资源较多但经费不足、制度完善但兑现不够等问题仍需下足功夫、全力破解。宁乡融媒坚持树牢过紧日子的思想，同时，正确处理好"主业强"与"产业兴"的关系，坚持以主业强促产业兴，以产业兴保主业强，着力推动宁乡融媒从"融合"向"融活"发展。2023年5月，宁乡融媒依托智慧宁乡App，联合湖南银行、宁乡数据资源中心开发个人线上贷款平台"宁乡闪贷"项目，于5月30日正式上线。截至目前，累计授信1.19亿元，用信6499.04万元，在服务宁乡金融业发展的同时，也增强了宁乡融媒自我"造血"功能。

第一节 创新案例情况介绍

"宁乡闪贷"是一款专为宁乡市民打造的基于"智慧宁乡"App的纯线上信用贷款产品。该项目是在借鉴常德、株洲的成功经验后，结合宁乡的实际情况为当地市民"量身定制"的。它旨在解决传统银行信贷模式中贷款流程烦琐、审批率低、风控难度大以及覆盖群体较小的问题。作为普惠型信贷产品，"宁乡闪贷"受众面广，覆盖了宁乡地区城乡居民、小微企业主、个体工商户、国家公职人员、民企上班族等个人客户群体。产品设计的面向客群满足预期，目前主要群体为城乡居民和小微客群。

2023年初，由宁乡市数据资源中心、宁乡市融媒体中心、湖南银行联合开发，免抵押、免担保、随借随还，信用额度20万元至50万元。一次授信，3年内循环用信，从申请到放款，到账快，按天计息，年化利率3.78%—12.78%。作为一款纯线上信用贷款产品，"宁乡闪贷"依托于个人信用，利用"智慧宁乡"App和湖南银行作为载体，结合政务数据、银行数据和互联网数据，运用金融科技手段，实现了"自助申请、智能授信、精准定价、模型风控、自助用信、自动催收和自助还款"等功能。这些贷款主要用于满足市民的经营性或消费性资金需求，具有普惠、简便、便捷、灵活、高效、经济和安全等特点。

数据截至2023年12月22日，以客户维度为统计口径。整体申请5860人，通过888人，通过率15.15%。授信总金额11999.2万元，授信户均额度13.5万元，户均年利率7.31%，用信人数757人，用信人数转化率82.25%，用信户均额度8.6万元，用信总金额6499.04万元，用信转化率54.16%，用信总余额5129.33万元。

第二节　基本做法与亮点成果

一、基本做法

"宁乡闪贷"是一种基于互联网技术的小额贷款服务，主要面向宁乡地区的个人和企业提供快速、便捷的融资服务。"宁乡闪贷"的基本做法主要包括以下几个方面：

（一）线上线下相结合的运营模式

"宁乡闪贷"采用线上线下相结合的运营模式，通过线上平台和线下服务实现客户的快速接入和服务。一方面，线上平台主要负责客户信息的收集、审核、放款等业务，其中客户信息主要围绕"智慧宁乡"App和"宁视界"公众号，实现推送消息及推文的全量覆盖，对App客户和公众号粉丝实现转化和品牌传播。另一方面，线下则负责为客户提供咨询、面批、维护等服务。这种运营模式既保证了业务的高效运作，又满足了客户的个性化需求。结合政务数据，筛选出匹配当前产品的客群，推送给地推人员，实现精准营销；筛选流失客户、沉默客户、到期客户，推送给集中运营人员，实现对过程中流失客户的跟进转化、沉默客户的唤醒，以及续贷客户的留存。

（二）大数据风控技术

"宁乡闪贷"利用大数据技术对客户的信用进行评估，通过对客户的个人信息、征信记录、消费行为等多维度数据进行分析，实现对客户信用风险的精准把控。同时，"宁乡闪贷"为更全面提升客户服务体验，在湖南银行"手机银行""直销银行""微信小程序"等自有渠道同时开辟"宁乡闪贷"产品申请入口，共享信用信息，提高信用评估的准确性和效率。

（三）产品的灵活性

"宁乡闪贷"针对不同客户的需求，满足客户在买大件、购车、装修、创业等方面的资金需求。同时，"宁乡闪贷"不定期开展利率折扣营销活动，以吸引更多用户申请贷款。活动通常会在特定时间段内进行，例如节假日期间或者重要购物季节。在活动期间，"宁乡闪贷"会降低贷款利率，以吸引更多用户选择贷款服务。

（四）快速审批和放款

"宁乡闪贷"采用先进的审批流程和自动化系统，实现了贷款申请的快速审批和放款。客户只需在线上平台提交贷款申请，即可在短时间内完成审批和放款。这种高效的审批流程，大大缩短了客户的等待时间，提高了客户的满意度。

（五）透明的费用和利率

"宁乡闪贷"在贷款过程中，对客户的费用和利率进行透明化管理。客户在申请贷款时，可以清楚地了解到贷款的利息、手续费等费用，以及还款计划等信息。这种透明的费用和利率管理，有利于客户更好地规划自己的财务状况，降低贷款成本。

（六）严格的合规管理

"宁乡闪贷"严格遵守国家和地方的金融监管政策，确保业务合规。在贷款业务中，"宁乡闪贷"严格执行贷款资金的用途、期限、利率等方面的规定，防止资金违规使用。同时，"宁乡闪贷"还定期接受监管部门的检查和审计，确保业务合规经营。

（七）完善的客户服务

"宁乡闪贷"注重客户服务，为客户提供全方位的支持。在贷款过程中，客户可以随时通过电话、在线客服等方式，向"宁乡闪贷"咨询贷款相关问题。此外，"宁乡闪贷"还为客户提供培训、维护等服务，帮助客户更好地使用贷款产品，提高客户的还款能力和信用水平。

（八）持续创新和优化

"宁乡闪贷"始终坚持创新和优化，不断提升业务水平和服务质量。在产品方面，"宁乡闪贷"不断推出新的贷款产品，满足客户不断变化的需求。在技术方面，"宁乡闪贷"积极引进和应用新技术，提高业务处理效率和风险控制能力。在服务方面，"宁乡闪贷"不断优化客户服务流程，提升客户满意度。

总之，"宁乡闪贷"通过线上线下相结合的运营模式、大数据风控技术、灵活的贷款产品、快速审批和放款、透明的费用和利率、严格的合规管理、完善的客户服务、持续创新和优化等基本做法，为客户提供了快速、便捷、安全、透明的小额贷款服务，满足了客户的融资需求，推动了宁乡地区金融市场的发展。

（九）风险管理和防范

"宁乡闪贷"高度重视风险管理和防范工作，通过建立完善的风险管理体系，确保业务稳健发展。在风险识别方面，"宁乡闪贷"通过大数据技术对客户信用风险进行精准识别；在风险评估方面，"宁乡闪贷"采用多维度评估方法，全面评估客户信用风险；在风险控制方面，"宁乡闪贷"采取严格的审批流程和风险预警机制，有效控制信用风险；在风险处置方面，"宁乡闪贷"建立了完善的风险处置机制，确保风险可控。

总之，"宁乡闪贷"通过以上基本做法，为客户提供了快速、便捷、安全、透明的小额贷款服务，满足了客户的融资需求，推动了宁乡地区金融市场的发展。在未来的发展中，"宁乡闪贷"将继续坚持创新和优化，为客户提供更优质的金融服务。

二、亮点成果

（一）数据亮点

一是大数据风控模型。"宁乡闪贷"通过使用大数据技术和风控模型，能够准确评估借款人的信用风险。模型基于借款人的个人信息、借贷历史、社交网络等数据，能够更准确地判断借款人的还款能力和信用状况。同时，结合政务数据，筛选出匹配当前产品的客群，推送给地推人员，实现精准营销。

二是用户数据积累。"宁乡闪贷"通过用户的借款和还款记录，积累了大量的用户数据。这些数据可以用于分析用户借贷行为、借款偏好等，为"宁乡闪贷"提供更深入的市场洞察和业务优化。

（二）社会效益

一是支持小微企业和个体工商户。"宁乡闪贷"通过创新的借贷服务，为小微企业和个体工商户提供了更便捷、快速的融资渠道。这些企业和个体工商户得以通过"宁乡闪贷"获得更多的资金支持，最高申请额度可达50万元，推动了他们的发展和壮大。

二是促进消费升级。"宁乡闪贷"的借贷服务也为消费者提供了更多的消费选择和机会。借助"宁乡闪贷"，消费者可以更灵活地进行消费，促进了消费升级和经济发展。

（三）经济效益

"宁乡闪贷"作为一种互联网金融服务模式，促进了金融创新的发展。它通过运用互联网、大数据等先进技术，提升了金融服务的效率和便捷性，推动了金融行业的转型升级。同时，"宁乡闪贷"向借款人提供贷款，并根据贷款金额和利率收取利息。随着贷款规模的增加和利率的提高，"宁乡闪贷"可以获得一定的利息收入。

（四）媒体融合

一是增强品牌影响力。通过与媒体的合作和利用多种媒体渠道进行宣传推广，"宁乡闪贷"成功增强了品牌的影响力。这使得更多的用户了解和认可"宁乡闪贷"，并选择使用它的借贷服务。

二是提升用户参与度。"宁乡闪贷"通过社交媒体的运营，与用户进行互动和交流，使用户更加参与其中。这不仅提高了用户的黏性，还为"宁乡闪贷"提供了更多的用户反馈和改进的机会。

总体来说，"宁乡闪贷"在数据、社会效益、经济效益和媒体融合创新模式等方面取得了显著的成果，为借贷服务的创新和发展做出了贡献

第三节　宁乡融媒创新发展的未来思考

随着科技的不断发展，宁乡融媒作为一个县级融媒体，在传播信息、服务社会、推动发展等方面的作用日益凸显。面对新时代的挑战和机遇，我们需要不断创新发展，以适应新形势的需求。

一是内容创新。宁乡融媒要紧跟时代潮流，关注民生热点，深入挖掘本地特色资源，打造具有地域特色的原创内容。同时，要注重内容的多样性和互动性，满足不同受众的需求。

二是技术创新。宁乡融媒作为县级融媒体要积极引进和应用新技术，如大数据、云计算、人工智能等，提高信息采集、处理、传播的效率和质量。此外，还要加强与互联网企业的合作，共同研发适用于县级融媒体的技术产品和解决方案。

三是平台创新。要构建多元化的传播平台，包括传统媒体、新媒体、社交媒体等，实现信息的全渠道传播。同时，要注重平台的协同效应，打破各

类平台之间的壁垒，实现资源共享和优势互补。

四是业务创新。要进一步拓展业务领域，开展跨界合作，实现业务多元化发展。例如，可以与电商、旅游、教育等行业合作，推出线上线下相结合的服务项目，提高自身盈利能力。

五是人才创新。宁乡融媒要进一步加强人才培养和引进，提高从业人员的综合素质和专业能力。要注重培养具有创新精神和实践能力的复合型人才，为融媒体的创新发展提供人才保障。

六是管理创新。接下来，宁乡融媒将进一步改革管理体制，优化组织结构，实现资源的高效配置。建立健全激励机制，激发员工的创新活力和工作热情。同时，要加强与政府、企业、社会组织等各方的沟通与合作，形成合力推动融媒体的发展。

七是品牌创新。树立宁乡融媒自身的品牌形象，提升知名度和影响力。注重品牌传播的策略和手段，运用新媒体、社交媒体等渠道，讲好宁乡故事，传播宁乡声音。

总之，宁乡融媒将紧密围绕新时代的发展需求，坚持创新驱动，不断提升自身综合实力，为宁乡经济社会发展作出更大的贡献。

第十六章

温岭市融媒体中心：浙江省温岭市融媒体中心宣传经费改革

徐勇兵　陈晓寒　谢晨阳　李婷婷

浙江省温岭市融媒体中心（温岭市传媒集团）由温岭日报社和温岭广播电视台整合组建而成，于2019年10月30日挂牌，实行"一套人马，两块牌子"的运营模式。2020年底全面完成融媒改革的整体布局和顶层设计，并于2021年1月正式开启一体化运行。目前，中心班子7名，员工502名，其中事业编制211名，企业职工291名。融合以来，锚定"打造全国一流的县域治理服务现代化平台"目标定位，以"创新融媒、智慧融媒、品牌融媒、活力融媒、先锋融媒"五个融媒建设为抓手，打造了融媒改革的"浙江样板"。

以融合为根本，构建机构运行总体布局，夯实改革发展基石。媒体改革高歌猛进，受到国家广电局领导和中宣部媒体融合专家组成员的肯定，得到省委宣传部、省广电局主要领导的批示。改革做法入选中宣部全国县融能力建设典型案例；以总分第一获评2023长三角媒体融合先导单位；"村社传播通"获全国新闻传媒行业最高层次科技奖项"王选奖"、全省数字化改革"最佳应用"。

以创新为核心，打造新闻生产全新生态，拓展"新闻＋政务服务商务"运营模式。融合第一年获浙江省新闻奖一等奖，两年来100多件作品获省级以上荣誉；2022年融媒指数考核排名全省第二名；连续三年荣获浙江省广电新媒体新闻协作特等奖，2022年全省排名第一，获得县级先进集体特等奖。在全国首创部门宣传经费预算改革，实现了"整合资金、创新载体、集成宣传"。围绕精准传播打造的"村社传播通"应用，获评全省数字化改革"最佳应用"和全省改革突破提名奖。

以转型为抓手，优化现代传媒产业格局。2021年成立大数据公司，两年时间营收实现从0到8000多万元的突破；传媒产业裂变发展，集团经营创收在疫情冲击下实现逆势增长，2021年突破2亿元大关，2022年再创新高达2.36亿元，两年共增长34.9%，进入全省前列。深度融入区域经济社会发展，探索城市形象IP化运行，通过影响力变现实现了良性发展。

第一节　基本情况

在媒体深度融合、传媒产业跨越式发展的当下，部门宣传经费问题越来越成为部门关注、政府重视的焦点。2021年起，在温岭市委宣传部和温岭市融媒体中心的推动下，温岭市实行部门宣传经费改革，将分散于市属各部门（含街道）的宣传预算费用，统一整合安排在温岭市融媒体中心（以下简称"中心"），全面试行"经费集中管理、单位履责不变、部门联合把关、中心配合执行"的新模式，从而达到"整合资金、创新载体、集成宣传"的效果。

改革涉及的宣传费，是指各部门围绕温岭市委、市政府中心工作开展的重大宣传项目，以及根据单位职责职能开展宣传活动所产生的支出，主要包括媒体宣传类支出、社会宣传类支出和对外宣传类支出三大类，安排在中心的宣传经费涉及全市68个部门，2021年、2022年、2023年分别达到3095万元、3662万元、2893万元。通过宣传经费"一个口子进水、一个池子蓄水、一个龙头放水"，让宣传经费每一笔都花在"刀刃上"，每一元钱都有良好的宣传效果，每年为财政节省经费近700万元。

第二节　基本做法与亮点成果

一、基本做法

宣传经费改革既是温岭支持媒体融合的一项实质性政策，也是温岭市融媒体中心自我革新的一项重大举措。中心以此为契机，紧抓内容生产、管理模式、经营结构、服务机制等方面的顶层设计，打响了融媒宣传和服务的优质品牌。目前，已将3000多万元执行到位，做到每一笔钱都花在"刀刃上"，取得了预算部门的一致好评。

（一）资金用途不变，使用效益提升

三年来，中心积极梳理宣传经费使用流程，先后出台、完善了《温岭市融媒体中心宣传经费项目执行细则》《出入库管理制度》《合同管理制度》《台账管理制度》等，打造标准化服务流程，不断提高执行效率。中心下属温岭传媒发展有限公司30多人分成6组，按各自部室工作优势及特点分线划分各自对接单位，对接团队定期拜访对接单位，主动对接，耐心服务，每月到访不少于1次。

在具体操作过程中，为规范第三方服务及物资采购制度，公司严格执行《温岭传媒公司采购管理规定》，把牢采购关，在保证服务质量的同时以三方比价的形式规范市场价格；通过整合资源、集中采购的形式与移动、电信、电梯猫、高铁广告等合作商进行价格谈判，降低采购成本。

通过经费的集中管理，规范化、标准化执行，在保证经费用途不变的前提下，打破了原有经费分散、标准各一、针对性不强、实效性不高的宣传模式，同时严格控制消费品类宣传品的采购和发放，财政资金使用效率得到改善。如卫健部门的"健康温岭"宣传项目、市医疗保障局"基金安全宣传月"宣传项目，将10万元、7.5万元的预算合理分解，分别通过电视、报纸、广播、App、微信、互动小程序、户外阅报栏、电梯猫等线上线下进行推广，不仅有效节约了宣传经费，使用效率相比往年大幅提升。

（二）部门履职不变，宣传效果提升

按照规定，每年 10 月底前，各部门需申报下一年度宣传工作计划，提出宣传内容、实施方案、预算安排、绩效目标等，通过宣传费项目预算联审小组联合审查后，形成全市年度宣传工作计划。

作为宣传经费执行单位，中心在充分发挥全媒体优势、创新宣传模式、不断提升执行效率的同时，强化了中心作为权威主流媒体的地位，巩固和扩大了部门预算内服务，达到了"整合资金、创新载体、集成宣传"的效果。

在具体工作中，传媒公司严格落实《市融媒体中心宣传经费项目预算管理对接工作实施方案》，全程跟踪各部门经费使用情况，通过专业化服务赋能宣传经费使用，做到用"小钱办大事"，实现部门宣传工作提质增效。

根据各部门的宣传内容和宣传方案，中心分别派出专门的对接人员与记者，与部门、街道紧密联系，充分挖掘、整合部门资源，强化策划，深耕优质内容，在宣传好、解读好、配合好部门工作的同时，推出了一系列有思想、有温度、有品质的优质文化产品，宣传效果得到显著提升。比如，2023 年 9 月采编线与经营线协同用力、共同推出的"向湖向海向未来"两城两湖特刊，共 36 版，得到台州市委常委、温岭市委书记朱建军充分肯定，实现社会和经济效益双丰收；首个中国人民警察节期间，联合温岭市公安局推出大型全媒体报道，通过微视频、报纸专版、海报等形式，形象展示温岭警察的风采，不仅受到了部门和社会的一致好评，更是收获了 30 万多的阅读量；2022 年"七一"前后，先后联合温岭市教育局、温岭市文广旅体局推出《在灿烂阳光下》《我和我的祖国》两个微视频，点击率分别为 22 万多和 23 万多，得到台州、温岭各级领导的充分肯定。

（三）责任担当不变，产业布局提升

宣传经费执行过程中，在为部门"发好声音、讲好故事"的同时，中心始终坚持党媒姓党原则，坚守正确的政治方向、舆论导向和价值取向，让党的声音成为时代最强音，让主流价值主导社会舆论。

在此基础上，中心不断利用执行优势整合资源，创新"政务＋内容服务商"的运营模式，助推产业发展，反哺新闻主业。

中心充分结合部门特色和公共服务需求，举办各类演艺、节庆、会展、论坛等活动，在助推产业发展的同时实现企业自身的利润增长。比如联合市流动人口服务中心举办温岭市首届新居民节；承办温岭市首届、第二届温岭童鞋节，打造与温岭童鞋"共生、共长"的温岭共创团，推出首款印有"温岭童鞋"LOGO的童鞋节限定童鞋，通过"多元化"的互动活动和"全方位"的宣传推广为温岭童鞋品牌赋能，成为助推温岭童鞋区域品牌走向全国的重要发展引擎；联合卫健局举办医师节、护士节；联合经信局筹办泵与电机论坛以及童鞋论坛等。整合部门宣传品采购需求，推介曙光狮IP周边，借此助推曙光狮IP产业化进程，探索文创新赛道。

同时，作为执行单位中心不断提升服务意识和执行效率，积极推动新闻供给侧改革，提供新闻菜单式服务，不仅巩固了部门预算内服务收入，也带动了这些部门非预算类项目的对接和引入，促进了新闻传媒产业的健康发展。

二、亮点成果

温岭市融媒体中心在宣传经费改革的具体实践中，以"经费集中管理、单位履责不变、部门联合把关、中心配合执行"的模式，达成了"整合资金、创新载体、集成宣传"的效果。

（一）创新载体，强化集成效益

中心充分发挥改革带动作用，致力于打造温岭市最权威的新闻发布平台、最便捷的政务服务平台、最有用的民生资讯平台，做到发布有力度、新闻讲速度、为民有温度。

新模式从两方面推动了新闻改革。在供给侧改革上，通过一体策划多端传播，深耕优质内容，减少了报纸、电视的内容重复生产，实现了传统媒体减版提质和新媒体的量质齐升，与部门联手打造出了一批贴近实际、贴近生活、贴近群众，更加突出服务性、互动性和地方特色的优质栏目。以先锋融媒、创新融媒、智慧融媒、品牌融媒、活力融媒"五个融媒"建设为抓手，中心着力推动体制重塑、新闻创新和产业转型，融合改革正释放出 1+1>2 的叠加效应。

（二）强化保障，反哺媒体融合

通过预算整合执行探索，一方面强化了中心与第三方商业广告、运营机构的协同关系；另一方面，由于服务的不断改善提升，也带动了这些部门对非预算类项目的对接和引入。

预算管理改革的创新，也提供了深入融合及转型的一个思路及方向。即在保障媒体经营基本盘，为媒体壮大和发展提供强有力保障的同时，通过部门资源的整合，将媒体与政务、服务相结合，为用户提供媒体服务、政务服务、公共服务和增值服务等多样化综合服务。

两年来，已将 6000 多万元执行到位，做到每一笔钱都花在"刀刃上"，获得了预算部门的一致好评。

作为执行单位，中心通过不断提升服务意识和执行效率，积极推动新闻供给侧改革，提供新闻菜单式服务，不仅巩固了部门预算内服务收入，而且拓展预算外增值业务 1000 多万元，促进了新闻传媒产业的健康发展，强化了中心作为权威主流媒体的地位。浙江省委宣传部副部长赵磊对宣传经费改革给予了批示肯定，台州、温岭两级相关领导也对该项工作表示了肯定。

第三节　创新发展未来思考

习近平总书记在党的二十大报告中强调："加强全媒体传播体系建设，塑造主流舆论新格局。"温岭市融媒体中心坚持以习近平总书记关于加快推进媒体融合发展的重要论述为指导，全面落实中央、省、市关于推动媒体融合发展的重要指示批示精神。2024 年及今后一段时间，我们将以全国智慧广电乡村工程试点为契机，以打造社区信息枢纽为特色，以"五个融媒"建设为抓手，始终干在实处、走在前列、勇立潮头，打造全国一流的县域治理现代化服务平台，奋力谱写融媒改革温岭新篇章。

一、紧盯新目标，全力推动内容提质

将主题策划作为生产流程的首位，从"两城两湖"的战略高度、撤县设市30周年的历史维度，围绕市委市政府中心工作精心谋划，全面展示温岭经济、社会、文化等领域发展成就，提高温岭立体知名度。以机制创新为先导，优化融媒体内容采编流程，实行"大兵团作战"模式，重大主题宣传由集团党委专题研究推进，重点选题由编委会统筹推进；实行每日主选题制度，坚持外宣推进内宣、策划推进报道、融合推进传播，实现信息的高效传播，提升传播内容的影响力。

二、找准新赛道，深入推进社区信息枢纽建设

紧盯目标，以全国试点为契机，打通技术、采编、经营力量，推动"媒体平台"向"治理平台"转变，深入推进社区信息枢纽建设。以"未来社区"为试点，整合基层政务服务资源、本地公共服务资源、社区治理和自治资源。以村、社区为入口，个性化呈现为体验，标签化运行为特色，打造千人千面的掌上温岭App。以"治理型新闻"为突破点，擦亮"新闻为民小虎队"等特色品牌，探索"新闻＋治理""传播＋治理""专班＋治理"新模式，提高采编工作辨识度。

三、出台新机制，加快推进全员转型

深化专班化制度改革成果，强化新媒体导向，推进全员加快转型。深化全员"技能清单"制度、轮岗交流业务轮训制度、采编经营协同制度。做好新媒体平台、新媒体专栏、新媒体频道改革，选拔培养好策划运营人才、评论人才。完善考核机制，重视"90后""95后"员工梯队培养，在新兴媒体平台锻炼队伍，提高全员在新媒体一线的实战能力。

第十七章
兖州区融媒体中心：打造"融媒+直播+电商"模式

尚衍钊

2019年6月，济宁市兖州区整合区广播电视台、区新闻服务中心，组建兖州区融媒体中心。2021年1月，整合原区融媒体中心、区电影发行放映公司、兖州日报社印刷厂，重新组建济宁市兖州区融媒体中心，为区委直属正科级公益二类事业单位，编制155人。围绕引导群众、服务群众的宗旨，兖州融媒致力打造基层主流舆论阵地、综合服务平台、社区信息枢纽。坚持移动优先，构建"一报两台+两微一端+N"全媒体传播体系。"今兖州"客户端注册用户达35万多，下载率居山东省前列，《兖州头条》公众号用户15万多，拥有新媒体账号15个。利用"闪电云"系统，打通策、采、编、审、发、评全流程，实现"一体策划、一次采集、多种生成、全媒传播"。拥有《兖州新闻》《家在兖州》《政风行风热线》等10个广播电视栏目和《最忆是兖州》《兖州融媒真选》等多个新媒体栏目。广播电视新闻类、专题类节目全年播出总量为1.3万小时，在山东省136家县级融媒体中心中传播力、影响力排名第9位。实现IPTV入网上线，增加8万户电视用户，多次入围山东IPTV区县电视频道直播影响力、用户关注度、新闻节目类前10强，用户关注度全省排名第4。坚持内容为王，讲好兖州故事。主题宣传、时政新闻紧贴中心，服务大局。政务专栏、民生专题、文化专版弘扬主旋律，传播正能量。累计发布短视频作品 3500 多条，播放量 2.5 亿人次，现场直播 90 多场，观看人数达 2000 万。近年来，在《人民日报》《新闻联播》《焦点访谈》《新闻与报纸摘要》播发稿件 52 篇，在《大众日报》《山东新闻联播》等省级媒体发稿 300 多篇。积极探索"融媒+党务+政务+服务+商务"，依托"今兖州"App 构建了本地数据信息"总平台"，对接区长热线、网络问政平台、留言交流平台、便民服务入口等，实现"一端通入，服务集成"。融合经营资源，面向社会推出"兖州融媒真选"直播带货、节目联办、影视制作、文创、会展、演艺、少儿培训、影视器材、技术保障等多种经营服务项目。

第一节　基本情况

全媒体时代，网络直播带货已发展成为最具活力、最有前途、最吸引受众的电商模式。2023 年 4 月，济宁市兖州区融媒体中心整合全媒体平台和主持人优质资源，通过"融媒+直播+电商"模式，在"今兖州"客户端、抖音、微信视频号、快手、淘宝直播、拼多多直播等平台推出"选品、价格、物流、售后"一条龙的"兖州融媒真选"电商服务。截至 2023 年 12 月底，总点击量、总播放量 1000 多万，线上线下累计下单量 3 万多，共销售 260 多个产品种类、3.5 万件商品，总销售额突破 300 万元。

第二节　基本做法与亮点成果

一、基本做法

（一）主打"端信兖州"，扩大名片效应

作为九州古城、端信之乡，真诚永远是兖州人的"通行证"，端信永远是兖州人的"金名片"。淄博八大局市场之所以火爆全网，名闻天下，从一个小市场成为"五星级"旅游打卡点，靠的就是诚信经营。有鉴于此，"兖州融媒真选"依托官方主流媒体的影响力、公信力，严格遵守国家法律法规和互联网有关规定，与出品方约法三章，明确权利责任义务，签订诚信经营协议、质量保证协议、食品安全协议，坚决做到"五保"：保真、保质、保量、保退换、保安全。为了让群众和粉丝放心购物，兖州融媒与原产地、源头厂家合作，把直播现场搬到田间地头、生产一线、加工车间，用镜头全场全景全程拍摄记录生产流程和环节。

（二）招募"网红博主"，形成引流效应

网络时代，流量为王。为迅速引流、聚集人气，兖州融媒邀请拥有10万+粉丝、播放量达数百万的网红博主，同时也是兖州广播电台的两位当家主持人——"小明"和"晓斌"入驻抖音直播间，两位主播化身"美食侦察兵""砍价达人""家乡代言人""生活体验者"，为群众推出一批优质产品，为网民送上超多福利。两人累计直播时长1500多个小时，总观看量1000万+。目前，兖州融媒正在选拔和吸纳更多主持人和主播加入直播平台，进一步放大网红效应。同时，建立完善配套的直播团队、营销团队和运维团队，引进6名本科生、研究生加入直播团队，从单位内部抽调6名专业骨干，并向社会招募工作人员5人。

（三）倡导"共创共享"，实现倍增效应

年轻群体和"宝妈宝爸"是电商消费主力军，如何抓住这部分消费者是决定"兖州融媒真选"成败的关键，而代入式的消费体验和现身说法将会大大增强用户黏性。为此，兖州融媒尝试通过"资源共享、平台共用、共同创业、共同赚钱"模式，吸引和招募全职妈妈、无职业者、无固定收入年轻人共同创业，壮大直播队伍，做大新业态。先后开办一系列网络直播培训辅导班，进行相关从业培训100多人次，有60多名"新人主播"参与直播带货。

（四）开放"直播舞台"，发挥窗口效应

"我提供舞台，你只管精彩。""兖州融媒真选"是一个开放式、包容式、联合式、互动式的直播平台，区域内外的政府部门、企事业单位、商家代言人、委托人及商户个人均可进驻平台，做客直播间，现场说法，宣传推介自己的土特产品、名优商品、品牌形象、特色服务、优惠举措等，甚至可以进行文艺展演、才艺展示等。目前，兖州融媒已经与多个镇街与企业展开合作，设立多个农产品直播间，并配套完善了四处现代化的农副产品及商超商品展示区。同时，与60多家特色村庄、种植大户、企业单位建立了深度合作关系。

（五）实现"抱团发展"，放大辐射效应

天下融媒是一家，"抱团取暖""抱团发展"是融媒联手做大、辐射全国的有效途径。2023年1月，兖州区融媒体中心策划举办"黄河大集"济宁援疆·兖州融媒年货节，具有鲜明特色的葡萄干、糖心苹果、香梨、大枣、核桃等新疆英吉沙县农特产品，翻越大漠戈壁来到齐鲁大地，受到当地市民热捧，火爆程度远超预期。以此为契机，兖州区融媒体中心本着服务群众、拉动消费、助力乡村振兴的宗旨，利用自身在传播力、引导力、影响力、公信力等方面的平台优势，进一步策划实施了"情系英吉沙·万里心相'融'"兖州融媒行动计划。2023年4月，兖州融媒派出采风团、采访团到南疆蹲点采访拍摄，通过短视频、直播等形式在"兖州融媒真选"上宣传推介英吉沙的经济社会、风土人情、南疆风光、旅游名胜等。同时，两地主播开展直播连线，相互宣传推介本地的特色、品牌等。兖州融媒网红主播"小明"和"晓斌"万里奔赴英吉沙，把"兖州融媒真选"的直播间搬到了田间地头、生产车间，推出英吉沙销售专场，线上销售英吉沙小刀、陶艺、黄杏、干果等十几种名优特产品，更多的本地人和消费者通过"兖州融媒真选"直播间认识了英吉沙，享用到了来自南疆的真品、好品、名品。此举实现一举三得：一是宣传推介了英吉沙农特产品，在济宁地区打响了知名度，拓展了新市场，带动了英吉沙县百姓增收致富；二是为消费者提供了放心购买新疆名优特产品的渠道，满足了消费者对"真品"的品质要求；三是为济宁援疆工作贡献了兖州力量，彰显出融媒担当。

兖州融媒正积极与兄弟县市区融媒体中心洽谈合作，通过当地主流媒体互为背书、互相推介、展播当地特产名品。兖州融媒还计划通过"兖州融媒真选"探索招商推介、项目推介、旅游推介等多种形式的经贸交流活动，积极拓展线上线下相结合的产销对接和经贸合作共赢机制。

（六）挖掘"品牌故事"，增强传播效应

品牌最易博眼球，故事最能动人心。兖州融媒通过追溯产品的生产过程和深度挖掘品牌背后的故事，帮助"好品兖州""好品济宁""好品山东"传播品牌文化、提升品牌内涵，为商家和企业提供一条"融媒+直播+电商"的系统解决方案。山东老字号"御桥"牌香油历史悠久，用料讲究，加工精细，香味纯正，在当地口碑极佳。但由于缺乏网络直播时代营销经验，对外没有打开知名度。"兖州融媒真选"针对其特点，在古法技艺、饮食文化与兖州历史等方面做结合文章，通过纪录片、短视频、现场直播等方式，深度挖掘老字号背后的历史故事，用故事引流量，靠流量带名气，更多的人通过"融媒真选"的传播，了解了兖州故事，记住了"御桥"香油。"融媒真选"随后对其进行包装升级，开发为节日馈赠礼品，使其成为"网红"产品。如今，"御桥"香油销量已翻两番。"兖州融媒真选"还与"幸福阳光""绿源肉鸭""今麦郎""运河之都生态酒业""香达人"等一批本土知名企业和商家达成了合作意向，共同策划、推介本土品牌。

二、亮点成果

（一）社会效益

1. 助农增收致富，带动乡村振兴。截至2023年12月，已与10个镇街、60多个特色种植村、特色养殖村以及120多家种植大户、37家农产品加工企业单位建立深度合作关系，帮助销售160多个农产品种类，共2.5万件商品，总销售额160多万元。

2. 为济宁援疆作出融媒贡献。通过举办"黄河大集"济宁援疆·兖州融媒年货节，实施"情系英吉沙·万里心相'融'"兖州融媒行动计划，全方位宣传推介济宁援疆对口帮扶县市英吉沙的农特产品、经济社会、风土人情、南疆风光、旅游名胜等，线上线下销售额130多万元。

3. 满足群众对"真品""优品"的需求。以兖州区融媒体中心的媒体公信力为保证，让群众花最少的钱，吃得安心、用得放心。

4. 助力本土企业发展。为幸福阳光、绿源肉鸭、益海嘉里、香达人、兴达酒业等10多家企业提高知名度，拓宽销售渠道，增加营业额200多万元。

5. 助力"好品山东"宣传。通过此平台，更多的人认识了山东产品、了解了山东产品、喜欢上了山东产品。

6. 带动社会闲散人员就业。通过"资源共享、平台共用、共同创业、共同赚钱"模式，吸引和招募60多名全职妈妈、无职业者、无固定收入年轻人加入直播队伍，从而拉动就业，做大新业态。

7. 传播文化两创。儒家文化、运河文化、端信文化、九州文化、李杜文化以及具有本土特色的兖绣、五谷画、花棍舞、山东快书、柳下惠传说、兖州大烧饼等非物质文化遗产通过"兖州融媒真选"广泛传播。

8. 打造新媒体品牌。兖州融媒通过此模式吸粉3万多，总播放量1000多万，进一步提升了传播力、引导力、影响力和公信力，成为一档新媒体名牌栏目。

9. 探索出县级融媒体中心抱团发展的可行路径。兖州融媒与兄弟县市区融媒体中心通过互为背书、互相展播，并开展招商推介、项目推介、旅游推介等多种形式的合作交流，拓展出线上线下相结合的合作共赢新机制。

（二）经济效益

1. 线上线下总销售额600多万元，帮助卖方销售优质商品共260多个种类、6万多件商品，实现利税100多万元。

2. 帮助消费者优惠购买真品、好品，节省资金累计100多万元。

3. 本单位借助平台和衍生品实现收入增长30多万元。

4. 该项目已获得市、区两级扶持资金共计40万元。

（三）各界评价

兖州区融媒体中心打造"融媒+直播+电商"的做法，获得同行普遍认可，多个兄弟县市区融媒体中心派人前来考察交流。兖州区委区政府主要领导对此也给予高度评价，被兖州区委改革办选为优秀改革创新案例，被兖州区委宣传部、济宁市委宣传部选为典型案例，并申报2023年山东省媒体融合优质项目和2023年度山东省广播电视局典型工作案例，同年9月在山东省广电局《工作信息》刊发并被推荐至国家广电智库。

第三节　经验启示与未来思考

全媒体时代，直播带货已成为电商最重要的营销方式。在激烈的竞争中，县级融媒体中心要肩负起主流媒体的责任与担当，更好地发挥引导群众、服务群众作用，应坚持以下原则。

一要坚持人民至上，始终遵循以人民为中心的宗旨。不同于其他商业平台，融媒体中心的媒体性质决定了它不能以赚钱为唯一目标，而应公益为先、让利于民，坚持社会效益与经济效益相统一。

二要服务于党委政府工作大局。围绕当地高质量发展，找准契合点，做好结合文章。

三要发挥和利用好自身官媒背景、平台优势、专业优势以及影响力、公信力等，这都是其他商业平台所不具备的独特优势。

四要遵循互联网全媒体时代的传播规律，创新传播手段与传播技术，时刻保持"更新"状态。

未来，兖州区融媒体中心将围绕完善优化"媒体＋直播＋电商"模式，展开三个方面的探索。

一是探索"融媒＋直播＋N"，把"兖州融媒真选"努力打造成为服务群众的网络大"IP"。充分发挥媒体传播力、影响力、公信力优势，面向群众需求，升级服务水平，在"融媒＋直播＋电商"基础上，不断做好"加法"，拓展节目联办、影视、文旅、文创、会展、演艺、培训等新的服务领域，以形成新的增长点。

二是探索"融媒+客户+N",把"兖州融媒真选"与客户由合作卖货关系向合作创新的伙伴关系升级。双方结成命运共同体,共同开发新产品、开拓新市场。

三是探索"融媒+粉丝+N",把"兖州融媒真选"与粉丝受众紧密捆绑。通过开展线上线下的各种交流互动,密切联系,不断加强主流媒体的亲和力、凝聚力,增强主流媒体引导力和话语权,守牢舆论主阵地。

全国县级融媒体创新发展研究报告
2023—2024

创新模式篇

第十八章
安吉县融媒体中心:"精品创作彩绘乡村振兴"

祝 青 楼 玮 王沈洁 梁 荟 余青田

安吉县融媒体中心(安吉新闻集团)通过两轮体制机制改革,确立了事业单位性质企业化管理运行实质的模式,内部分三条线管理,编委会抓新闻主业、经管会抓产业经营、行管会抓行政保障。中心目前现有职工549人,在编134人,中心(集团)班子成员13人。2022年,中心营收4.87亿元,同比增长21%,2023年营收6.67亿元。

安吉县融媒体中心整合各方资源,通过体制改革、流程优化、平台再造,实现了各种媒介资源、生产要素的有效整合,媒体融合发展持续走在全省乃至全国县级媒体前列。中央深改办专题信息介绍安吉媒体智慧融合经验,中宣部确定"爱安吉"新闻客户端为全国示范项目,国家广播电视总局授予广播电视媒体融合先导单位,浙江省委、省政府授予全省改革创新成绩突出集体荣誉,获得第三十一届中国新闻奖和2019—2020年度中国广播电视大奖。2023年以来,《全国首个县级竹林碳汇收储交易平台落地安吉》再获2021—2022年度中国广播电视大奖,成为全国唯一一家连续两届获此大奖的县级融媒体单位;连续16年在浙江省对农节目服务工程建设考核中被评定为优秀,连续5年获得浙江省新闻奖(广播电视部分)、浙江省广播电视新闻奖一等奖；一人荣获"激情·奉献·廉洁——2023年全国广播电视和网络视听先进事迹报告会"先进个人。

中心坚持"新闻+政务服务商务"发展理念，紧抓数字化改革契机，在建好安吉县本地数字化工程项目的同时，启动智慧建设全国战略，各类智慧产品已在全国24个省400余市县落地，为当地市县级融媒体快速融合和社会治理高效集成树立了标杆；研发运营的区域公共品牌自主销售平台"安吉优品汇"，致力于将安吉本地优质产品推广到全国各地。

浙江白云齐产业发展有限公司由安吉县融媒体中心组建管理，全面运营"安吉优品汇"公共区域品牌，下设综合服务、市场营销、生产供给、宣传策划、技术保障等五个中心，充分发挥优品内在、文化加持、数媒赋能等多重作用，共推出300多款单品，2023年销售额5.5亿元，2024年目标10亿元。

第一节　基本情况

"精品创作彩绘乡村振兴"由安吉县融媒体中心旗下的浙江白云齐产业发展有限公司宣传策划中心创建。项目以优品内在、文化加持、数媒赋能等多重手段助力乡村振兴、共同富裕，利用视频、设计等精品创作推广宣传安吉优质产品与优美风景，助力农业产业发展。

一方面，截至2023年，"精品创作彩绘乡村振兴"项目根据各平台属性创作出150多部视频，助推品牌打开市场。目前已有50余部短片在国家、省、市等各类评选中斩获大奖，其中近20部短片获得国家级金奖和全场大奖。例如短片《在希望的田野上》讲述了经济较为薄弱的松坑村村民们在村书记的带领下，通过种植金丝皇菊在家门口创业的故事。主人公侗族媳妇欢欢利用短视频直播为家乡"种草"，既美了乡村，也富了农民。短片《什么是绿色》则挖掘出安吉优品汇的内核，以共同筑起绿色长城、守护食品安全为己任，为广大用户带来安全健康的绿色食品。该片在视频号、"学习强国"平台、推特（Twitter）等众多国内外平台广受好评，并获得100多万的播放量。吃水不忘挖井人，致富不忘党的恩，短片《一片叶子的红色征程》用五年的记录，讲述了安吉县通过安吉白茶的种植，实现了"一片叶子富了一方百姓"的美好生活后，继续借助这片叶子，续写着"一片叶子再富一方百姓"的新故事，生动再现了安吉人民助力普安、古丈、青川、雷山、沿河等三省五县人民共建美好家园的生产生活，积极弘扬了以爱国主义为核心的民族精神和以共同富裕为核心的时代精神。

"精品创作彩绘乡村振兴"项目的各类宣传片、短视频，在微信视频号、抖音、小红书、"学习强国"平台等多个平台进行发布投放，并获得了众多消费者的关注和好评。

另一方面，"精品创作"也把设计创作，平面、包装、展陈等都囊括其中。该团队自主设计了多款产品包装，类目涵盖了安吉白茶、安吉冬笋、安吉山泉水、安吉竹林鸡、安吉山核桃等多个大宗产品与多个特色农产品，形成了安吉优品汇独有的标识与符号，助力安吉优品汇品牌的形象提升与宣传推广。

在坚实的基础上，团队积极拓展展陈空间设计，以展会、展厅等多种形式体现。对内，如以公司建立的竹代塑空间、会员之家等，全方面展现精致包装；对外，积极参与上海推介会、中国（武汉）文旅博览会、竹乡灯火·照亮长城展会等全国性展会活动，扩大品牌的影响力。

第二节　基本做法与亮点成果

一、基本做法

精品创作是寻找自我的过程，是碰撞和重塑，我们团队一直围绕"强村富民、乡村振兴"主题，通过挖掘作品中的亮点和情怀，我们看到"安吉优品汇"无限的潜力与团队更大的可能性，也宣传、呼吁越来越多年轻人投身于农业发展中，鼓舞着一批又一批有梦想、有追求的新农人，有人去追逐梦想，就有人努力"插秧"。通过作品内容带动更多人为山川、乡村注入了新鲜强劲的力量，为乡村振兴、共同富裕热血助力！

"精品创作彩绘乡村振兴"团队把每一期的视频与设计都策划相应主题宣传，将中国乡村文化、传统文化、竹文化、昌硕文化、安吉白茶文化和每期遴选的优品进行有机结合，以老百姓喜闻乐见的形式进行策划宣传。截至2023年，已完成80余期主题视频、多个宣传片视频内容与产品包装设计，并在多家主流媒体和新媒体中密集投放，广受观众和网友喜爱。帮助安吉当地多个乡村、农户实现增收致富，让安吉优品走出去，让更多客人走进来！

在创作的过程中，创作团队都会先进行头脑风暴，将产品与特色文化相结合，确定好脚本与拍摄计划之后，会进行场地踩点、道具准备、演员确定等多个步骤，甚至要关注到天气变化、演员状态、产品时效、节日节气等多个细节点。拍摄当天，场景的选择与布置，拍摄的角度，演员的情绪等，都要经过反复地考量。而后期的剪辑制作，也是投入了全神贯注的心血与精力，每一个精品视频的背后都是挑灯加班与反复打磨。整个团队成员的配合与努力，促成了精品的产生。且每期视频里出现的素人演员都来自安吉优品汇团队与安吉本地人民群众，这种"自产自销"模式不仅提高了团队小伙伴的参与度，紧密了各部门之间的联系，更是为安吉优品汇注入了新鲜血液，让更多安吉人民群众参与到安吉乡村振兴当中。

万事开头难，设计的最初便是创意，一个好的创意能够让你事半功倍，反之事倍功半。我们团队面对的是设计内容多而杂，让乡村文化、传统文化、现代文化三者结合并形成统一风格的产品包装及平面视觉，是团队一直以来创作的目标。团队通过提升对包装的色彩、造型、材质等各种设计语言的运用，使得包装具有了浓厚的自我感情色彩，让消费者能与商品在感官和精神上进行直接的交流。同时，将通过包装的设计，整合企业形象，让集团和企业的形象深入人心。

在各类作品中，我们展现安吉优品汇优质产品、企业文化、社会力量等多方面内容，将安吉的农产品、安吉精神推出去，走出县域、走向全国，满足消费者的情感诉求，引起广大消费者的共鸣。而情感的延伸背后，是安吉竹林鸡、安吉白茶、安吉春笋等产品推广销售，为各大农户带来更多销售渠道和商业价值，促进村民增收致富，助力乡村共同富裕。

二、亮点成果

目前，"精品创作彩绘乡村振兴"项目获得了不错的成果与荣誉。

"精品创作彩绘乡村振兴"项目助力安吉本土的优质农产品、特色日用品走出县域、推向全国。截至2023年12月，助力平台会员产品配送至第80期，2023年度完成年度营销总收入5.51亿元，2024—2025年计划实现农产品销售10亿元以上。累计联系安吉优选品特色村38个，带动关联就业1500人以上，长年劳动力家门口就业近450人，有效促进生态产品价值保值增值和村集体增收、村民致富。

同时本案例也获得了多项重要性奖项，2022年、2023年连续两年，在第一、第二届全国广播电视融媒体营销创新大赛中荣获金奖及全场大奖，并入围中国公益广告"黄河奖"；2023年2月，在浙江省农业农村厅举办的"农业强国，浙江先行"短视频大赛活动中获得专业组三等奖；2023年8月，荣获"影响中国传媒"2022—2023年度广播影视优秀项目——最受期待影响力影片；2023年9月，助力安吉优品汇获得2023长三角广播电视媒体融合优秀案例——成长类项目优秀案例；2023年11月，该项目递送的《一片叶子的红色征程》短片被评为2023"共富杯"中国视听创新大赛公益创新单元一类项目。

第三节 安吉县融媒体中心发展战略规划

安吉县融媒体中心立足于发展基础，从壮大基层主流舆论阵地、推进文创产业高质量发展、打造数字化发展新高地、助力农民农村共同富裕、建立共生发展理念等5个方面，对未来深度融合发展提出以下创新探索。

一、壮大基层主流舆论阵地

唱响基层主流声音，坚持新闻立台，充分彰显全覆盖、一体化的新闻宣传理念，以外宣的标准衡量内宣稿件创作。强化主题式报道，坚持"主题报道抓创意，专题策划出深度"，创造良好舆论氛围。紧跟移动化、交互化、精准化传播趋势，加速构建融媒体传播体系，构建高平台、精品化、国际化的大外宣格局。

二、推进文创产业高质量发展

强化跨界思维拓展文化服务，发挥融媒体中心优质新闻资源，全面深入探索文化制作、文化展演、文化空间打造等领域，充分推进展厅、礼堂等文化空间的设计建设工作，努力开拓文化展陈。拓展"新闻＋文创"产业发展的地域广度和服务广度，加强与中央广播电视总台、央视浙江总站等媒体单位的跨层级深度合作，立足本土产业优势，构建辐射长三角地区的优质文创产业链。

三、打造数字化发展新高地

牢牢把握国家数字化发展战略机遇，以新发展理念为指引，推动"新闻＋数字"双向赋能，实现"新闻让数字产品活起来，数字产品让新闻热起来"。着力拓展新闻客户端的服务外延，真正实现"新闻＋政务服务商务"一体化模式，研发县域治理刚需产品，对接民生需求，最大限度实现平台用户积累与留存。做强数字化运营建设模式，撬动各领域数字化优化升级，高水平构建县域智治体系。推进数字政府、数字商务、数字城市、数字乡村等应用场景的持续迭代升级，提升数字安全和数字应用的综合效益，助推安吉成为全省乃至全国数字化改革的先行示范地。与全国县级融媒体中心共同打造新媒体手机客户端、全县公共数据集成客户端，两端融合构筑县域综合信息服务枢纽，为全国县级融媒体中心参与数字化建设、智慧城市建设做好引领示范，为浙江省作为我国数字化改革先锋之地树立好窗口形象。

四、助力农民农村共同富裕

坚持"新闻+互联网平台"建设理念，打造政府监管下独具传媒气质的清朗实惠的互联网生活服务平台。强化对本地高频需求和刚需类生活产品的选品和配送，借助主播严选，以团购优势、优惠价格、便民服务将全国好货提供给县域内广大群众。发挥政府部门积极协调作用，培植好、经营好优质区域公众品牌，始终秉承"优品内在、文化加持、数媒赋能"的经营理念。利用新闻单位自有的互联网生活服务平台，全方位串联起生产者端和消费者端，搭建研产销一体、线上线下协同、数据双向流通的产业链闭环，形成经营一产、带动二产、联动三产的经营模式，真正做到将利润返于农民，将实惠带给消费者，助力农民农村走向共同富裕。

五、建立共生发展理念

强化党建引领，始终坚持党管宣传、党管意识形态、党管媒体原则，把提升党建工作实效作为推动集团高质量发展的首要任务。纵深建设清廉机关、效能机关、贴心机关、模范机关。加强人才队伍建设，推行"专业化运作、差异化培养、复合化发展"思路，培养全媒体人才队伍。坚持以综合性最优、独特性凸显为宗旨，引导集团走向多元化发展之路，实现新闻宣传从"走量"到"走心"的转变，产业发展全面布局与优势突出并举，坚守党媒责任担当，服务基层群众生活，助力乡村振兴发展，在高质量建设国际化绿色山水美好城市的大时代背景下展现安吉县融媒体中心的融媒担当。

第十九章
利川市融媒体中心："利川红"公共品牌融合宣推创新案例

刘洪浩　陈　亮　王　颖

利川市融媒体中心于2019年3月6日挂牌成立，三定方案核定为市委直属公益二类事业单位，中心核定编制78人，领导职数6名（其中正科级干部2名），现有在编在岗人员69人。中心下设龙船调影视传媒有限公司和利川市指间文化传媒有限公司两个国资公司，两个国资公司分设董事长各1名，共有聘用人员18名。2023年，为进一步统筹资源、创新组织架构、统筹调度，在保持《三定方案》机构设置不变的前提下，中心推行大部制改革，实行大部室运行，对原有15个部室实行整合运行，设立策划调度、数据采集、融媒编辑、影视文创、技术装备、事业拓展、后勤服务等7大运营中心，分别设主任、总监各1名，具体负责管理和运营，初步形成高效运行融媒编辑新格局。

利川市融媒体中心在践行举旗帜、聚民心、育新人、兴文化、展形象的职责使命中不负初心，始终坚守新闻主责，做强传媒主业，巩固意识形态主阵地，不断整合各类资源，加快打造"新闻＋政务＋服务"的综合性公共服务新平台，进一步提升主流媒体传播力、引导力、影响力、公信力，以苦干实干精神推进媒体融合向纵深发展。

利川市融媒体中心顺应大数据时代的媒体传播趋势，不断强化融媒平台建设。目前已形成含广播、电视、网站以及"指间利川"系列和利川融媒系列新媒体号,"云上利川"客户端,户外LED集群等18个平台的全媒体矩阵。综合用户量达300万,年流量破10亿,实现主流舆论格局新突破。通过拓展"+政务+服务"新业务,开发新功能,利川市融媒体中心创新举办"凉交会""夜茶会"等活动,开办少儿主播培训班,开创"山水直播间"带货,近四年服务市场推动相应产品交易额30多亿元,中心年营收额破1000万元。

第一节 基本情况

北纬30度地理环境,三千年茶叶种植历史,数百年工匠精神传承,孕育出高品质红茶——利川红,但这一品牌却一直"藏在深闺人未识"。利川红是利川诞生的区域公共品牌,一头承载着领袖的期望,一头连接着20余万脱贫人口的乡村振兴。2018年4月28日东湖茶叙之后,利川市融媒体中心借势迅速引爆全网宣推,让利川红叫响大江南北。随后几年,利川市融媒体中心旗下城市形象推广机构因势利导,践行"融媒体+商务",持续探索出一套媒体融合助力品牌建设的典型案例。以创新的思维、方式和手段,紧盯利川茶叶链,精准策划,矩阵传播,开展区域公共品牌宣推,每年形成利川红品牌宣推专项方案、实施清单、结项报告。五年来共发布相关推广文章3000余篇条,全网年曝光量均过亿,在市内形成文化沉淀,市外形成品牌力量,网络形成传播热点,助推利川红品牌成为中国高端红茶新的品牌符号。

第二节 基本做法与亮点成果

一、基本做法

"利川红"红茶走红的路径,起始于习近平主席与印度国家领导人的东湖茶叙,发展于人民日报、新华社、湖北日报等官方报道,兴盛于各大网络媒体和微信公众号、微博、抖音等新媒体宣传造势，做实于利川有机茶园开园节、茶乡寻亲会等活动的举办和宣推。利川市融媒体中心全媒体平台的宣传造势，联动大平台，是品牌推广的关键之举。

（一）成立机构　专注品牌宣推

无论是2018年成立的城市形象推广部或是2021年成立的利川红工作室，利川市融媒体中心都配齐了策划、营销骨干力量。争取、运作资金平均每年不少于300万元，形成了一套内部"战时"云集各部室力量，外部整合部门力量，联通各主流媒体、商业平台的运行机制。机构每年形成利川红品牌宣推项目专项方案、实施清单、结项报告。五年来，聚焦利川红品牌宣传，制定并实施62个方案，446个清单，完成结项报告24个。策划组织利川红专场推介会30余场，在北京、上海、广州等一线城市进行茶文化推广活动，进一步提升其在全国的影响力。

（二）内容为王　挖透品牌故事

在品牌营销中，紧盯利川茶产业链，系统盘点，动态挖掘与品牌相关的茶人故事，深耕利川红生长的天地人等内容。近年来，先后挖掘了利川红生长的水、土、雾等自然故事，以及毛坝镇12任书记接续种茶30余年、三个"浑男人"一碗"黄金汤"、五大茶叶世家、忠路十朵"茶花"、牛粪上长出的德米特认证茶等人文故事。宣传推介以廖伟为代表的传统红茶制作工艺传承人，毛坝镇胡氏宜红第八代"掌门"胡正雄、国茶大师邱建红和"利川红"原料基地创始人田云奇，深挖利川茶农自力更生、脱贫致富的故事，让"冷后浑"赋予利川红茶独有的精神文化内涵。这些故事抓住利川红成为世界军运会指定用茶、走入外交部蓝厅全球推介等重要节点，迅速在网络上形成传播热点。

（三）全网连动　搞大品牌动静

以"融一切皆可融"理念做品牌宣推。除了人民日报社、新华社、央视等中央级主流媒体外，抖音、新浪、百度等商业平台我们也以战略合作方式联动品牌推广，甚至连动武汉等地地铁、高铁传媒、机场大屏、交通广播以及利川城区LED大屏集群。从PC端到移动端，从报纸、电视，到微信、微博等新媒体，以图文、视频、街拍等多种方式全方位报道"利川红"。还联动摄影师、网络达人采风，发布作品，参与话题，开展互动，推动泛新闻传播。

（四）精准生产　推动圈层传播

以丰富的内容激活圈层传播。与茶企联合邀请原湖北省文学艺术界联合会主席刘醒龙创作散文《星斗摇香》，在《人民文学》杂志和《人民日报》发布后，在全国文化界引起强烈反响。利川市融媒体中心职工陈亮创作《利川红》长篇报告文学，详细回顾利川红品牌成长之路，全书18.6万字，在湖北省首届"红色印记"报告文学评选中，获长篇类一等奖。为进一步影响文艺界、激发大众传播，中心制作并推出《利川红》《星斗摇香》《茶苗苗》《郁水茶乡利川红》等5首歌曲，《茶乡情缘》《七朵茶花》等舞台剧8部，以文化产品、广场舞、桌舞、MV等形式让"利川红"文化符号深入人心，飞入寻常百姓家。

（五）记忆周期　固化品牌印象

早在"东湖茶叙"前，利川市融媒体中心获悉"利川红"茶叶将成为国事用茶备选茶，就组织精兵强将对利川红进行了精心采访写作，并联合相关省媒摄制了"利川红"3分钟小视频。还策划了《刚刚，"利川红"上了央视新闻联播和新华社！》《人间至味冷后浑》《利川红何以红》等推文，收集整理了海量图片、音视频，以"保持热度不冷"为要求，按照清单，在近半月内持续投稿到各大平台。此后每年都创新一周清单或半月计划，全网形成记忆沉淀。五年来共发布相关推广文章3000余篇条，全网年曝光量均过亿。

（六）策划优先　线下引领线上

利川市融媒体中心还先后通过策划主导或深度参与、具体承办多场活动，以线下活动积聚区域流量，形成热点，赢得加推，扩散周边，联动全网。举办"2020年中国红茶高质量发展峰会"获授"中国茶文化之乡"称号。2022、2023年连续举办两届"星斗摇香"利川红·茶乡寻亲会，并固定为利川年度重要节会。2023年，中心独立策划承办利川红滨江夜茶会活动，以"一枚叶子的旅行"为设计线索，场景体验利川茶叶种植、采摘、加工、运输的全过程，展示利川茶叶发展的历史脉络和深厚的茶文化底蕴。推出"曲水流觞"品茶宴，以沉浸式话剧形式再现利川红发展历程，推动利川市城内的龙船天街逐步成为利川红茶文化主题街区、茶叶洽谈交易的聚集点，喝茶休闲打卡的网红点。

二、亮点成果

五年来，在全媒体平台推送下，利川红品牌每年的全网曝光率都过亿人次，在利川逐渐形成文化沉淀，在市外逐渐形成品牌力量。如今"利川红"顶级茶叶卖价每斤3.6万余元，"冷后浑"鲜叶收购价格高达每斤300元，公共品牌覆盖面积21万亩，逐步形成"星斗山红茶谷""郁江画廊茶产业带"等产业融合示范点。2022年，全市种茶人数11万，从事茶叶产业链人数22万，茶叶产量2.19万吨，实现综合产值28亿元，带动20余万茶农增收致富，让7000余脱贫人口持续稳定增收。利川红先后获得国家地理证明商标、荆楚优品、全国名特优新产品、地理标志产品，"利川红—天杉龙盏·天杉"荣获第107届美国巴拿马太平洋万国博览会特等金奖。茶产业成为助力农业增效、农民增收、农村繁荣的支柱产业和促进地方经济高质量发展新的增长点。其品牌价值在"2022中国茶叶区域公用品牌价值评估"中达5.61亿元。

第三节 经验启示与未来思考

利川红品牌宣传的成功案例，充分体现了利川市融媒体中心实施媒体联动，打造融媒体矩阵，实现资源共享的发展理念。融媒体中心参与区域品牌宣推具有先天优势，也是"融媒体+商务"的题中应有之义，更是全媒体传播体系建设的务实践行。

一、经验启示

（一）行动迅速融合发布，体现"快"字

东湖茶叙之后，记者紧盯时间节点，联合省媒，迅速推出重头稿件。由于时效快捷、事实准确、报道权威，迅速形成网上传播热点。随后，记者迅速奔赴利川红主产区毛坝镇，探访农户、茶园和市场、企业，以"绿色崛起"为主题采写了大量文字报道。通讯《利川红，何以红》在《湖北日报》头版头条见报，利川市融媒体中心第一时间在客户端首页热推频道推广。短短三天，点击量30多万。微信文稿《一夜爆红！湖北这种茶订单排到3年后，网上点击超2000万！》点击量20余万。

（二）全媒覆盖全民传播，突出"全"字

湖北日报新闻首发后，利川市融媒体中心迅速启动策划，力求在更宽广层面进行全媒体矩阵式传播。从PC端到移动端，从报纸、电视，到微信、微博等新媒体，以图文、视频、街拍等多种方式全方位报道"利川红"。时任利川市委书记做出批示，要求市委宣传部迅速组织转发湖北日报全媒报道，要求"做到官方媒体顶天立地，自媒体铺天盖地，利川人民欢天喜地。"一时间，出现全媒体覆盖、全民参与的传播盛景。五年来，湖北日报客户端与利川本级媒体联合发布相关推广文章3000余篇条，持续营造出"利川红"宣传强大声势。

（三）持续推文深味呈现，凸显"深"字

为进一步助推品牌建设，利川市融媒体中心有计划地从"利川红"地理环境到基地发展，到产业化、品牌化，再到践行"两山理论"、助推乡村振兴等方面全面发力。在内容共同生产、策划共同参与的过程中，各融媒体平台逐渐成为"利川红"品牌宣传原创内容的"整装厂"、传播分发的"集散地"。利川红粉丝群体也因为一系列爆款推文成为各个客户端、公众号用户，一个"利川红"品牌宣传融媒生态圈已初步形成，蓬勃生长，显著提升了利川红市场品牌价值，给予利川茶叶产业发展极大动力。

二、未来思考

当前，恩施州委提出的大生态、大交通、大旅游、大产业的绿色崛起蓝图已经绘就，茶叶产业作为习近平生态文明思想在利川市域的生动实践，这是利川红茶产业发展的新机遇。利川市融媒体中心将抢抓茶叶产业发展重大历史机遇,以新闻为基础,创作融媒体作品,创新话题营销,开展全媒体传播,助力利川红品牌拥抱新市场,走向全世界,实现打造中国红茶第一品牌的远景目标。

下一步,利川市融媒体中心将夯实三个支点,加快县级媒体创新发展。

（一）以内容建设为根本,形成特色内容品牌体系

坚持"守正创新、优质高效"原则,树立精品意识。持续做强做实湖北省媒体融合创新案例品牌"山水直播间",打造深度报道品牌"融媒纵深",设立快讯报道品牌"云端快报",创办文化旅游推介品牌"云游利川",力求从"深度、速度、温度"上做好内容文章,打造优质内容生态,让内容既有网络流量更有文化含量,为百姓提供更多有思想、有温度、有品质的优质文化产品供给,又为党委政府中心工作提供持续有力的舆论支持。

（二）以先进技术为支撑,建设融媒传播平台矩阵

筑牢用户思维,强化移动优先,推进媒体深度融合。优化融媒体指挥调度平台,有效发挥"中央厨房"指挥协调功能,整合网上网下资源渠道,整合信息采编平台,建立健全全媒体传播矩阵,优化传播平台布局。办好适应数字化、移动化、社交化、视频化等新传播方式的平台,尝试建设一批适应对象化、分众化的专业性新媒体账号。走好全媒体时代群众路线,逐步构建网上网下一体、内宣外宣联动的主流舆论格局,向"新闻+N"全媒体扩容。

（三）以机制创新为抓手,完善内容生产流程机制

大刀阔斧推进深化改革,以全媒体思维重塑媒体组织架构,以互联网思维优化媒体组织架构和运行机制,优化生产传播各环节,整合采编制作力量,建立健全编委会履职、内容策划、绩效激励等系列机制,形成流程管事格局,以流程再造确保融媒体产品的质量和综合效果,着力打造全程媒体、全息媒体、全员媒体、全效媒体。

第二十章

金牛区融媒体中心：两心融合　双向赋能
——奏响金牛新时代文明实践新乐章

刘　钊　罗　梅　樊　弘　杨　颖　陈思宇

金牛区融媒体中心为区委直属正县级事业单位，归口区委宣传部领导管理，实有在编人员28人，编外聘用人员50人。2015年4月，原金牛区有线电视台、新金牛采编中心合并为金牛区新闻中心。2018年11月8日，金牛区融媒体中心在金牛区新闻中心挂牌，为全省首个全面实现市县垂直融合的县级融媒体中心。2019年8月，金牛区新闻中心（成都市金牛区广播电视中心）正式更名为成都市金牛区融媒体中心，挂成都市金牛区广播电视中心（简称区广电中心）牌子。目前，中心拥有区有线电视台、《新金牛》杂志、"掌上金牛"微信公众号、"看金牛"政务微博、"掌上金牛"App、"掌上金牛"矩阵号、《金牛内参》、金牛区政府门户网站等八大媒体平台，全融媒矩阵粉丝量超1000万（抖音粉丝总数803万，今日头条粉丝数39.9万，快手粉丝数117万，微信粉丝数15万，微博粉丝数47.6万），融媒产品年阅读量超20亿次。

金牛区融媒体中心作为成都市融媒体中心建设的试点单位，在全省率先推行市区垂直融合型媒体改革，创新打造"四维融合"（上下融合、内部融合、场景融合、跨界融合）区县级媒体融合改革的金牛模式。金牛融媒在全省率先接入"央视新闻移动网"、人民日报、新华社、"川报观察"、成都广播电视台"看度"等新媒体，垂直打通宣传主管部门、市级媒体、区县媒体传播途径，实时掌握市级媒体宣传热点，实现"省市区资讯垂直融合、本地内容实时传递"。积极探索媒体深度融合新路径，联合成都轨道交通集团、西南交大等76家辖区单位，成立金牛区互联网协会，推动会员单位媒体平台互联、活动策划互动、信息资讯互通、宣传推广互融。同时，发挥区融媒体中心属地化、本土化优势，指导全区13个街道和90个社区政务微博、微信公众号运营管理，定期互推重点、热点新闻，实现"区—街道—社区"三级信息高频互动。

  金牛区融媒体中心的探索实践，多次受到省委宣传部、市委宣传部的充分肯定。四川省委办公厅《四川信息专报》《四川改革专报》先后刊文介绍金牛区媒体融合改革经验，原省委常委、宣传部部长甘霖，原市委常委、宣传部部长田蓉均对金牛区媒体融合建设工作做出肯定性批示，要求全面总结推广金牛融媒体改革经验。中央纪委国家监委和省市纪委监委到金牛区专题调研融媒体中宣部出版局调研组、安徽省宣传系统考察团、内蒙古党政考察团等省、市、自治区230余家单位2100多人前来学习考察。金牛融媒体中心获中国广播电视艺术协会、中国融媒创新发展组委会颁发"最具创新影响力区域融媒体中心"称号，进入中国广播电视艺术协会、全国广播电视融媒创新发展年会组委评选的"2021全国优秀区域融媒综合传播力前十名"。

第一节　基本情况

  县级融媒体中心既是党和政府联系群众的纽带和桥梁，也是基层社会治理的有效抓手，要努力实现从只做媒体向既做媒体又做服务转变。这种服务应该多元化、综合性，既要服务于党委政府，也要服务于群众、企业；既要提供宣传舆论服务，也要提供政务、生活等服务。

习近平总书记在全国宣传思想工作会议上指出：要建强主流媒体阵地，充分发挥主流媒体影响力，更好地凝聚群众、引导群众、服务群众。县级融媒体中心在基层社会治理中发挥着枢纽作用，它既是畅通和规范基层群众诉求表达、利益协调和权益保障的有效通道；也是将矛盾化解在基层，推动基层社会治理转型与治理能力提升的重要抓手；还是孵化志愿者团队、积极开展符合新时代文明实践中心五类平台志愿活动的重要平台。

围绕社区治理如何兼具管理与服务双效，金牛区融媒体中心与西华街道达成合作共识，将全省首个融媒小站建在西华街道跃进社区。把宣传阵地建在百姓身边，打破媒体与受众之间的壁垒，整合区内各部门资源优势，积极发挥联动作用，切实为群众解决问题、化解矛盾、提供帮助，打通凝聚群众、引导群众、服务群众的"最后一公里"，为县级融媒体中心创新基层社会治理开辟了新途径。"融媒跃进小站"于2022年5月中旬试运行，6月30日正式启用。启用至今，获得四川省广播电视局《2023年全省广播电视媒体融合优秀案例》、中国广播电视社会组织联合会《广播影视业智能多元经营实战案例》等荣誉，成为"学习强国"成都平台首批青少年实践基地。人民日报"人民号"App、川观新闻、成都广播电视2套、成都广播电视3套、看度App、封面新闻、新浪新闻、手机搜狐、财经头条、网易新闻等数十家媒体报道。

第二节 基本做法与亮点成果

一、基本做法

（一）集约化建设，推动双中心融合

以"融媒跃进小站"为平台，以跃进社区新时代文明实践站为载体，以跃进社区党群服务中心为空间，推动"融媒跃进小站"和跃进社区新时代文明实践站一体化设计、一体化部署、一体化推进，实现两个中心"物理空间共建、技术平台共享、支援团队共建、志愿活动共享"的集约化建设，在"双中心"融合发展上不断发力，向着"融为一体、合而为一"迈进。

（二）打造社区"志愿者之家"，服务群众零距离

一是强化志愿服务。"融媒跃进小站"扎根社区，成立一支"媒体志愿服务队"，在充分调研、了解社区需求的基础上，与社区志愿者一起，孵化了居民志愿服务队、高校志愿服务队、中小学小小志愿者服务队等志愿团队，采取项目制、积分制等的方式，实实在在服务群众及周边企业。二是丰富品牌载体。开设融媒精品培训课堂、开展融媒系列主题活动。目前已开展两百余场公益志愿活动，达到"天天有活动、周周有主题"。媒体志愿服务队定期上门走访，了解周边企业需求，为企业提供直播培训、防身术、婚恋、企业咖啡时等活动。三是智慧传播赋能。小站内配备"社区达人直播间""媒体服务一体机"等设备，利用新技术、新应用促进广播电视传播方式更新升级。

（三）带动部门参与，精准服务社区

通过线下"报料台"、与社区群众座谈、线上征集等方式，广泛收集群众对社区发展治理工作的意见和建议，带动相关职能部门走进社区，积极回应群众诉求，现场为群众解决生活、工作中遇到的困难和问题。

（四）接入主流平台，强化品牌推广

通过"掌上金牛"App接入央视移动网、新华社等主流媒体平台。一方面以社区生活为核心，积极培育社区直播达人，打造"乐享金牛"社区互动文化品牌，不断扩大社区朋友生态圈；另一方面，以天府艺术公园为空间延伸载体，借力直播向全国展现金牛人文风采，助推金牛文化品牌建设与推广。

（五）带动全区党员，参与基层治理。

与区委组织部一起打造"我是小站记者"金牛融媒党员实践课堂，为全区党员干部开展系列新闻实践培训。以深入一线调查研究为核心，坚持党的群众路线、坚持实事求是、坚持问题导向、坚持攻坚克难。通过培训，帮助党员干部掌握更多宣传技能，学会用记者的视角去观察社会，用新闻调查的方式去发现问题、跟踪问题，从而不断提高机关干部调查研究的能力和运用科学理论分析问题、解决问题的能力。同时，融媒体中心以党员实践课堂为

载体，促进记者下沉社区走基层，推动"年轻干部上讲台"工作的开展，锤炼融媒队伍的脚力、眼力、脑力、笔力，全面提升融媒素质和工作能力。

二、案例亮点成果

（一）经济效益指标

随着"融媒小站"开展的系列活动为街道、部门及社区居民服务功能的不断增强，社区居民的参与积极性和互动性不断提高，活动品牌的知名度、美誉度和影响力也不断提升，也为广电媒体经济创收探索出了一条新的路子。

1. 从做平台到做活动，"融媒小站"成为展示广电媒体大型活动承办能力的一个窗口，由此也进一步拓展了成都市金牛区融媒体中心政务及文化活动承办这一业务的知名度。小站开办以来，金牛区融媒体中心承办活动近30场，活动及相关服务收入可观。

2. 从做节目到做品牌，"融媒小站"打造社区文化品牌拓展创收空间。"融媒小站"从2022年5月起开始打造"乐享金牛"社区互动文化品牌系列活动，包括《社区情景剧俱乐部》《社区达人直播秀》《主播培训及直播账号培育课程》等主题，目前已经创造较好经济收益。

（二）社会效益指标

1. "融媒跃进小站"已累计开展新时代文明实践志愿活动260场，每场活动全国直播量均达10万多。

2. "融媒跃进小站"的志愿活动，至今已吸引全区20余个部门跟随活动平台走进社区，开展专项政策解读、法律法规咨询、健康知识宣传等，受益群众逾数十万人。

3. "融媒跃进小站"成功打造媒体志愿者服务队1支、社区志愿者服务队1支、高校志愿者服务队2支、小小志愿者服务队1支，共孵化4个志愿者团体。

4. "融媒跃进小站"通过社区直播间，展现社区居民技能及身边趣事，目前已共计开展"社区达人直播"52场，通过全媒体矩阵向全国乃至全球展现了成都社区的新风貌。

5. "融媒跃进小站"——"报料台"整合区内各部门资源优势,积极发挥联动作用,通过媒体力量切实为群众解决问题、化解矛盾、提供帮助。截至2023年底,已解决社区居民报料145次。

6. 基于跃进社区"红色文化+"的因素,"融媒跃进小站"正将这里打造成为全省乃至全国的党建基地。未来将吸引全国范围内的机关、企业单位参观、学习。

（三）工作成效与推广价值

"融媒跃进小站"以柔性的志愿活动滋养人心,"润物无声"地起到了引领、沟通、服务等多重作用。以媒体志愿服务队、志愿者之家、多个文化品牌课程和活动为载体,将融媒服务触角延伸进社区,创新打造出了一种满足群众需要的社会治理新模式。宣传了正能量、主旋律,增进了居民之间的交流和互动,促进了和谐社区建设,为助力城市社区治理工作作出了积极贡献,不仅开展的志愿活动深受群众欢迎,也得到了各级领导的充分肯定。

第三节 县级融媒体中心创新发展的未来思考

下一步,金牛区融媒体中心将进一步深化媒体融合改革,持续深化"融媒小站"试点。坚持党心连民心,守好理论宣传的"主阵地";坚持服务零距离,架起为民惠民的"连心桥";坚持文化进万家,打造和美与共的"大舞台"。进一步推动"两个中心"平台融合、队伍融合、机制融合、功能融合,不断做强"理论宣讲、教育文化、科技与科普、健身体育"等服务平台,更好地发挥舆论引导、思想引领、文化传承、服务人民的作用,为全面建设社会主义现代化四川贡献更多金牛宣传力量。

第二十一章
敦煌市融媒体中心：守正创新深化媒体融合 开放自信讲好敦煌故事

李国辉　薛　创　杨成利　庄彩虹　朱　静

敦煌市融媒体中心于2019年3月正式挂牌成立，是全额拨款的正科级公益二类事业单位，归口中共敦煌市委宣传部领导。前身是由敦煌电视台、敦煌人民广播电台合并成立的敦煌广播电视台。作为甘肃省第一家县级电视台和全国十佳广播电台，是全省县级市中率先开通有线电视、率先引入国家广电干线网、率先完成数字电视整体转换、率先开通手机电视的广电媒体，也是甘肃省最早上线运行新媒体党政客户端、率先实现采编播高清一体化、最早建成融媒体云平台的县级融媒体中心，目前已走过了41年的发展历程。中心现有职工72人，其中在编人员47人，临聘人员25人。其中高级职称5人，中级职称22人。内设六个部门，分别是党政办公室、融媒采编部、融创专题部、融媒广播部、技术播控部、媒体运营部。目前开办一个广播频率、一套电视频道以及"三微一端三视频"等37个主流媒体平台、互联网平台和海外社交平台，年发稿量8万条、浏览量9亿多、粉丝数213万。采编播出《敦煌新闻》《社会报道》《每周关注》和《空中信息桥》《法治在线》《美丽乡村》等广播电视自办节目，全天播出16—17个小时，其中电视自办节目每天约4小时，广播直播节目每天约7小时。"掌上敦煌"客户端是中心融媒体主阵地，历经三轮平台转换、四次改造升级，目前已入驻43个微信公众号，链接6个党建政务网站，与市内18家单位合作开设"敦煌号"专栏，通过"敦煌融媒"小程序链接敦煌市政务通，并入驻数字乡村"三位一体"平台，目前累计安装注册用户7.7万户，占敦煌市常住人口的50%。

2023年，敦煌市融媒体中心以习近平新时代中国特色社会主义思想为指导，深入学习贯彻党的二十大精神、习近平总书记视察甘肃和敦煌时的重要讲话精神，立足传承弘扬敦煌文化的历史使命和责任担当，坚定文化自信，秉持开放包容精神，坚持守正创新，讲好敦煌故事，传播中国声音，不断增强新闻舆论传播力、引导力、影响力和公信力，探索出了县级融媒体中心建设发展的"敦煌模式"。

第一节　基本情况

在全国上下加快推进媒体深度融合发展的大潮中，敦煌市融媒体中心自觉承担起举旗帜、聚民心、育新人、兴文化、展形象的使命任务，紧紧围绕"做大做强主流舆论，纵深推进媒体融合，打造敦煌文化国际传播中心，推动敦煌文化服务共建'一带一路'"的发展目标，坚持内容为王、移动优先，强化互联网思维和一体化理念，全力构建网上网下一体、内宣外宣联动的主流舆论格局，全面推进以"一矩阵＋两平台＋两基地＋一套改革机制"为主的"1221"创新提升工程，走出了一条"自主创新＋探索实践"的媒体深度融合发展之路。

第二节　基本做法与亮点成果

一、基本做法

（一）在深化机制改革上大刀阔斧革故鼎新

敦煌市融媒体中心大胆探索、开拓创新，打破原有机构岗位和身份界限，科学设岗、因事用人，整合撤并部门，优化生产流程，积极推进内部机制改革，不认身份认岗位，不比资历比业绩，按照以岗定责、以岗定薪、人随岗走、薪随岗变和薪酬向一线岗位倾斜的原则，将岗位划分为9个绩效工资类别，并将在编人员的绩效工资全部纳入动态考核，实行总额控制、奖优罚劣、同工同酬、多劳多得。同时，全面开展竞岗双选，推行两级考核，中层干部全部公开竞聘，先领任务，后当干部，部门主任与职工之间双向选择，实现优化组合，打造责、权、利高度集中的新闻团队。坚持问题导向，深化改革创新，通过开展"早课半小时""夜间充电""月学季考"提升行动，着力提升新闻宣传质量水平；采取团队化运作、项目制考核、企业化管理的方式，推行内部轮岗、晋级降级、末尾淘汰、平台包抓、节目评优、项目工作制和"金种子"培养计划，切实发挥绩效考核推进媒体融合的"指挥棒"作用。制定《新媒体平台传播力指标考核管理办法》，按照"月考核、季排名、年奖罚"的考核方式，推行平台包抓责任制，全员攻坚七大考核平台全省传播力排名。按照积分管理、动态考核、评聘分离、能上能下的原则，改革专业技术岗位评聘晋升工作，鼓励人尽其才、才尽其用，形成了"多劳多得、优绩优酬"的良好工作氛围。经过各项改革措施的推进落实，打破了"大锅饭"和"平均主义"，形成了"多劳多得、优绩优酬"的良好工作氛围。全体职工的工资待遇较中心成立前平均上涨20%以上，特别是一线采编人员，最高涨幅达到50%，极大地调动了干部职工的积极性和创造性。

（二）在做强主流舆论上固本培元守正创新

以学习宣传贯彻党的二十大精神为统领，全媒体开设《学习贯彻二十大 踔厉奋发开新局》《深入贯彻落实习近平新时代中国特色社会主义思想主题教育》《凝神谋发展 实干兴敦煌——"三抓三促"行动进行时》《乡村振兴进行时》《创建全国文明城市》等10个固定主题栏目和《当好东道主 办好文博会》《聚焦数博会》《敦煌文化研学季》《我的家乡我的田》等32个阶段性栏目，在大敦煌文化旅游经济圈、全国文明城创建、城市更新改造、农文旅融合发展、高标准农田建设、敦煌文化进校园等领域积极策划选题，推出了一批有分量的全媒体报道，圆满完成了第六届敦煌文博会、第十三届数博会、首届"四省十二城"区域文化旅游联盟大会、敦煌文化国际传播中心全球启幕暨敦煌城市品牌标识发布仪式、铁海联运国际货运班列开行、乐动敦煌和千手千眼首演、第十七和第十八届玄奘之路戈壁挑战赛等重大节会、论坛、赛事活动的宣传工作。特别是在第六届丝绸之路（敦煌）国际文化博览会宣传报道中，全媒体平台开设《当好东道主 办好文博会》专题专栏，策划摄制《敦煌欢迎您》《主播带你迎文博》《历届敦煌文博会精彩回顾》系列短视频和《世界遗产城市媒体联盟恭祝敦煌文博会圆满成功》等宣传片，会中开设"聚焦文博会""敦煌欢迎您""文博会观察""寄语文博会"等专栏，全平台、多角度、深层次报道文博会各项活动和亮点。同时围绕亮点工作，提前采访备料，采制文博会选题60多个，完成11个重点主题宣传和系列短视频40个，并建立文博会素材资料库，向参会的135家、388名国内外记者提供。文博会期间国内外媒体共刊播报道9000多篇（条），全网累计阅读量超15.86亿次，央媒省媒报道和国际传播力度、热度空前，创下历史新高。

（三）在加快媒体融合上顺势而为推陈出新

2023年，敦煌市融媒体中心积极争取市委市政府出台《贯彻〈关于加快推进全省媒体深度融合发展的若干措施〉实施意见》，在入驻人民号、新华号、央视频、新甘肃、视听甘肃、今日头条、抖音、快手等主流媒体和互联网平台的基础上，加强与中央主流媒体合作，建成运行敦煌＆人民网丝路融媒体工作室，入驻"三农"头条"振兴号"，与中新社甘肃分社开展国际传播战略合作，与新华社合作共建敦煌文化国际传播中心，打造新时代敦煌融媒宣传矩阵。同时积极争取项目资金，实施融媒体平台迭代升级和高清播出系统升级改造项目，融入全省"一张网"。搭建国际传播融媒矩阵，建立国际传播媒体基地，建成运行敦煌文化国际传播中心媒体工作室，借力央级媒体推进国际传播。中心还坚持深耕本土，立足服务职能，深挖市场潜力，走"媒体＋政务＋服务＋商务＋文化旅游"的产业融合发展之路，通过引导商家入驻平台、线上线下直播带货，开展本地特色农产品、旅游文创产品、文旅研学产品等线上营销。举办"人大代表替你问"电视问政节目，开办"春风行动"系列直播带货活动，并搭建网络直播间，组织开展《"杏"有灵犀 思念"邮"你》等助农直播活动，帮助农户销售李广杏、紫胭桃等特色林果；邀请敦煌研究院和敦煌市文联专家学者解读敦煌文化，举办石窟文化、莫高精神、敦煌舞蹈、敦煌书法、敦煌诗词等网络直播活动，各平台粉丝量和互动指数大幅增长。

（四）在扩大对外宣传上借船出海聚力迎新

围绕学习贯彻习近平总书记关于加强国际传播能力建设和敦煌研究院座谈时的重要讲话精神，敦煌市融媒体中心与中央主流媒体加强战略合作，打造"人类敦煌 心向往之"国际传播品牌。申报开通运营脸书（Facebook）、推特（Twitter）、油管（Youtube）、照片墙（IG）等4个海外社交平台。与新华社达成战略合作，成功举办敦煌文化国际传播中心全球启幕暨敦煌城市品牌标识发布仪式，上线脸书、推特等海外社交账号，敦煌文化国际传播中心（东京站）和新华社国际网红工作室敦煌调研基地同步揭牌授牌，成为全国第一个以文化为核心的城市国际传播中心。截至目前，海外社交平台共推送各类作品834条，粉丝达4.3万人。其中，敦煌大型情景音画剧《千手千眼》、敦煌鸣沙山壮美日出等图文帖、敦煌沙漠奇幻之旅、外国小姐姐敦煌变装打卡视频帖、韩国知名博主打卡敦煌美食文化、敦煌初冬雪景等视频帖均获得海外用户较高点赞，取得良好传播效果。

敦煌市融媒体中心还依托中国首个世界文化和自然遗产城市广电媒体联盟，以世界遗产为纽带，与澳大利亚天和电视台、澳门广电股份公司以及河北承德等世界遗产地的34个城市广电媒体结盟合作，在节目互换、人员往来、业务交流、宣传推广等方面开展了一系列务实有效的合作交流。作为联盟发起成立单位和秘书长台，中心积极联络举办广西崇左联盟理事会，新发展联盟台9家，并在联盟组织开展第六届敦煌文博会宣传推介和城市宣传片互播活动，创造了广电媒体跨区域、国际化的合作模式，也为世界遗产的传承弘扬探索出了新的路径。

二、亮点成果

（一）对外宣传提质增效

依托敦煌文化国际传播中心，中心精心策划选题，联动上级媒体，积极筛选优质全媒体产品向主流媒体平台报送，对外讲好敦煌故事。2023年上报央视播出新闻70多条，其中新闻联播播出12条，中央及省级新媒体平台发稿9000多条，特别在今年"五一"假期，在央视1套、4套、新闻频道等多个平台摄制编发新闻、直播、短视频等30余条（次），外宣工作创历年新高。中心获甘肃省广电总台"2023年度全省通联协作十佳单位"荣誉称号，并收到中央广播电视总台甘肃总站、甘肃省广电局等部门发来的感谢信。中央省级媒体大篇幅、多频次的报道，进一步提高了敦煌吸引力和美誉度。

（二）节目创优捷报频传

中心深化激励机制，鼓励创新创优，2023年有18件作品在省级或全国行业协会获奖，其中1件作品获中国广播电视大奖提名，3件作品获甘肃新闻奖一、二等奖，4件作品获甘肃省科普短视频大赛金、银奖，3件作品获"网络职工正能量争做甘肃好网民"主题活动微视频一等奖，综合成绩居甘肃省前列。

（三）《敦煌文化进校园》融媒报道入选全国优秀案例

结合习近平总书记视察敦煌三周年，敦煌市融媒体中心策划开设《牢记总书记嘱托》《人类敦煌 心向往之》和《敦煌文化进校园》等栏目，围绕保护传承弘扬敦煌文化采编系列新闻节目，成系列、高频次制作播发短视频，扩大对外宣传。在《敦煌文化进校园》系列报道中，采编创作的短视频《敦煌四中校服，行走的敦煌文化传播者》引爆网络，新华社、人民网、央视频、光明网等主流媒体和网络平台竞相转载报道，全网扩散2249条新闻，累计阅读量突破7000万次。《敦煌文化进校园》全媒体融合报道被新华社评选为全国县融中心央地联动、融合报道典型案例和综合影响力典型事例。

第三节　县级融媒体创新发展的未来思考

"媒体融合关键在融为一体、合而为一。"县级融媒体中心建设，不是简单的媒体相加，也不是高大上的硬件建设，而应是"以深化改革为基础、以互联网为平台、以信息技术为支撑、以新媒体化为方向、以融合创新为手段、以舆论引导为主责、以服务群众为宗旨"，在内容、渠道、平台、经营、管理等方面的深度融合。要下好改革先手棋，打好发展组合拳，坚持党媒姓党，紧紧依靠党委政府，坚持改革为重、内容为王、移动优先、技术为要、沉淀用户、深耕本土、全媒为本、人才为宝，纵深推进媒体融合，做大做强主流舆论，打造全媒体人才队伍，树牢互联网思维和用户思维，加快构建全媒传播体系，持续扩大融合"朋友圈"，打造自主可控的融媒平台，走"新闻＋政务服务商务"的产业融合发展之路。

2024年，敦煌市融媒体中心将深入学习习近平总书记关于媒体融合发展重要论述和视察敦煌研究院时的重要讲话精神，紧紧围绕"文化高地、生态屏障、能源基地、战略通道、开放枢纽"五大目标定位和"生态立市、文化兴市、商旅活市、工业强市、乡村振兴"五大战略，秉承传承弘扬敦煌文化的历史使命和责任担当，牢固树立"传递真善美、弘扬正能量，讲好敦煌故事、传播中国声音"的融媒定位，大力实施以"一主一抓六突破"为核心的"116"提升工程，以推进媒体深度融合发展服务共建"一带一路"为主线，以打造敦煌文化国际传播中心为抓手，固本培元、守正创新，努力在做强主流舆论、扩大对外宣传、深化机制改革、创新媒体运营、建强人才队伍、争创全国一流六个方面实现新突破，用正能量赢得大流量，让好声音变成最强音。

第二十二章
贺兰县融媒体中心：搭建干群"连心桥"赋能媒体再融合

吴 丽

党的二十大报告提出"加强全媒体传播体系建设，塑造主流舆论新格局"，习近平总书记在全国宣传思想工作会议上指出"要扎实抓好县级融媒体中心建设，更好引导群众、服务群众"。贺兰县融媒体中心于 2018 年 12 月 19 日成立，被中宣部确定为全国首批 59 个县级融媒体建设试点之一，是自治区第一家县级融媒体中心。在区市党委政府的大力支持下，贺兰县融媒体中心按照《贺兰县媒体深度融合发展改革实施方案》，以改革谋转型、以创新增活力，扎实推进媒体深度融合发展，以积极、主动的姿态投身媒体融合大潮，不断增强传播力、影响力、公信力。

自成立以来，中心自觉扛起"举旗帜、聚民心、育新人、兴文化、展形象"的使命任务，围绕乡村振兴、依法治县、铸牢中华民族共同体意识、民生实事等县委县政府中心工作，以"魅力贺兰"App 为载体、为民服务为根本，开办"政务云""贺兰好物""帮打听+社群"等为民服务平台，搭建干群"连心桥"，为凝聚服务力量，传递百姓声音，提供有力舆论引导，丰富宣传载体，灵活宣教手段支持，构建主流舆论阵地、社区信息枢纽、综合服务平台，形成大宣传、大服务格局。自 2019 年至今，已接待区内外观摩调研 165 批 2000 余人次，2023 年截至目前经营收入近 700 万元。

第一节　基本做法

一、在服务群众中凝聚力量，打造融媒信息中枢系统

充分整合部门、企业以及社会资源，专门成立运营中心，以为民服务为根本，创新"平台一体化"运营模式。一是整合县乡村及政府、社会资源，打造"贺兰云"网上新时代文明实践中心。在"魅力贺兰"App 上采取群众自助"点单"、中心网上"派单"、志愿者在线"接单"、群众在线"评单"的模式，开展政策解读、教育引导等志愿服务活动。打造"云讲堂""云帮扶""云乐园""云树德""云行动"五大平台，推动新时代文明实践线上线下模式在群众中走深走实走心。"贺兰云"集合志愿服务信息化管理功能 15 项，网络注册志愿者 66000 余人，发布志愿服务活动 16000 余场。二是凝聚民心传播共识，打造"政协云"平台。与县政协合作，在"魅力贺兰"App 搭建"贺兰政协云"服务平台，开设《政协委员说》《同心圆协商汇》两档栏目，让政协委员讲述政协履职路上的故事，通过情景剧侧面凸显政协协商于民、协商为民。创新"三融三全"工作模式，整合职能部门政务服务资源，与"帮打听"民生服务一体化运营，提高服务群众的质和量，栏目 4 期总点击量 77.3 万次。邀请政协特约信息员进入"帮打听"平台社群，打通了联系群众的"最后一公里"。三是持续创新优化功能，打造"石榴云"传播中心。在"魅力贺兰"App 开设石榴云家园、故事、服务、展馆、校园、课堂和发布七个模块，设计 IP 宣传形象"和和"，系列特色品牌栏目《"和和"话团结》《我的乡村我的家》主题系列短视频点击量 60 多万，组织石榴云小记者开展活动 22 场次，以丰富的宣传方式，让民族团结声音传入千家万户，实现了从"民族团结示范单位"到"石榴云"的升级，也得到中央民委、自治区政协及民委等上级部门肯定和群众的好评，前后共接待中央民委、中国人大、自治区

政协及民委等各级部门单位、外省市相关单位观摩学习 46 批 450 余人次。四是开辟普法新阵地，打造智慧"法治云"平台。为深入贯彻落实习近平法治思想，适应新时代人民群众对法治服务的新需求，加大全民普法力度，深入实践探索法治服务线上"云"平台建设，以"互联网 + 法治服务"推动县域法治创新发展，中心联合县司法局建设"法治云"平台，拓展普法云端阵地。平台设置法律咨询、法律援助、人民调解、公证服务、普法宣传等 5 个模块，推动法律服务业务"应驻尽驻"，逐步实现一站式掌上办理。开设普法宣传、法律服务、机构查询、法治链接库 4 个板块，下设 16 个子板块，发布推文内容 75 条、视频 5 期。2023 年 5 月司法部调研全国守法普法"示范市（县区）"创建活动，融媒体中心作为观摩点进行了实地交流调研，得到一致好评。

二、在服务群众中解决问题，打造"融媒 + 政务服务"模式

为更快更好实现"服务群众、引导群众"，建设"主流舆论阵地、综合服务平台、社区信息枢纽"的目标，开发"帮打听 + 社群"运营为民服务功能，吸引企业（商户）、专业团体和个人入驻为群众提供服务，构建一个开放的价值平台和开放的运营模式。一是打造"帮打听"服务平台，当好群众的"贴心人"。"帮打听"坚持群众需求在哪儿，便民服务就跟到哪儿，引导群众、服务群众、收集舆情，通过倾听民声、收集民意、联动部门、协调解决、媒体监督，切实做到倾听百姓诉求、解决群众需求。2023 年以来，"帮打听"主动融入社区、村居微信群，共接到群众发布问题 6792 个，协调部门解决问题 6572 个，成为社区居民的"宣传员"和"情报员"。二是小"社群"发挥大"作用"，当好群众的"监督员"。中心积极入群进户，搭建政府信息与群众诉求互通的中枢纽带。截至目前，覆盖贺兰县城 15 个社区 200 个业主群、物业群、党建活动群等微信群共计 5 万余户约 12 万人，在做好党的政策、贺兰新闻、热点信息传播宣传"代言人"的同时，更做好收集社情民意的"千里眼"。尤其在疫情期间，社群开辟了"倾听民声、收集民意""解决民生难题"渠道，在切实解决群众急难愁盼的问题外，杜绝了网络舆情的发生，

发挥了强大的"润滑剂"作用。社群小平台释放宣传"大能量",切实提升贺兰县融媒体中心引导群众、服务群众水平。

三、在服务群众中发现需求,打造融媒+商务服务平台

一是依据地域特色,优选贺兰农副产品。所选农副产品涵盖特色产品、文旅推介、产城融合等,并根据市场需求推出"一体化服务定制"模式。既推介好物和优质产品,又为百姓解决难题,提供服务。二是衍生相关媒体产品,直观展示贺兰特色。中心打造助农网红"周周",通过周周的视角来展示贺兰的特色产品。其中,创作的"周周看贺兰""你好贺兰"等优质作品,除了宣传贺兰风土人情以外,让"贺兰好物"的"足迹"遍布整个贺兰县。三是坚持怡享、怡用、怡游、怡居四位一体的服务定位,搭建需求和供给的桥梁。结合县域农场、会客厅、自家小菜园的建设,与知名景点、特色餐饮、高端民宿、网红露营等文旅实体深度合作,将县级融媒体中心当作乡村传播、经济发展的重要载体,做好群众的贴心管家,讲好新时代乡村振兴故事、传播产业兴旺美好声音。2023年3月"贺兰好物"开启项目实施运营,共上架贺兰本地特色农产品134种,合作本地企业、美食商家、酒店民宿、休闲玩乐、农副产品等商家22家,直播8期,评论互动40080余条,总计点赞量75000余人次,同步在视频号、抖音、微赞等多平台直播宣传,在线观看人数累计120万余人次。开展线下推介会12场,在200个社群及融媒体中心各平台推送,扩大"贺兰好物"民众影响力。

第二节 亮点工作与成果展示

一、亮点工作

(一)"4朵云"创新运营模式提升舆论引导力

贺兰县作为全区县级媒体融合发展的先行者,实现了从"真融真改"到"深

融深改"的二次飞跃，资源、内容、技术、平台、渠道、管理、服务、运营一体化统筹，移动端平台粉丝量和下载量突破30万。"文明实践""贺兰云""政协云""石榴云""法治云"等特色模块整合县委宣传部、统战部、县政协、司法局、文旅局、住建局、教育局等职能部门资源，创新一体化运营模式，聚焦为民服务和解决群众问题，统一信息收集、分析、策划、宣传产品生产和传播，强化与各部门信息沟通共享，在为民服务中收获了民心，在服务部门中形成了工作亮点。中心已成为全县政务信息中枢系统，大幅提升了贺兰县的舆论引导能力。

（二）"1145+N"数字运营机制助力"帮打听+社群"管理

"1145+N"数字化服务运营机制是围绕"一个思想"即习近平网络强国战略重要思想，利用帮打听这"一个平台"，通过闭环管理、部门协调一体化运营、舆情监测反馈、群众诉求解难"四大机制"最终达成政策宣讲、解决民生诉求、舆情监测、办事服务、媒体监督的"五大职能"，对于急难问题则通过"四朵云"及群众诉求排忧解难、12345热线及各职能部门等"N支队伍"协同解决，最后再次通过"帮打听"、社群、《帮打听》栏目进行传播，形成服务闭环模式，达到服务群众和宣传效果双赢。

（三）"321"模式构建"贺兰好物"线上线下推广大平台

即"3端"是打造App客户端、抖音账户端、微信端的三条品宣线路，"2线"是分别打造线上宣传线、线下推介线的两种品宣方式，"1品牌"是全方位打造"贺兰好物"品牌，从品牌内容、形式及样态再次升级。创新实践"线上直播+线下推介+社群营销+达人孵化"的产销模式，走出一条与众不同的品牌道路，助推乡村振兴跑出"加速度"。

二、成果展示

（一）融媒实力绽放，获得上级主管部门认可

2015年被国家广电总局评为全国优秀公益广告播出机构；2016年被评为新闻宣传工作先进单位；2017年被评为全国县级广播电视系统"十佳电视台"；

2018年被评为改革开放40年"全国百佳县级广播电视台";2020年12月,贺兰县融媒体中心"构筑生态圈,做大新增量,探索融媒体五全五变贺兰模式"在"首届全国县级融媒体中心舆论引导能力建设年会"上获得"全国融媒体建设十大典型案例"荣誉。2022年被评为第九届全国服务农民服务基层文化建设先进集体、第十一批自治区民族团结进步示范单位和自治区2021年度众创空间等。2021年7月21日,中宣部部长黄坤明对贺兰县融媒体中心试点工作进行调研,并对试点工作成绩予以了充分肯定。

（二）经济收入增长,由"输血"变为"造血"

年经营收入总计完成700万元以上,相继完成二十大系列活动、黄河流域生态保护主题宣传实践月、民族团结进步宣传月、乡村文化旅游节、2023年宁夏"中国农民丰收节"等主题宣传活动,并取得良好的宣传效果。结合全区《网络中国节 我在宁夏晒月亮》文旅宣传活动,制作发布相关短视频60余个,阅读量30多万。同比2022年增加50场,活动经营收入突破百万元。

（三）创新传播方式,品牌影响力持续提升

贺兰县融媒体中心加大对新闻宣传、安全播出等工作的监督管理和追责力度,促进宣传任务稳步进行,切实履行好政治责任。利用公益广告、广播等形式,结合线上小视频、音频、微剧、H5、海报等产品,形成了全天候、全方位、立体式、高密度的宣传教育攻势;此外,充分利用"学习强国"平台、人民号、新华社等主流媒体线上客户端发布外宣内容34条,将贺兰的大小事扩散至全国,营造了氛围,凝聚了力量。

（四）搭建干群"连心桥",打通服务群众"最后一公里"

截至目前,覆盖贺兰县城15个社区200个业主群、物业群、党建活动群等微信群5万余户约12万人,积极推动"进群入圈"工作。一方面做好党的政策、贺兰新闻、热点信息传播宣传的"代言人",另外一方面做好收集社情民意的"千里眼"。"帮打听+社群"在贺兰县已经深入人心,成为百姓的好参谋、好帮手。

第三节　县级融媒体创新发展的未来思考

一、找准定位，壮大基层主流舆论阵地

坚持以习近平新时代中国特色社会主义思想为指导，深入学习贯彻习近平文化思想，认真贯彻落实习近平总书记关于媒体融合发展的重要论述，认真贯彻落实全国宣传思想文化工作会议精神，坚持移动优先，用高质量服务和个性化体验吸引更多用户，让主流媒体牢牢占据舆论引导制高点。严格落实意识形态工作责任制，对广播电视、新媒体平台刊发内容进行"三审三校"，高位推动中心常态化创新发展，不断提升融媒产品生产质量和水平，让党的创新理论飞入"寻常百姓家"，着力构建以内容建设为根本、先进技术为支撑、创新管理为保障的融媒体传播体系。

二、深度融合，创优创新媒体服务平台

持续深化改革，做好"魅力贺兰"App相关升级工作，以深化改革促深度融合。一是完善"魅力贺兰"App"政务服务"功能，与宁夏政务服务网、贺兰县政务服务中心深入对接，将个人办事、法人办事、部门办事等政务服务接到App中，包括掌上医院、交通出行、日常缴费等多样化服务资源，逐步实现"不见面办事"全部接入，打通政务服务"最后一公里"。二是升级"帮打听"板块，采取"前端受理发现，平台分级转办，部门限时办理，办结回访评价"的闭环管理工作机制，提升接诉、反馈、回复的处理效率，做到"件件有回应、件件有回复"。三是升级"贺兰好物"商城系统，打造"贺兰好物"等直播品牌，将直播和电商有机结合，围绕农产品的特色和消费者体验，实现宣传推广和流量转化，助力乡村振兴建设。四是开发"魅力贺兰"小程序，拓展新技术平台，将"魅力贺兰"App中"帮打听""贺兰好物"等模块接入小程序平台，帮助"魅力贺兰"App开拓市场进行引流。在做优"网端微屏"

新媒体信息平台外,将融媒体功能拓展到政务、服务、商务等各个领域,实现多媒体联动、同频共振,提升主流媒体影响力,树立自治区县级融媒体中心建设标杆。

三、选好人才,打造科学合理人才队伍。

从根源入手,进一步改进和完善融媒体中心岗位晋升等级等制度机制。特别是在优质人员引入、晋升渠道畅通、薪资报酬提升等根本问题上解决人才引不进和留不住的困难。建立以岗位奉献、绩效考评、动态管理为核心的薪酬管理体系,在加大移动端考核比重的基础上,完善考核标准细则,最大限度体现多劳多得、优绩优酬,激发人才创新创业动力。在内部各部门选树、宣传敢拼爱干的典型,养成学典型、做典型的良好风气,助推习近平新时代中国特色社会主义思想在网络凝聚正能量。

第二十三章

兰陵县融媒体中心：打造服务民生全平台拓展基层治理新路径

兰陵县融媒体中心

兰陵县融媒体中心作为县委、县政府舆论宣传的重要窗口，于2019年8月16日正式挂牌成立，其以县广播电视台为依托，整合县域内广播、电视、"两微一端"等公共媒体资源，建设融媒体"中央厨房"。设内13个机构，共有干部职工101人，其中在编人员82人。

兰陵县融媒体中心遵循媒体融合发展规律，聚焦"为党委、政府分忧，为基层群众服务"和"融聚力"品牌打造，以深化内部改革为主轴，以先锋之姿挺膺担当，着力做好媒体深度融合，在全媒体矩阵打造、影响力构建、体制机制创新等方面聚力突破，探索助推基层社会治理现代化的兰陵融媒路径，建构群众离不开的渠道。重点打造"兰陵首发"统一品牌，建设"两微、一端、一抖"四大宣传平台，形成了"台、网、微、端"多位一体、快速联动、无缝衔接的全媒体传播矩阵。2020年，按照兰陵县委常委会研究意见，中心下属公司临沂广视传媒有限公司与国有资产运营公司合作运营，成为国有文化传媒有限公司。兰陵县融媒体中心的广告活动、信息投放等营收业务已全部委托临沂广视传媒有限公司运营，借助媒体深度融合，公司面向全县各机关、企事业单位承接广播电视广告、电视短视频、大型直播、宣传片制作等各项业务。

2023年连续两年荣获全省县级广电媒体融合先导单位称号。兰陵首发微信公众号粉丝量达51万，连续3年荣获临沂市新媒体"十佳政务类（县区）"新媒体称号，2022年被山东省新媒体协会评为全省县级融媒体中心微信账号影响力第一名。兰陵首发综合服务平台相关做法先后获评全国"2020政法智能化建设智慧治理优秀创新案例"、山东省"改革品牌"、全国第一届"新型智慧城市"优秀奖，相继被人民日报内参、新华网、人民网等主流媒体宣传推介。

第一节 守正创新，推动融媒改革跑出"兰陵加速度"

一、构建立体格局，打造对外宣传升级版

按照"内宣树品牌，外宣树形象，以创优带外宣，用外宣促内宣"的工作思路，坚持以"大台重磅"工程为突破点，紧贴县委县政府中心工作，精心策划新闻选题、选准报道方式，推动外宣工作不断实现新突破。自2020年以来，完成中央、省、市外宣上稿1500余篇，其中，央视新闻稿60余篇、省级新闻稿400多篇。尤其是2021年央视《新闻联播》连续播出我们3篇新闻报道，实现了兰陵多年未上《新闻联播》的历史性突破。县融媒体中心获得山东电视宣传先进集体一等奖、山东广播宣传先进集体等多项荣誉。

二、创优融媒产品，提升兰陵热点覆盖率

一方面，坚持"聚焦新媒体、注重原创性"发展思路，积极探索"短视频+"推发模式，致力打造"兰陵首发""兰陵融媒"两大视频号，年制作量1500余个，总点击量3000余万。其中，《兰陵108小时》点击量40余万，《蒙山高、沂水长、援助情、永不忘》点击量达68万。另一方面，集专业技术和业务能力最优秀的新闻记者、新闻编辑，成立专题制作部，制作高精尖专题片。2023年先后制作纪委警示教育片、公安局汇报片、驻沪工作队专题等30余部，实现创收280余万元。

三、强化造血功能，探索"融媒＋公司"新模式

持续深化融媒体改革，积极探索"中心＋公司"模式，引进现代企业管理，实行市场化运作，全面推进国有文化企业建设，探索出一条既符合中央文化体制改革要求，又符合新时代县级融媒体中心发展实际的改革创新之路，实现社会效益、经济效益双丰收。当前，中心下属公司临沂广视传媒有限公司与县国有资产运营公司合作运营，借助新媒体平台多元化，积极承接电视短视频、大型直播、宣传片制作等各项业务，多措并举增强造血功能。截至目前，中心已与78家乡镇和企事业单位达成战略合作，及时保障了职工工资及福利待遇发放。

四、坚持科技兴台，驶入广电发展快车道

始终秉持科技兴台理念，目前，兰陵综合频道、兰陵公共频道已实现高清化播出并加入IPTV、有线电视、地面数字发射，新增收视用户30余万户；购置使用虚实在线包装系统，大大提升新闻产品及专题片制作质量；及时购置广播播出系统，新增卫星接收机，确保上级新闻的安全转播；不断加大应急广播的故障排查率及设备投入，力求第一时间传递党和政府的声音。

第二节 行稳致远，连通基层治理"最后一公里"

一、借媒体融合之力，打造为民办事全平台

2019年以来,县融媒体中心依托媒体深度融合建设工作,融合12345热线、信访（初信初访）、网络舆情、公安110民生诉求，探索"融媒＋基层治理"县域治理的新路径，打造了兰陵首发综合服务平台，形成了群众线上"出题"、干部线下"答卷"，一站式汇聚群众诉求，闭环式解决群众难题的"兰陵模式"。一是平台设置"我有话说"。群众需要解决的问题可以在平台上直接

表达，首发平台及时将问题分类、交办责任部门，明确办理时限，咨询类的半天内回复，一般性问题3天内回复，较为复杂问题5天内办结。二是建立"首发接访"。群众可通过首发预约县级接访领导，预约情况、办理结果在平台公开，每天公示办理进度。对信访案件实行"在线督办"，责任单位、责任人、化解措施、办理时限全部公示。通过首发接访公示，信访及时化解率提高了15%。三是设立"老苗调解"。发挥县内调解能手"老苗"工作效应，组建有8名金牌调解员、20名优秀调解员的调解团队，对群众日常生活中遇到的矛盾纠纷，平台受理后安排调解员现场调解，目前化解矛盾诉求4000余件。

开展"督办行动"，已现场督办426件、视察督办158件，解决群众诉求15万余件，群众满意率达96%。目前，"兰陵首发"App网上群众综合服务平台已形成常态化、制度化、高效化的运行模式，用户注册量超过51万，占全县常住人口的46.4%。

二、乘媒体融合之势，画好网上网下同心圆

聚焦"不干事的人、不作为的事"，对经催办督办仍无动于衷的部门，县融媒体中心成立问政工作室，与兰陵首发综合服务平台互相配合，通过《问政》栏目进行曝光，形成全程监督高压态势。《问政》栏目每周一期，一期解决2—3个问题。每月一汇总，对迟迟得不到部门回应的、重办率高的平台问题，开展电视问政。每个季度在演播大厅开展《问政面对面》栏目，把相关单位的负责人请到演播室，现场表态，集中解决长期未解决或推诿扯皮问题。在县纪委监委、县委宣传部、县委督委办三部门主要领导和两代表一委员的共同监督下，接受现场问政，真正做到"红红脸、出出汗"，从而达到有效解决问题的效果。截至目前，已播出《问政》500期、《问政面对面》40期。

三、行责任监督之权，实现监督落实全闭环

当前，我们打造了一条"首发"交办、部门处理、公开回复、现场督办、电视问政、纪委追责的一站式诉求解决闭环流程。闭环管理中，县纪委派驻

专人对工单问题进行全程监督，对苗头性和倾向性的问题进行约谈，对侵害群众权利、破坏群众利益的问题，及时进行追责问责。对推诿扯皮工单涉及单位和重办率高的单位、满意度低的单位，每季度一汇总，由纪委监委进行追责问责。

自 2019 年开展工作以来，县纪委监委组织开展"兰陵首发"专项监督检查 30 次，到乡镇、县直部门单位督导工单办理 60 次，问责处理 74 人，起到了有效的震慑和监督作用。

四、担改善民生之责，搭建政府与群众的"连心桥"

设置"行政审批""网上大厅"等栏目，列出审批事项"一次性告知"清单，避免多头间多次跑，并具备 27 项高频事项审批功能，帮助群众足不出户办理审批事项；围绕重点民生事项，设置水电费、社保缴纳等功能；设置"中小学课堂"功能，引入国家中小学网络云平台优质教学资源，为全县中小学生免费提供视频教学。强化"媒体＋党务"功能。设置"讲故事学理论"专栏，定期发布党员干部心得体会、演讲比赛作品等内容；增添基层组织建设督导、党建考核、经验做法等内容，"开设一中心五阵地"党员教育培训中心建设，红色党群服务阵地建设，强化党员意识，增强党性修养。

第三节　多措并举，确保改革成效持续发力

一、优化人员机构

为更好探索"融媒＋社会治理"有效路径，2021 年 4 月中共兰陵县委机构编制委员会下发《兰陵编委〔2021〕8 号》关于印发《兰陵县融媒体中心机构职能编制规定》的通知，在县融媒体中心（县广播电视台）加挂"县网上群众工作服务中心牌子"，融媒体中心编制调整为 70 名。同时，抽调宣传部、纪委监委、督委办、公安局、住建局、教体局、综合执法局等 19 个部门单位

共 36 名人员集中打造"兰陵首发"网上群众服务平台，为探索融媒体参与县域社会治理的新路径增添人员力量。

二、确立运行机制

建立《兰陵首发月量化考核制度》《兰陵首发群众诉求办理运行制度的意见》《兰陵首发融媒宣传的工作机制》，以及交办、转办、督办、宣传等岗位流程，规范了首发工作运行。同时，建立了首发人员轮训、调训制度，《首发参考》《首发快报》等呈报制度，及时发现共性问题，及时上报县委县政府，为决策提供依据。

有关县级融媒创新发展未来思考方面，我们认为随着人工智能、大数据等技术的不断发展，县级融媒体应积极拥抱新技术，顺应时代发展，推动媒体融合向智能化方向发展。智能化媒体平台应通过自动化和智能化的手段对流程进行优化。利用人工智能技术，实现内容生产的自动化，如新闻稿件的自动生成、视频剪辑的自动化处理等。加强工作人员与人工智能技术的协同能力，并建立完善的审核流程，确保发布内容的严肃性。同时，平台应具备智能化的流程管理功能，根据工作需要自动调整流程，提高工作效率。通过流程的自动化与智能化，可以大幅提高县级融媒体的运营效率。智能化的发展需要高素质的人才队伍支撑。县级融媒体应重视人才的培养和引进，提高团队的专业素质和技术能力。通过定期培训、交流学习等方式，使员工不断更新知识结构，适应媒体行业的发展变化。同时，建立激励机制，激发员工的创新活力。

近年来兰陵县在融媒体事业高质量规范化发展方面取得了一定的成绩，但是距离上级领导的期盼和服务群众的要求，还有很大的差距。我们将认真学习兄弟县区的好经验、好做法，高质量建设好融媒体各项工作，为广电事业的高质量发展贡献兰陵力量。

第二十四章
龙岗区融媒集团：高质量建设运营"龙岗融媒·创新实验室"

董宝宏　笪　峰　景俊州　鲁真龙　郝　莲

为贯彻落实习近平总书记"建成新型主流媒体，扩大主流价值影响力版图"的战略部署，龙岗区融媒集团于 2022 年 11 月成立"龙岗融媒·创新实验室"。2023 年 5 月 16 日，龙岗区融媒集团创新实验室指挥办公室（简称"创新办"）挂牌成立。"龙岗融媒·创新实验室"坚持以"创意至上、内容为王"为核心，整合精干力量，打造特战团队，策划推出一批精品力作，持续向外发出"龙岗声音"，展现"湾区形象"，也为媒体融合发展探出新路、积累经验。

龙岗区融媒集团注册成立于 2020 年 8 月 26 日，2021 年 4 月 23 日正式揭牌运作，是全国首创、深圳市唯一的纯国企模式县（区）级融媒体，由原龙岗区新闻中心（深圳侨报）、广电中心（东部传媒公司）组建而成，是深圳平台要素最齐全的区融。

目前，集团建成了"1+2+7+N"（1 个 App+2 个微信号 +7 个传统媒体平台 +N 个头部平台端口）全媒体矩阵共 38 个平台，培育出"龙岗融媒"App、"深圳龙岗发布"微信、"掌上龙岗"微信 3 个 200 万粉丝级"大 V"，全平台粉丝量近 1000 万。其中"深圳龙岗发布"粉丝量 300 多万，稳居全国县区融媒微信百强榜发布类第一；"掌上龙岗"粉丝量200多万，挺进全国县级媒体微信号百强榜前三；"龙岗融媒"App总下载量超280万，获评全国县融中心"优秀管理与平台"奖。传统端自办《深圳侨报》，是龙岗区委区政府和深圳市侨办机关报；自办电视频道5个、广播频率1个（FM99.1），自建户外LED屏、市民阅报栏、智能阅报栏等，全国驻深记协融媒创新基地落户，融媒创新实验室、融媒学院全面支撑创新创意发展。

改革后，提质创优活力迸发，全年原创策划数量增长2倍，融媒作品荣获各类奖项120多，培育出"小龙帮办""融媒姐妹花""主播E议""龙叨叨"等品牌。"爆款"创作愈趋常态化，"龙岗最美新娘""中国人小哥哥"刷爆网络，"新编防疫四大名著"受到上级宣传部门的高度评价，广东省"走转改"新闻奖榜上有名，并获国家级新闻核心期刊平台推介"爆款破圈"做法。外宣上送央媒刊播50余条，实现历史性突破。组建元年，上送央视的"龙岭模式"报道，得到时任中央政治局委员、中央书记处书记、中央宣传部部长黄坤明同志的批示肯定；庆祝香港回归25周年报道得到广东省委常委、宣传部部长陈建文和深圳市委常委、统战部部长王强充分肯定；承接中央纪委国家监委长图项目获高度称赞。

第一节　基本情况

经过不断优化调整，目前，"龙岗融媒·创新实验室"共有"龙岗发布"工作室、"掌上龙岗"工作室2个工作室，视频特攻队（1队和2队）、海报特攻队、龙叨叨特攻队、Wow龙岗特攻队、主播特攻队、国际传播特攻队、舆论引导特攻队、龙岗民声特攻队等9支特攻队。创新办主任由集团一名副总编辑担任，常务副主任由集团一名采编总监担任。工作室总监、特攻队队长均由采编部门副主任以及首席记者担任，队员也均为采编骨干人员，总数达71人，占集团一线采编力量的60%以上。龙岗融媒集团将"龙岗融媒·创新实验室"作为集团深化融合、提质创优的战略性工程,坚持以"创意至上、内容为王"为核心,紧紧围绕"打造优秀创意'孵化器'、优质作品'梦工厂'"的工作目标,充分发挥"创意孵化、项目转化和跨部门协作"的工作机制,高水平推进"龙岗融媒·创新实验室"建设。

第二节 基本做法与亮点成果

一、基本做法

成立以来,"龙岗融媒·创新实验室"在探索组织架构有关工作的同时,全新打造"Wow龙岗特攻队",培育孵化"Wow龙岗"品牌栏目,在原有团队的基础上扩充人员打造2.0版的海报特攻队和龙叨叨特攻队,开设了"龙岗View"栏目。2023年5月16日,视频特攻队、掌上龙岗特攻队、海报特攻队、龙叨叨特攻队、Wow龙岗特攻队、舆论引导特攻队、龙岗民声特攻队7支特攻队正式亮相;2023年8月,增设"龙岗发布"工作室和"掌上龙岗"工作室,以及主播特攻队、国际传播特攻队和视频特攻队(2队)。至此,人员和结构框架成型。在工作中形成了以下特点。

(一)搭建平台,聚集骨干

在现有成员中,大部分为本科及以上学历,接近三分之一工作10年及以上,经验丰富。有的曾多次获得广东省、深圳市等相关新闻奖项,综合能力好。有的选题策划能力强、有的文字优美功底扎实、有的擅长后期二次加工,大家"因创新而聚",在这个平台里,每个人都是创造者,只要有好的创意,整个实验室都可以为之提供支持。

(二)创新机制,打破壁垒

每周,各特攻队紧紧围绕中心工作、社会热点等展开"头脑风暴",并形成专题策划方案。每月召开一次创新实验室联席策划会,由创新办主任负责组织召开,就各团队提交的重点策划进行讨论审议。针对重大策划,如在党代会、两会、文博会、高交会等关键节点，由创新办主任负责组织召开重点策划会，就专项宣传展开创意策划，注重二次创作、打造爆款。通过"揭榜挂帅"、民主竞聘的方式选拔 2 名优秀采编人员担任创新专干，做好创意策划统筹以及协调各特攻队的协同合作，推动各项工作具体落实。

（三）减量提质，确保质量

抛弃"以数量论英雄"的常规做法，坚持"无创意、不创作"，各特攻队一周做好一个策划，部分重大选题可将实施期限扩大至一个月，甚至更长时间，生产出更多优质产品。"龙岗发布"工作室和"掌上龙岗"工作室根据平台特点和后台阅读数据分析，每周推出针对性策划，并由各特攻队"接单"执行，提高创意落地性，增强产品有效阅读量，扩大了影响力，培育形成了品牌。

（四）制度保障，经费支撑

考核制度是激发员工工作积极性的"指挥棒"。经多方意见征集，龙岗融媒集团全面重新制定出台配套考核方案，包括《龙岗融媒创新实验室绩效考核方案（试行）》《龙岗发布、掌上龙岗工作室运作方案》等制度，其中，"创意""合作""质量"是三大核心要素。同时，龙岗融媒集团从每年的"提质创优攻坚"资金中划拨 50 万元作为专项资金，从创意产品成本支付、创意产品执行绩效、创意产品评优奖励三个维度支出，确保向优秀创意倾斜、向优秀作品倾斜。

（五）打造品牌，扩大影响

好的作品是媒体安身立命之本。随着工作的推进，"龙岗融媒·创新实验室"的社会知名度越来越高，得到了各界的一致认可，不仅为龙岗区融媒集团整体品牌建设注入了能量，也对外树立了良好的品牌认知，对经营工作大有好处。其中，已成功申请龙岗区宣传文化发展专项资金 100 万元，并对接星河控股集团有限公司，开展商务洽谈。

（六）发力国际，传播声音

2023 年 9 月，在海外媒体 Facebook（脸书）正式注册账号"Shenzhen

Longgang",2023 年 9 月 13 日发布首篇推文,并将其作为龙岗开展国际传播工作的主阵地进行运营。账号每周 2 推,以接地气的表现方式,立足龙岗本土特色,通过短视频、图集等新媒体形式,生动鲜活、直抵人心地讲好龙岗故事。发布内容主要以展现"龙岗魅力"为中心,涵盖龙岗城区环境、文体活动、生态文明、传统文化等方面,力争获得海外网友追捧。

二、亮点成果

总体上看,"龙岗融媒·创新实验室"打破了部门之间的制度壁垒,各支特攻队既有分工,更讲究协作,充分鼓励和尊重每个人发挥自己的创造性,形成强大工作合力。在实际操作过程中,"龙岗融媒·创新实验室"坚持"人员围着项目转",以项目化推进的方式集结相关力量,组成虚拟团队,潜心创意创作,用好作品说话。原创作品多次登上新华社、人民日报、央视新闻、"学习强国"平台等全国性平台,赢得了口碑和流量。

(一)爆款佳作持续涌现

各特攻队结合自身实际,紧紧围绕"传播爆款、上送央媒、领导点赞、报送评奖"四个维度不断发力,在"新"和"深"上下功夫,策划推出了一批精品力作。其中,《新编防疫四大名著》将名著典故、防疫知识与国风元素、流行热点有机结合起来,段子频出、稳中带皮,全网传播超 600 万,成为刷爆龙岗人乃至深圳人朋友圈的爆梗。《龙岗最有格调的咖啡馆,就在这里!》获深圳市副市长张礼卫点赞"摄影和排版非常好,照片拍出了美感,文字和排版也很用心,可以打满分!"全网阅读量近 100 万。《龙岗 View | 下一站,龙园!》,让记者化身为穿越女郎,游走于三个时代,带领读者用眼睛去发现变化,用脚步去丈量美好,全网总阅读量 230 多万。《白鹭为什么会飞回来》系列报道以第一人称视角讲述龙岗的生态之美,叫好又叫座。《深圳龙岗:外卖小哥被压车底 众人抬车救出》稿件登上新华社微博热搜,全网阅读量近 3000 万。2023 年 1—11 月,由各特攻队参与采写,上送新华社、央视等全国性平台稿件数量达 34 件,内容涵盖正能量故事、枫桥经验、创新驱动、高质

量发展等方面，持续提升了深圳城市知名度和美誉度。

（二）跨队合作优势互补

以项目化推进的方式集结文字、视频、编辑等力量，实现优势互补。如，2023年中考高期间，由"龙岗融媒·创新实验室"牵头，视频特攻队、舆论引导特攻队以及采编中心、新媒体中心全面参与，开展了文图视频的综合性直播，总点击量近60万。2023年成都大运会期间，"龙岗融媒·创新实验室"跨城联合成都市金牛区融媒体中心，开展双城联动报道，推出的主题视频和海报全网阅读量100多万。台风"苏拉"袭来，创新实验室首次尝试视频号慢直播形式24小时关注气象动态，并加入龙岗区政务数据局实施监控信号，实现多平台分发，直播总观看人数60多万。2023年9月7日晚，龙岗区遭遇特大暴雨袭击，"龙岗融媒·创新实验室"快速反应，综合运用直播、视频、海报等手段，第一时间发布暴雨预警、应急救援、防灾知识、交通恢复等权威信息，相关素材被新闻联播等央视各频道栏目引用十余次，文图直播总阅读量150多万。

（三）申请项目支持经营

2023年，"龙岗融媒·创新实验室"系列活动成功申请到龙岗区区宣传文化发展专项资金100万元的项目资助。合同签订后，"龙岗融媒·创新实验室"立即将各项目分解到各特攻队，按月制定详细的项目推进表，倒排工期，每周汇报进度。目前该项目已成功结项，共策划推出11篇"Wow龙岗"主题深度推文、10篇"打卡龙岗地标"系列短视频、7组重大主题原创海报、15部寻找龙岗"小巨人"系列短视频、2个H5等原创作品、4部"家风家训"短视频，并在"深圳龙岗发布""掌上龙岗"微信号/视频号、人民日报"龙岗融媒"号、全国党媒平台、B站、小红书等进行全平台发布，累计阅读量1000多万。

（四）跨界参与集团纪检工作

充分发挥"龙岗融媒·创新实验室"策划和执行的优势，集合部分力量参与集团"青梅"党风廉政宣传教育平台的原创内容生产，用"传统＋新媒体"的方式进行创作，采用通俗的语言和轻松的方式不断扩大党风廉政宣传教育工作覆盖面和参与度，助力集团实现更高质量发展。截至目前，"青梅"党风廉政宣传教育平台共发布文图47条、音频36条、视频19条。

第三节 县级融媒体创新发展的未来思考

当前，媒体融合发展进入新的阶段和领域。面对新使命新任务，要按照"主流舆论阵地、综合服务平台、社区信息枢纽"功能定位，坚持移动优先、内容为王、技术引领、创意至上、用户为大，全面实施破圈发展战略，建强全媒体传播体系，让媒体融合之路走得更稳更实，结出更多硕果。

一、实施"传播能力提升行动"

抓住粉丝基数大、活跃度高的微信公众号平台，在强化官宣属性的同时，向本地生活服务深度转型，将其打造成为外界了解本地的"窗口"和服务市民的"掌中地图"。加强与政府部门的合作，建设集"新闻＋政务＋服务＋商务"功能于一体的城市移动综合服务门户，探索智慧城市新名片和全国县区融客户端新标杆。用好小红书、B站、抖音等社交媒体平台，实现产品全程、全息、全效传播。

二、实施"内容生产提升行动"

讲究抓大事、创精品。围绕建国75周年、高质量发展等中心工作加强统筹策划，创作更多打动人心的融媒精品。主动对接全国、全省等资源，多方联合成立创新平台和基地，汇聚各方人才，培育和塑造一批具有广泛传播力和影响力的栏目、IP，持续丰富城市发展内涵。发力国际传播，依托Facebook（脸书）、Tik Tok等海外账号，创新对外传播形式，生动、立体向海外讲好中国故事。

三、实施"人才立媒提升行动"

系统性梯队培育各类人才,构建具有鲜明改革特色的人才梯队和后备干部队伍。依托各类创新平台,以"请进来+走出去"方式构建融媒特色人才培养体系,实现队伍学习力、战斗力的突破。链接高等院校资源,建立优化战略合作关系,深化校企项目制"点对点"培养、储备、输送人才机制,打造一支政治素质过硬、业务能力精湛的融媒铁军。

四、实施"多元经营提升行动"

瞄准直播带货等新业态,打造具有地方特色的MCN。继续深耕教育、文史、活动等传统优势项目,用更精细化服务巩固市场。深化"大运营大推广"机制,组建"大健康"、品牌IP、视频创作等工作专班,深度链接和整合资源,从"ToG、ToB、ToC"三个维度出发,瞄准高端健康养生和影视创意赛道,培育新增长点,拓宽产业发展新路径。

第二十五章
南漳县融媒体中心："1+1>2" 南漳县"媒体＋新时代文明实践"助推"时间存折"破圈

赵 晨 马国强 马晓曼

南漳县融媒体中心成立于2019年3月25日，加挂南漳县广播电视台牌子，属县委直属正科级公益一类事业单位。内设新闻中心、办公室等18个机构，下辖雷家坡广播电视转播台、玉溪山广播电视收转站2个二级单位。现有工作人员155人，从事新闻宣传工作人员98人，占总人数的63%。

目前运营综合电视频道、综合广播频道、"云上南漳"客户端、"南漳发布"微信公众号、抖音号、视频号、头条号、南漳政府网、南漳新闻网、漳手机报、"村村响"广播等11个媒体平台。

近年来，在南漳县委、县政府和县委宣传部的坚强领导下，南漳县融媒体中心紧紧围绕"做大做强基层主流舆论"目标定位，聚焦"深度融合"，加速媒体"蝶变"。"媒体＋文明实践＋政务＋服务"，成为政府推进社会治理的重要抓手；深化机构改革、推行绩效考核、打造专业团队，新闻宣传工作屡创佳绩；搭建"小布商城"、承办节庆赛事、创新优化节目，拓展新业态，增强中心造血功能，努力打造区域内有影响力的主流媒体品牌。先后荣获省、市级荣誉23项，30名同志获得市、县级表彰，被省委宣传部、人社厅授予"2022年全省宣传思想工作先进集体"，是襄阳市唯一获此荣誉的县级融媒体中心。连续三年获评南漳县县直单位领导班子综合考核"优秀"等次,"学习强国"平台用稿以稿件质量和数量取胜,长期位列全市第一,圆满实现了"全国有影响,全省有地位,全市扛红旗"的工作目标。

第一节　基本情况

2023年4月,在全省深化共同缔造推进党建引领基层治理体制机制创新试点工作推进会上,南漳县探索的"时间存折""红色屋场"等基层治理经验得到省委常委、组织部部长张文兵的充分肯定,被写入省"两办"文件,并被各级媒体集中报道。

这其中的"时间存折"经验,是南漳县积极探索"媒体+新时代文明实践"融合发展路径,形成"1+1>2"合力,与社会各方力量共同缔造,结出的基层社会治理硕果。

第二节　基本做法与亮点成果

一、创新做法:资源整合,"两个中心"同频共振

作为宣传思想文化工作最重要的载体,融媒体中心和新时代文明实践中心在内核功能和外延服务上同向同靶,具有可融可通的基础底盘。南漳县精准定位"两个中心"的结合点和切入点,有效进行资源整合,推动阵地、队伍、内容融合,一体化传播、一体化调度,实现网上网下同频共振、相得益彰。

(一)办公场地整合

按照"两个中心、一个阵地"的整体布局,2019年3月南漳县融媒体中心成立时,将县新时代文明实践中心迁到一起办公,扩建办公用房,设置展示大厅、志愿者风采、志愿者之家等多个功能分区,同时解决了"两个中心"

的办公场地不足问题。

（二）工作人员整合

通盘使用"两个中心"的工作人员，做到重要议题一起策划，重要活动一同组织，重点工作一体发力。通过外引内培、师傅带徒、轮岗换岗的方式，组建了一支既掌握融媒语言又精通文明实践内容的复合型专业队伍，为"两个中心"的创新发展奠定了人才基础。

（三）工作制度整合

"两个中心"共同制定出台管理制度、运行制度、激励制度等一系列制度规定，保证有效运行和规范管理，实行全员绩效考核，增强基层宣传思想工作的内生动力。

（四）服务平台整合

依托"云上南漳"客户端，量身打造"南漳版"新时代文明实践志愿服务平台，结合城乡治理随手拍活动，面向全县人民征集城市管理、乡村治理中存在的突出问题和群众生产、生活方面的问题20000多条，经过鉴别和筛选，精准转办到各责任单位，责任单位限时办理后反馈回平台，平台确认后通过媒体向大众反馈。同时，开设"党史微课堂"，吸纳7.4万多名志愿者参与互动和日常学习，带动全县30多万名群众参与志愿服务。

二、典型实例："1+1>2"，"时间存折"火爆出圈

县融媒体中心和县新时代文明实践中心都是地方政府推进基层社会治理的重要抓手。"两个中心、一个阵地"的资源整合，释放各自潜能优势，办成了许多过去一个中心办不成的事，发挥了"1+1>2"的合力。

（一）"催生"时间存折

卞和社区是南漳县第一大社区，有行政企事业单位65个，居民小区125个，居民34639人。在基层治理中存在矛盾纠纷多、积压问题多、群众积怨多、服务人员少的"三多一少"难题。2022年初，社区在日常管理服务中，探索设立"时间存折"，鼓励社区居民参与志愿服务，增强社区服务能力。

南漳县融媒体中心记者在新闻采访中敏锐地捕捉到这个"共同缔造"的亮点，迅速推出《南漳："时间存折"激发志愿服务新活力》的报道，省市多家媒体相继以《南漳"时间存折"：存善得善　惠人惠己》《南漳："时间存折"为幸福生活"加码"》《南漳"时间存折"志愿服务让"有德"也"有得"》等为题接力报道，引发社会各界高度关注，迅速"催生"了"时间存折"这一志愿服务模式。

所谓"时间存折"就是为增强群众参与志愿服务的仪式感、荣誉感，设计了与银行普通存折大小相仿的"时间存折"，将志愿者参与志愿服务的时间、项目、时长等在实物"存折"上登记，并在村（社区）电子管理台账中"存储"。按照志愿服务时长进行积分（1小时积1分），积分可以在新时代文明实践站兑换生活物品，并且作为评先表模的重要依据。

（二）"培育"时间存折

新时代文明实践中心、融媒体中心和城关镇顺势而为，迅速组建工作专班，各展所长、密切协作，总结"时间存折"前期工作经验，完善工作运行机制，培育"时间存折"形成成熟的志愿服务模式。

为卞和社区组建15支志愿服务队、3100多人的志愿者队伍，健全志愿服务制度，组织各志愿服务队积极接单，在社区开展纠纷调解、清洁家园、为老服务、文明劝导、平安创建等方面的志愿服务。

制定详细的"时间存折"管理办法，规范志愿服务工作，实现奉献、计时、回报的志愿服务良性循环。

在新时代文明实践志愿服务平台开发"时间存折"服务板块并接入"云上南漳"客户端，建立社区建单、志愿服务平台发单、个人接单、系统结单及群众自发服务晒单的工作机制，并组建团队进行各方协调和后台服务，确保"时间存折"机制运转顺畅。

将志愿服务纳入每年举办的南漳楷模南漳百杰颁奖典礼活动，为在"时间存折"活动中表现优秀的志愿服务队伍和志愿者披绶带、戴红花、颁奖牌，优先推荐为襄阳楷模、襄阳好人人选，让有德者更有"得"。

不断挖掘活动中的鲜活新闻进行宣传引导，邀经济日报社、光明日报社、中新社、湖北日报社、湖北广播电视台、荆楚网、极目新闻、楚天快报社、襄阳日报社、襄阳广播电视台等媒体以《在襄阳，这个存折正流行》《襄阳"时间存折"火爆出圈》《襄阳全市推广！"时间存折"：存善得善，惠人惠已》为题持续进行报道，营造了"时间存折"火爆出圈的浓厚氛围。

（三）"壮大"时间存折

"时间存折"的火爆出圈，得到了省委、市委、县委的高度重视和认可。2022年7月，时任省委副书记李荣灿对"时间存折"经验给予充分肯定。襄阳市在卞和社区召开现场会，向全市全域推广"时间存折"志愿服务品牌。南漳县委、县政府在全县发放"时间存折"8.7万张，推动群众自行解决"身边事"2万多件。

随着"时间存折"深入人心，南漳县在基层治理中不断拓展"时间存折"的应用范围。2022年11月，南漳县被确定为全省14个之一、全市唯一深化共同缔造推进党建引领基层治理体制机制创新试点单位。县委、县政府以"时间存折"和"红色屋场"为抓手，聚焦优化基层治理单元，把志愿服务资源力量下沉到基层一线，把基层治理平台延伸到群众家门口。活动中，屋场长组织发动群众、群众出资出力参与共同缔造，也同步计入了"时间存折"。2023年4月，南漳县探索的"时间存折""红色屋场"等基层治理经验得到省委常委、组织部部长张文兵的充分肯定，被写入省"两办"文件，先后被中央电视台、新华社《半月谈》《湖北日报》头版头条等央省级主流媒体报道100多次。

三、突出成效：融合发展，"两个中心"相得益彰

（一）参与基层治理展作为

"媒体＋新时代文明实践"催生"时间存折"机制，充分激发志愿服务者参与基层社会治理的积极性和主动性，带动一大批群众参与到共建共治共享当中，让幸福在家门口升级，形成了"人人参与、人人有责"的浓厚氛围。

72岁的老同志童祖富成立"银发调解志愿服务队",参与凤凰新城小区的矛盾调解中;退役军人成立"老兵冲锋志愿服务队",晚上针对人流密集场所进行巡逻执勤;志愿者郭进红,积极参与到法律知识讲解志愿服务队伍中……群众开心地说:"有了'时间存折',社区环境好了,道路通畅了,心情都变好了。"

(二)"两个中心"相得益彰

"两个中心"融合发展,释放各自潜能优势,打通了宣传群众、教育群众、服务群众的主渠道。一方面,新时代文明实践通过融媒体强大的传播能力和多样化的传播方式,拓宽宣传渠道,深入千家万户,让文明实践志愿服务更精准规范、更具实效;另一方面,融媒体平台通过文明实践活动扎根基层,为新闻报道提供源源不断的鲜活素材,使宣传报道更接地气、更具人气,把新思想新理念滴灌进群众心田。"两个中心"相互促进、相得益彰,初步实现了从简单相加到深度相融的转变。

近年来,"两个中心"在融合发展上交上了一份高质量答卷:南漳县融媒体中心先后获"全省广播电视系统先进集体""湖北省媒体融合优秀机构类先进案例、服务群众类最佳案例"等荣誉,南漳媒体融合发展经验、人才建设经验作为经典案例两次入选"国家广电智库";南漳县新时代文明实践中心谋划的"志愿+乡""'救'在身边"志愿服务项目分别获得全国、全省志愿服务项目大赛一、二等奖,打造的"一站一品"文明实践活动品牌、大型花鼓戏《情醉清凉河》荣获湖北省第十一届屈原文艺奖。

(三)下一步工作:推动"两个中心"更深层次融合发展

下一步,南漳县将在"媒体+新时代文明实践"已取得经验的基础上,边实践、边探索、边总结、边提升。一是"两个中心"统筹推进,建设思想传播的主阵地;二是"两个中心"深度融合,打造文明建设的主战场;三是"两个中心"集聚发力,搭建群众服务台。让"两个中心"更好地为地方党委政府和人民群众服务,在参与基层社会治理上形成更多经验,展现更大作为。

第三节　县级融媒体中心创新发展的未来思考

南漳县融媒体中心作为本地基层舆论引导的主阵地，承担着传播基层主流声音、凝聚基层社会共识的重要作用。未来，中心将充分挖掘、整合、利用各种资源，聚焦新闻、政务、服务、商务等领域，突破行业、主体和平台的壁垒，整合盘活全县各类政务信息、社会治理等稀缺资源，聚合"云上南漳"App 政务服务功能，建设"新闻＋政务服务商务"多功能、多层级联动融合的枢纽平台，实现从"信息提供者"向"城市服务者"拓展。

锚定媒体深度融合目标，南漳县融媒体中心从"相加"到"相融"到"融好"，进一步蝶变为融合化的智慧媒体。下一步将重点破解三个方面的问题。

一、聚焦队伍建设，破解人才瓶颈

通过专场招聘，每年有计划面向社会公开招聘专业技术人才，解决人员老化的问题；推行全员绩效考核，让有能力、能干事、干成事的人有为有位、名利双收，解决人才流失的问题；打破资历、年龄条框，任人唯贤，将人才"引"到关键岗位、让他们竞相成长，解决留不住才的问题。

二、聚焦产业发展，增强造血功能

在新媒体环境下，同大的传媒机构形成战略合作关系，在"三农""健康"等相关产业拓展发展空间，走多元化经营、综合性开发的产业发展之路，夯实媒体长足发展经济基础。

三、聚焦机制创新，激活全员能效

根据中心实际情况，不断深化体制机制创新，千方百计调动队伍的积极性、创造性，努力打造区域内有影响力的主流媒体品牌。

第二十六章
青州市融媒体中心：构建全媒体传播体系　打造大宣传舆论格局

青州市融媒体中心

青州市融媒体中心为公益二类事业单位，核定编制140人，与广播影视传媒集团一体化办公，下设22个部室，现有干部职工181人，拥有"一报、两台、一网、一端"五大自有宣传平台，开通新华号、人民号、央视频号、抖音号、快手号等30余个新媒体账号。近年来，青州市融媒体中心认真贯彻落实习近平总书记关于媒体融合发展的一系列重要指示精神，立足县级融媒发展实际，以推进媒体深度融合为目标，聚焦主责，深耕主业，全力打造全媒体传播新格局，传播力、影响力、公信力、竞争力显著提升。先后在全省融媒培训班上作云授课，在全省新闻舆论工作会上交流发言，在全省县级融媒传播力评价中三次获得第一名，并作为全省唯一的县级融媒代表参与党的二十大宣传报道，荣获全省首批媒体融合奖励资金。

第一节 创新融合工作开展情况

一、深化流程再造，创新全媒体采编机制

依托"闪电云"工作平台，实行采编一体"大新闻"工作体制，设立新闻中心，统筹负责广播、电视、报纸、新媒体及时政、民生新闻采编；打破部门壁垒，采编通过"闪电云"平台推送，记者一次采访、生成多稿、全媒传播；编辑实行轮换，既编辑报纸，也编辑广播电视和新媒体，倒逼原有80多名电视、报纸采编人员转型为能写、能剪、能策划、能直播的全媒记者编辑。通过重构采编流程，统一发声，融合作战，全媒体、多渠道的立体传播矩阵全面建成，传播效应和传播量级呈几何倍数增长。

二、深化内部改革，强化全媒体绩效考核

深入推进体制机制改革，采用"中心+集团"运营模式，事企双轨运行、内部一体化管理；深化用人制度改革，打破编制界限，实行全员竞聘，优化调整人员结构，8名企业人员走上中层岗位；深化分配制度改革，探讨制定《绩效考核管理办法》《创先争优工作考核奖惩办法》《活动绩效发放办法》《经营创收考核办法》；完善考评体系，实行量化考核、绩效管理，倾斜一线，优绩优酬，一线绩效系数是后勤部室的1.5—1.8倍；深化外宣、创优工作改革，对成绩突出的先进集体和个人给予重奖，最大限度激发工作积极性。

三、突出移动优先，构建全媒体传播机制

探索建立"新媒体首发、全媒体跟进、多平台叠加"的传播格局，即推出"记者一线"，利用"闪电云"平台，记者在15分钟内从新闻现场回传素材，"看青州"客户端第一时间发布简明新闻；移动端及传统媒体随后进行详细深入的跟进报道，对重点内容和选题再次剪辑制作，在客户端、微信公

众号以及上级新媒体平台账号再次发布,形成叠加效应。大力推进重要会议、重大活动、演艺、庆典等活动直播,让移动化、直播化成为融媒报道新常态,"两会"及重点工作推进会、重点项目集中开工等一系列重大新闻,实现图文直播、主播VLOG及短视频叠加融合传播。推行全员短视频,宣传部室每人每月不少于2条原创作品,实行每月评奖,鼓励员工大胆创新。2022年以来发布各类视频8873个,其中1000多万的短视频35个、100多万的短视频197个、10多万的短视频257个,形成良好的宣传效果。

四、强化阵地意识,主导全媒体主流舆论

坚持党管媒体原则,坚持政治家办台、办报、办网,严格采编刊播流程,规范三级审稿制度,加强新闻采编队伍的建设管理,严把稿件、节目审核关,《青州新闻》《有啥说啥》《联播青州》《青州教育》《与法同行》等品牌栏目质量稳步提升。同时,实行新闻例会制度,加强选题策划,充分发挥主流媒体舆论宣传作用,聚焦工业强市、金融兴市、生态保护、安全生产、项目建设、消费复苏、拼经济促发展、优化营商环境等重点工作,2022年以来策划开设"推动黄河流域生态保护和高质量发展""非凡十年""走在前开新局""千年古城新崛起 砥砺奋进新征程""做到两统筹夺取双胜利""深入学习贯彻党的二十大精神""新时代新征程新伟业 坚定不移推进高质量发展""打造乡村振兴齐鲁样板"等30多个专栏专题;策划原创《千年古城新崛起》《二十大·凯在北京》《李清照形象全国海选》《好品山东·品味青州》《文物有话说》《青未了》《谁不说咱青州好》等10多个系列短视频。

五、坚持策划先行,推进全媒体产品提质增量

突出重大主题报道和重要节点宣传,策划先行,认真选题,做好对上宣传。2023年,青州花卉、文旅、蚕种出口等亮点工作亮相央视《新闻联播》,23篇稿件在其他栏目播发;《创场景 提品质 推动消费升级》《项目建设快马加鞭 工业经济勇开新局》《加快构建绿色制造体系 推动传统产业转型升

级》《青州：让文化"流量"变旅游"留量"》《高标准建设院士工作站 摸排企业需求引导资源对接》等 60 篇重点稿件在《山东新闻联播》播发。在省电视台其他栏目发稿 353 条，省电台 514 条，闪电新闻 3363 条，居全省前列、潍坊各县市区第一名。同时，坚持以精品创优带动节目质量提升，在 2023 年年初举办的 2022 年度潍坊市优秀广播电视节目奖评选中，中心选送的 14 件作品全部获奖，其中广播短消息《我国首艘大型锡矿开采船下水启航》、电视专题片《强种筑基新农人——袁晓伟》、特别节目《李清照形象全国海选总决赛》、新媒体品牌专栏《二十大·凯在北京》四件作品荣获一等奖，其余十件作品荣获二等奖，获奖数量及位次在潍坊市各县市区台中居领先地位。

六、用好用活 App，提升全媒体融合实效

"看青州"App 在做好日常新闻资讯等功能运营的基础上，积极探索，完善客户端各类功能模块，为群众提供多样化服务，现已累计发展用户 37.3 万户。一是开展"媒体＋业务"。"看青州"客户端开设政务服务、党建、商务、民生服务等多个模块，下设民生百事、营商服务、政务公开、网上培训、干部培训、融媒商城等 13 个板块，提供咨询求助、投诉举报、建言献策、政务服务指南查询、违章查询、房屋出租等 50 余项服务。二是开通政务号。为青州市直部门、镇街开发区开通政务号账号。青州各市直部门、镇街开发区管理员，通过登录后台，可在"看青州"App 指定板块发布本单位新闻信息。目前，已有 64 家部门单位入驻使用。三是参与智慧政务建设。与市大数据中心联系沟通，打造完善的移动端政务服务功能。对接中国政务服务平台、山东政务服务网等，建设"看青州"App 24 小时网上办事大厅项目，应接尽接县域政务服务资源，为用户提供详尽的政务服务指南。四是突出"云端"特色服务。先后推出 18 场青州市人才（电视网络）招聘会，吸引 100 多家企业参与，提供 1.2 万个就业岗位，直播现场观看和回看直播人数达 30 万，达成就业意向 1.1 万个。推出"线上购车·看房""融媒云购节"等"云端"直播活动，完成线上交易 1200 多单。推出线上线下相结合的汽车·房产家居

文化节、企业推介暨人才招聘会、建材家居惠民博览会，受到商家和市民的一致好评。结合县级融媒体东西协作交流和庆祝建党100周年，推出井冈山—青州融媒同上一堂"云党课"，帮助井冈山融媒体中心实现真正意义上的跨时空直播。

七、坚持开拓创新，拓宽全媒体经营创收

积极探索"中心+集团"经营模式及"融媒+产业"运营模式，充分利用重点新闻宣传、大型活动推广、品牌营销策划、新媒体传播加力等手段，着力在新媒体平台上下功夫。充分利用大屏、小屏融合发展，积极打造全媒体营销平台、主流媒体强势品牌宣传推广平台，构建起品牌宣传推广营销体系。2023年，面对外部环境复杂多变、超预期因素叠加影响的严峻形势，中心充分发挥媒体资源辐射和聚集作用，转变经营理念，打造活动品牌，实现收入1359万元。

第二节　当前工作中存在的问题

在媒体融合的浪潮中，许多区县融媒也和青州融媒一样，跨越风云激荡的艰难起步期，在相"加"迈向相"融"的火热实践中实现了多点突破，取得了一定的成绩。但在媒体融合的过程中也暴露出存在的问题。只有发现并解决这些问题才能更好地实现县级媒体的深度融合，真正打通信息服务的"最后一公里"。

一、参与社会治理的功能不强

由于体制机制原因，部分区县的新闻客户端无法实现与绝大多数政务系统平台数据的互联互通，政务、党建、生活服务等部分本地个性化功能及掌上政务服务功能，多数只能提供办事指南，不能进行业务办理，实用性不高。

二、分众化宣传不够

适合分众化传播的融媒精品作品较少，传播效果一般。重点融媒作品多侧重在自有新媒体平台发布，而在一些央级、省级媒体客户端以及商业平台等其他入驻平台发布相对较少，好产品没有得到更好的传播。

三、平台关注度不高

新媒体平台传播影响力不佳，许多区县新闻客户端用户日活跃数、留存率、使用时长、后续传播指数等数据不够理想，用户黏性、互动体验和产品价值亟须提升，距离打造覆盖明确、特色鲜明、用户依赖、网民喜爱的移动融媒体平台还有差距。

四、专业对口、高学历及复合型人才短缺

在许多区县融媒特别是集采访、写作、摄影、编辑、短视频制作等全媒体传播技能于一身的复合型人才尤为缺乏。同时，年轻人才流失现象较为突出，导致职工队伍整体年龄偏大，结构不合理。

第三节 下一步工作的努力方向

一、打通政策堵塞，畅通服务渠道

建议从省级层面出台政策，打造全省一体化政务服务平台，对符合要求的县级融媒客户端予以免费接入；同时，为县级融媒提供统一技术支持，对县级融媒客户端定制功能要求及二次开发功能，给予免费开发和开放使用，实现线上为市民办理党建、政务、医疗、教育、养老等业务，方便群众生活。

二、聚焦目标受众，构建多元传播体系

以人为本，锁定目标。媒体自身要提升制作、传播能力，对新闻进行分类加工，提供差异化的新闻内容，以特定的渠道传播到目标人群中，从而实现传播效果最大化；渠道融合，差异推送。建议协调更多上级媒体和商业平台号，帮助县级融媒"借船出海"，凭借微信、微博、人民号、央视频以及抖音、快手等强大的传播力，让主流声音占领更多舆论阵地。

三、提高产品质量，打造过硬平台

一是坚持内容为王。充分发挥"台、网、端、微、号"一体化运作优势，注重强化"本土化表达"，积极帮助解决群众急难愁盼问题。二是坚持策划为王。对选题进行超前谋划、创意创新、精准报道，形成集约高效的内容生产体系，推出制作精良、受众面广的精品力作。

四、优化人才政策，释放人才活力

完善人才招录政策。对县级融媒体中心所需的摄像、播音主持等特殊专业岗位人才，建议组织、人社部门能充分考虑媒体工作特点和需求，特殊岗位特别政策，给予媒体更大的自主用人权，并在编制、财政资金支持等方面给予适当倾斜，科学考核激发人才活力。由省委宣传部牵头，会同组织、人社等部门，进一步明确适合县级融媒公益一类、公益二类单位的绩效考核政策，激发干事创业活力。

千帆竞发势如虹，百舸争流正当时！波澜壮阔的"互联网＋"时代，媒体深度融合发展已成为摆在我们面前的重要课题，也是一项长期而复杂的系统工程。青州融媒始终坚守"媒体＋"理念和互联网思维，以融为剑、守正创新，记录历史瞬间，书写时代华章，在逐梦前行的新征程中树立新形象、拼出新天地、展现新作为！

第二十七章

江津区融媒体中心：如何突破媒体融合发展"深水区"瓶颈

——构建"一体化、可视化、智慧化"全媒传播体系的经验和启示

罗玉江　龙春梅

党的二十大报告明确提出，要"加强全媒体传播体系建设，塑造主流舆论新格局"。区县级媒体作为融合发展布局中的重要环节，承担着中间地带的功能。深入探究区县媒体在媒体融合中的经验方法、参与基层社会治理的举措、以发展的眼光研究区县媒体在打造全媒体传播体系方面取得的进展具有重要意义。

作为重庆市区县媒体融合发展的先行者，江津区媒体融合改革以"一体化""可视化""智慧化"为抓手，致力于突破体制机制等改革"深水区"瓶颈，着力构建全媒传播体系，创新内容生产表达，参与区域现代化社会治理，在走好网上群众路线、扩大主流价值影响力版图中，"引导群众、服务群众"更加便捷、精准、高效。有关做法被中宣部部刊《宣传工作》单篇采用推广，获重庆市委常委、宣传部部长姜辉肯定性批示并要求总结提炼推广，当好区县融媒发展排头兵。

第一节　基本情况

江津地处渝西片区，媒体融合以前有报纸、广电台、网站三家正处级新闻单位，从业人员180余人。经分析研判，存在以下问题：一是媒体资源建设分散化、重复化。三家新闻单位各自为政，媒体平台资源重复建设、浪费明显，不利于形成区域宣传的"大合唱""最强音"。二是内容生产表达呆板化、常规化。主流媒体占领舆论主战场主阵地乏力，旧有的内容生产和传播方式已不适应互联网和自媒体高速发展的当下。三是参与基层治理手段单一化、传统化。媒体在参与现代化基层治理等治国理政中存在缺位、被动等现象，"媒体＋政务服务商务"手段单一、途径不多，主流媒体与用户黏性较弱。

作为重庆市区县媒体融合发展的先行者，江津区媒体融合改革以"一体化""可视化""智慧化"为抓手，致力于突破体制机制等改革"深水区"瓶颈，着力构建全媒传播体系，创新内容生产表达，参与区域社会治理，在走好网上群众路线、扩大主流价值影响力版图中，"引导群众、服务群众"更加便捷、精准、高效。

截至目前，江津融媒实现了从"真融真改"到"深融深改"的二次飞跃。资源、内容、技术、平台、渠道、管理、服务、运营实现一体化统筹，年收入突破2000万元；移动端平台矩阵粉丝量和下载量突破300万，"两微一端"综合排名位居重庆区县政务新媒体前列，直播、手绘、H5、小剧场等创新表达形成了一批可视化产品案例；客户端最江津成为"智慧江津"城市建设唯一入口，网络问政、公益直播带货、津品汇等栏目和项目成为民意表达和乡村振兴的载体，党媒深度参与和推动着区域社会治理现代化。

第二节 基本做法

一、"一体化"构建全媒传播体系

（一）顶层设计一体化

区委区政府统一部署、科学规划、高位推进区融媒体中心建设。江津区融媒体中心为区委直属正处级全额拨款公益一类事业单位，同步成立区文化传媒有限公司负责市场化经营，区融媒体中心履行出资人职责，对其进行行业指导和管理。目前，区委深改委会议专题研究突破了优稿优酬、多劳多得等体制机制"瓶颈"，实现了中心和公司战略一体化规划、组织一体化重塑、流程一体化重构、人才一体化培养、技术一体化支撑、经营一体化统筹、薪酬一体化考核，真正做到"融为一体、合而为一"。

（二）平台再造一体化

构建全媒体采编中心，打通广播、电视、报纸、网站、App、微信、微博等媒体平台，充分发挥"报网台微端屏"多平台资源优势，推动大屏带小屏、小屏通大屏、多屏连受众的全方位互动，实现信息内容、技术应用、平台终端、管理手段共融互通。目前，中心拥有传统媒体、新媒体、中渝主流媒体账号、重要商业平台账号、户外媒体平台等5大类共20余个传播平台。报纸实现AR/VR、虚拟主播等可视化有声阅读；电视栏目可在移动端、PC端、户外大屏、第三方社交媒体平台同步播出、实时回看；4045个应急终端村（社）全覆盖，是全国区县级应急广播样板；户外T型广告牌、户外电视大屏、户外党报阅报栏等户外媒体平台助力线上线下一体化拓展。

（三）资源共享一体化

盘活媒介资源和渠道，打造新型传播平台。对外与央媒、市级媒体、重要商业宣传平台等做好连接，实现"借船出海"，入驻了人民号、央视新闻、央视频等主流媒体账号以及抖音、腾讯企鹅号、今日头条、喜马拉雅等重要商业平台账号共 14 个；对内与区内各部门、镇街等企事业单位共享资源，通过托管镇街部门微信公众号、网站，形成江津融媒资讯矩阵，实现江津全域政务服务信息资源的联通汇聚；同时广交"圈友"，和泸州、合江、永川等成渝双城经济圈上的兄弟融媒体中心建立常态化合作机制，互惠共享共赢，新闻宣传实现全网全媒"上下通融"、同频共振。

二、"可视化"推动内容生产表达

（一）丰富可视化形式，增强接受度

成立融媒直播、新媒体产品创作、影视制作等 10 个"融媒+"工作团队，以符合互联网传播的写作语言和编辑布局，灵活运用短视频、直播、H5、手绘、动图、小程序、海报等丰富多样的形式对内容进行立体呈现，打造鲜明的江津融媒 IP。以围绕中心工作为例，《江跳线完成"跑图"试运行》《江津黑科技》《啰南情歌江津版》等系列创意短视频，通过记者打探、亲身体验和剧情演绎等方式，少了说教味，多了亲切感，累计流量超 6000 万。"两会"等重大主题宣传，在直播的同时，通过"即时快剪+快速精剪"，可以半小时内出短视频新闻，达到了既"抓人眼球"又"余音绕梁"的效果。江津"两会"期间，AI 主播小月+动画生动展现报告的重点内容，《主播带你一图读懂政府报告》视频版采用主播抠像结合虚拟场景展开，高端制作引领高品质呈现；《向人民报告江津区 2021 这一年》，采用横屏精美手绘长图解读；10 余个创意 VLOG 和乡村振兴、民生实事等紧密衔接……一系列又"新"又"潮"的产品成为当仁不让的"爆品"。两年多以来，中心生产的可视化产品全网流量上亿的 3 条、1000 多万的 22 条、100 多万的 680 条。

（二）注重可视化需求，提升参与度

以"融媒+活动"深耕本土、增强互动、提升黏性，实现"周周有小活动、月月有大活动、季度有品牌活动"。拓展文化传播，和区级文艺界协会、区级部门等联合举办各类全区性赛事活动，比如江津区器乐大赛、舞蹈大赛、声乐大赛、主持人大赛、板书大赛、少儿春晚等，和全区所有文艺赛事深度合作；举办丰富多彩的线上线下活动，联合网信办、文明办开展我们的节日、"雷锋精神处处在"志愿服务、"家国同庆晒祝福"等线上图片视频征集活动，联合抖音、快手，组织摄影爱好者和文艺家志愿者开展"飞阅江津"摄影评比活动和网友见面会；常态化开展"大型媒体公益行"活动，先后走进20余个学校帮助贫困学生完成心愿1600余个，筹集发放爱心物资上百万元，媒体公益行队伍不断得到壮大和充实。融合以来，共策划开展线上线下活动180余次，参与人数达650万。

（三）研发可视化应用，增加精准度

依托微信平台的活跃度、小程序稳定的生态环境，自主研发"江津融媒"微信小程序、微信公众号H5站点与客户端"最江津"App实现数据互联互通，形成多端入口数据融合的融媒体平台，集新闻频道、投稿爆料、网络问政、电商服务等板块数据实现用户数据共享，在用户使用中形成用户画像，按用户喜好实现大数据精准推送。依托客户端"最江津'积分商城'"板块，研发积分兑换机程序，粉丝和用户通过转发微信公众号和App的新闻产品、参与评论区互动，可获取相应积分，在兑换机上实现24小时自助扫码免费兑换日常生活用品。积分兑换机上线应用1年多以来，线下参与人次超过2万。

三、"智慧化"参与区域社会治理

（一）延伸触角，提升治理效能

以"开门办媒"为出发点，组建"融媒通讯员""融媒粉丝群"社会记者队伍超3000人，实现部门、镇街、企事业单位、村（社）全覆盖，提升媒体的社会动员和组织功能。研发江津纪委民生实事查询系统，该系统是集民生资金"公开公示、投诉监督、信息共享、政策宣传、统计分析"为一体的多功能综合性信息化平台。老百姓可随时随地登录平台查询个人补贴信息、民生项目信息、相关政策法规等，同时可以在线举报投诉，以信息公开强化对权力运行的制约和监督。

（二）畅通渠道，提升监督效能

以"媒体监督"为利剑，着力办好"融媒问政"，打造集"问政平台、问政调查、问政反馈、融媒内参"的四合一问政体系。目前已入驻了部门镇街107家问政单位，每个单位有专门的联络员负责在线解答群众诉求疑问。对于部分民生热点、难点、堵点，以每周两期的频率，开展问政访谈和问政调查等监督类报道。网络问政还纳入了区网信办的舆情参阅，实行每月通报，年终考核占比3分。对于有价值的信息，中心不定期形成《融媒内参》，上报区四大班子主要领导参阅。针对接收到的民生需求，成立"融媒帮帮团"对接服务，帮助群众解决买药难、卖菜难、办证难等急难盼愁事项500余件。目前"融媒问政"解决群众投诉事件21890起，交办回复率98.5%。民情民意"反映在江津、解决在江津"的目标基本实现。

（三）盘活流量，提升智慧效能

发力本土客户端"最江津"，导入"渝快办"、疫情查询、新时代文明实践中心、智慧公交、民生信息查询等各项政务服务，"最江津"成为江津"智慧城市"建设的唯一入口。上线江津唯一的官方电商平台"津品汇"，由区委宣传部、农业农村委、文旅委、供销社、经信委、商务委共同主办，市民可在微信小程序中搜索"津品汇"进入商城购买产品，目前入驻本地商家157个，江津特色商品数3575个。开展"乡村振兴·直播带货"公益项目，帮助农业企业、大户、散户农副产品"出山""进城"，累计销售遍及19个省、市、自治区，主播左正荣获首届"寻找西部带货王"电商主播大赛冠军。以党媒直播带货为引领，江津区走出了"橄榄电商女王"何春梅、"重庆英才计划"人才蔡国学、"中国农村电商致富带头人"周鸿等"新农人"，一大批"土专家""田秀才""乡创客""农产品带货主播"脱颖而出，乡村人才真正实现了用得好、留得住、有活干、有钱赚。中心在盘活"新闻＋政务／服务／商务"中，以流量变现助力密切群众联系，多途径构建智能媒体新平台和治国理政新平台。

第三节　经验启示与未来展望

一、经验启示

（一）因势而谋，促进"合"与"活"的有机统一

江津作为改革先锋探路者，区委区政府做好顶层设计，从政策、资金、人才等方面加大对媒体融合发展的支持力度，扶上马再送一程。融媒体中心主动作为，在平台再造、汇聚资源、打通渠道、管理运营上深度融合，着力打造"主流舆论阵地、综合服务平台、社区信息枢纽""新闻+政务服务商务"一体化发展催化融合质变，放大一体效能，融媒事业发展呈现出"源头活水"的勃勃生机。

（二）应势而动，促进"形"与"神"的有机统一

融媒体时代需要通过内容传播来触达、链接人民群众，如何推进内容生产和传播方式的供给侧结构性改革成为关键一环。江津融媒体中心坚持移动优先策略，以可视化为重点，以内容本土化为路径，以"融媒+活动"为运营突破口，积极发展各种互动式、服务式、体验式新闻信息服务和商务拓展，推动党的声音直接进入各类用户终端，努力占领新的舆论场。

（三）顺势而为，促进"治"与"智"的有机统一

当前，县域用户已成为移动应用最大的增量群体。江津融媒体中心强化互联网思维，加大技术开发应用，以技术赋能深度参与到县域基层治理和智慧城市建设中。同时聚焦民生民情，拓展媒体监督功能，第一时间回应群众关切，以更多的延伸服务密切和群众的联系，牢牢占据舆论引导、思想引领、文化传承、服务人民的传播制高点，让互联网的最大变量成为最大增量。

二、未来展望

（一）在"新闻+公共服务"上有突破

抢抓江津区创建全国广播电视基本公共服务标准化试点工作机遇，深度参与到江津区智慧广电建设中，推动应急广播体系建设，强化数字文化服务和流动文化服务，打造高新视听产业基地，拓展衍生产品市场。

（二）在"新闻+新技术应用"上有突破

深耕本土新技术应用领域和场景，拟开展江津区国有企业采购数字化建设，实现采购业务的全流程电子化协同操作与管理，助力形成公平、公正、有效、有序的营商环境。同时，深度参与到"数字江津"建设中，探索区块链、物联网、人工智能等在"新闻+"上的运用。

（三）在推进基层治理现代化上有突破

升级迭代客户端，打造群众离不开的App，让市民通过App即可实时了解出行停车、就医就业等，并开发城市信用积分，密切用户联系。同时打造城乡社区服务平台，拟建设"社区云上江津"，云上实现智慧广电、智慧小区、智慧物业、智慧营销等综合服务功能，云下通过媒体承办各种节庆活动、娱乐活动、康养义诊活动、主题论坛活动、名优特产进社区等活动，构建"社区+居民+商家+媒体"四合一落地模式，实现多赢。

第二十八章
邳州市融媒体中心：银杏融媒"数智化"赋能县域治理

徐希之　黄　扬

　　作为江苏省县级媒体深度融合试点，2018年邳州在全省率先挂牌成立县级融媒体中心，塑造"银杏融媒"品牌，精心培育根强干壮、枝繁叶茂的新型主流媒体，坚持以机制改革为魂，激活用人制度，探索事企一体化运作模式，设立管委会、编委会、经委会，组建智慧港、融媒学院、银杏视频创意工场、电商产业园"一港一院一场一园"创新基地，不断激发融媒新活力；以移动优先为要，做强"智慧大脑"，构建"两台一报一网、两微一端多平台"八位一体传播矩阵，形成全平台、全天候传播机制，推进全员转战新媒体，移动端总用户量突破300万，不断增强融媒传播力；以内容创新为本，追求导向的精度、引导的力度、贴近的温度、表达的鲜度，不断提升融媒引导力，2023年累计22件作品获得中国新闻奖、江苏省好新闻等省级以上奖项；以综合服务为核，拓展"融媒+政务+服务+产业"，创新经营体系，增强自我造血能力，不断深化融媒服务力。2019年，邳州市融媒体中心出版发行聚焦县级融媒体中心建设的全国第一本专著《银杏融媒——县级融媒体中心建设的邳州实践》，形成了可借鉴、可复制、可推广的改革成果和经验，为全国县级融媒体中心建设提供借鉴和参考。2020年被国家广电总局评为全国广播电视媒体融合先导单位,并入选中国(江苏)广播电视媒体融合发展创新中心共建单位。

近年来,银杏融媒把"数智化转型"作为深化媒体融合的重要抓手,探索推进"融媒数智化"赋能县域治理,依托"邳州银杏甲天下"客户端,通过政媒联动,打造数字政府服务平台,整合全市政务信息资源,构建一体化政务公开和审批服务系统,汇聚63类集成服务、200个功能应用、1600个审批事项,实现政务服务"一端通办";通过城媒相融,共建智慧城市治理体系,打破信息孤岛,构建"城市大脑",推进数"聚"驱动、数"治"赋能、数"享"生活,实现城市运行"一网统管";通过产媒连通,助力乡村振兴百姓共富,建立企业联盟助力农民增收,塑造品牌联盟助力产业转型,开展文旅联盟助力经济复苏,实现数字经济"一码富民",在推进社会治理现代化和中国式现代化新征程中展现融媒担当。

第一节 政媒联动,打造政府数字治理平台

依托融媒体客户端,打造集政策发布、政务服务、政民互动于一体的高效化、数字化、移动化的政府服务平台,让群众可以了解政府动态、向上反馈信息、参与政府决策、实现政社互动,重点解决社情上不来、精神下不去、问题都上交、群众办事难等基层治理的痛点问题。

一、汇聚平台,政务信息一网通

组建银杏融媒观察站和特约记者团队,基于"邳州银杏甲天下"客户端,开发"银杏号"政务信息发布平台,建立二级供稿链路,200家政企单位入驻,全年累计发布各类政务信息1800多条,实现一个平台扎口、一个宣发出口,让用户"一端阅尽百家事"。同时,推进"融网合一、小屏连大屏",联合江苏有线打造智慧广电乡村工程,把客户端优质内容和服务功能通过电视屏向农村延伸,目前已覆盖15个镇(街)、165个村(社区)。

二、个性定制，群众服务一次办

开发"掌上办"平台，个人办事、法人办事、一件事一次办、婚姻登记、异地就医等服务事项，一键办理、一网通办，2023年群众平台访问量已突破100万人次；开发"文明实践"平台，28万志愿者入驻，群众点单、平台派单、志愿者接单，实现点对点精准服务群众，累计接单量达6万条。

三、畅通渠道，协同治理一端融

推出"问政邳州"数字平台，融合直播问政，150家单位协同处置，累计解决群众问题5200多件；"搭把手"市民服务平台，融合短视频栏目，群众求助，记者帮办，累计化解群众纠纷832件；"违建随手拍"举报平台，"你举报我来拆"，让群众参与城市治理，累计拆除违建近万平米；"智慧人大"云平台，2500名人大代表掌上履职，群众有事"码上找代表"，代表马上办。通过数字化赋能，着力打造全市一体化诉求中心，整合各渠道诉求，建立统一的回复处置机制，真正让问题不上交，解决在基层。

第二节　城媒相融，共建智慧城市治理体系

如何对接智慧城市建设，加快成为服务经济社会治理和发展的"枢纽"平台？邳州市融媒体中心与邳州市大数据中心、邳州市政务服务中心、江苏有线建立融合联动机制，依托融媒体技术平台，开展智慧城市建设，推进数"聚"、数"治"、数"享"，实现融媒与城市相融共振，着力解决城市运行、居民生活中的堵点问题。

一、数"聚"驱动，打破信息孤岛

采取"一端+多云+一核"模式，整合汇聚分散在各单位的审批、服务、管理、舆情等28个系统平台，把面向群众的服务端口全面接入融媒客户端，实现政务数据交互共享。

二、数"治"赋能，构建一网统管

参与建设"城市大脑"，打造县域治理中枢，构建社会治理现代化指挥体系，为数智政府、数字邳州建设持续赋能。疫情期间自主开发"来邳报备"系统，实现市镇村分级管理，对来邳人员、车辆进行审核、跟踪管理、落实政策，建立重点人员数据库，带动客户端新增下载15万。

三、数"享"生活，实现一端通城

推进"智慧交通""智慧医疗""智慧教育""智慧社区"等应用场景开发，"我的社保""我的公积金"一键可查，水电费、燃气费、电视费、电话费、社保费掌上可缴，"预约挂号""门诊缴费""报告查询"就医更便捷，一端在手、全城通办，各类应用累计使用次数突破千万。

第三节　产媒连通，助力乡村振兴百姓共富

发挥平台枢纽功能，链接农民、企业、政府、消费者，推动社会各界资源互动和共享，推动企业联盟、品牌联盟、文旅联盟的作用发挥，发展乡村经济，带动乡村消费，重点解决经济发展、乡村振兴中遇到的难点问题。

一、组建企业联盟助力农民增收

联合本土国企开展"村企联建"，参与打造甘山红薯、新河稻米、占城苹果等基地近1500亩，实现村集体收益超2000万元。参与建设的智慧农业大数据平台，实现种植、管理、销售全数字化流程，助力试点村集体经济增收。

二、搭建品牌联盟助力产业转型

整合本土农业品牌，推动农业加工企业向直播电商拓展转型，打造直播电

商产业园、数字产业基地，联合相关部门共同培育孵化一批电商品牌，"邳州炒货"通过建设数字化平台，激活了散落在全国的十余万邳州炒货从业人员和 4 万家零售店，"邳州炒货"年产值高达 400 亿元，占全国同行业销售份额的 15%。

三、创建文旅联盟助力经济复苏

整合邳州景区、农场、旅行社等资源，与文旅局共同打造"五彩之境大美邳州"全域旅游品牌，推出"主播带你去旅行""主播嗨邳 Go"等融媒旅游品牌栏目，组织开展新春大集、文化旅游节等大型文旅活动，联合商超、企业推出"门票＋消费券"模式，开发建设全域旅游智慧平台，通过融媒体 App 可以"一机游邳州"。

银杏融媒通过"数智化"探索，有效推进了媒体融合向纵深发展，取得了显著成效。一是舆论引导能力不断提升，进一步壮大"两微一端多平台"移动传播矩阵，其中"邳州银杏甲天下"客户端注册用户达 170 万，连续两年摘得中国县域最强广电 App 冠军奖牌，获评江苏省广播电视媒体融合创新平台品牌，成为邳州信息发布总出口、城市服务总入口和社会治理总枢纽。二是服务社会能力不断提升，从新闻喉舌向社会治理中枢不断升级，实现上联党委政府、中通多元治理主体、下达社会公众，发挥主流媒体中流砥柱作用。三是自身造血能力不断提升，全年经营收入突破 5000 万元，其中数智化业务占比超过 60%，实现多元、创新、可持续发展。"银杏融媒综合服务平台"荣获"2022 长三角广播电视媒体融合优秀案例和网络人气奖"；银杏融媒"数智化赋能县域治理"项目先后获评 2023 全国广播电视媒体融合典型案例提名奖、2023 长三角广播电视媒体融合典型案例奖。

第四节　未来发展思考

面对新形势、新技术、新业态，县级融媒如何借力"数智赋能"，寻求更大突破？银杏融媒将深化数智化转型，坚持一个核心——移动优先，找准一个路径——智慧港，突出一个重点——客户端，探索实践"融媒"向"智媒"转型之路，重点在融新闻、融政务、融城市、融生活等方面寻求更大突破，着力打造新型主流舆论阵地、综合服务平台、社区信息枢纽。

一、融新闻，生产智能化

积极探索应用AI技术，实现在AI写稿、AI主播、AI视频编辑、智能字幕、智能配音、智能检校等方面的快速高效生成，推进内容智能化生产，力争打造一批有影响力的品牌栏目，推出一批有传播力的精品力作。

二、融政务，治理数字化

依托"邳州银杏甲天下"客户端，发挥"一县一端"作用，进一步整合政务资源，实现平台汇聚、服务汇集、问题汇总，推进政务服务掌上办、民生问题"码"上办，让群众办事更便捷、诉求好解决。

三、融城市，服务一体化

推进智慧城市应用场景开发，进一步优化提升"我要办""我要问""我要查""我要缴""我要找"五大应用场景，实现一键办理、一网通办。完善"同城生活"服务平台，找工作、找房子、找家政、找美食、找优惠，生活服务一键触达。

四、融生活，社区未来化

围绕打造"社区信息枢纽"，打通引导群众、服务群众"最后一公里"，探索以客户端为基座，开发元宇宙数字社区，通过虚拟交互场景，为用户提供物业、生活、互助、交友等一站式社区生活服务，接入"吃喝玩乐游娱购"全新场景，植入"AI社区管家"，实现千人千面、精准画像，赋能县域治理。

第二十九章

庆云县融媒体中心：深化改革创新之路　增强自我造血能力

——积极探索"融媒中心＋国有公司"模式

王洪亮

近年来，庆云县融媒体中心坚持以习近平新时代中国特色社会主义思想为指导，实施"融媒中心＋国有公司"战略，引进现代企业管理，实行市场化运作，全面推进国有文化企业建设，探索出一条既符合中央文化体制改革要求，又符合新时代县级融媒体中心发展实际的改革创新之路，实现社会效益、经济效益双丰收。

庆云县融媒体中心于2019年6月组建完成，为县委直属正科级公益二类事业单位，归口县委宣传部领导。目前，干部职工81人，其中正式员工56人、合同制员工25人。下设办公室、财务室、技术保障部、总编室、新闻采访部、编辑制作部、节目专题部、短视频部、广播部、播音部、产业运营部共11个部室。

庆云县融媒体中心党支部充分发挥党建引领作用，始终坚持"党管媒体"，坚持正确的政治方向、舆论导向、价值取向和宣传志向，强化党对新闻舆论工作的领导，把党管宣传、党管意识形态、党管媒体贯穿到媒体融合各环节、全过程，把牢意识形态的领导权、管理权和话语权。成立了党支部书记任主任，总编辑为常务副主任，各分管领导为副主任，一线业务部室为成员的编委会，定期召开例会，认真学习贯彻习近平总书记重要讲话精神，提高政治站位和政治敏锐性，增强新闻记者党性意识，及时传达贯彻中央省市县重要部署，结合县委、县政府中心工作策划报道主题、思考报道角度，写出党性和人民性高度统一的有高度、有温度、有角度的新闻作品，切实增强新闻宣传引导力。

目前，庆云县融媒体中心融合了庆云电视台、庆云广播电台、庆云报、"智慧庆云"App、"智慧庆云"微信公众号、"智慧庆云"视频号/抖音号/快手号等十余个宣传平台，通过传统媒体与新媒体的互融互通，建立起了规范有序的运行协调机制，统一管理、统一运营、统一办公，形成"差异化、分众化、立体化"的产品，实现了"一次采集、多种生成、多元传播"的宣传格局。

庆云县融媒体中心成立以来，充分发挥县级融媒体中心贴近基层、更接地气的优势，坚持移动优先，做优主平台，将"智慧庆云"App打造成技术先进、特色突出、用户众多、自主可控的综合信息服务平台，提供本地新闻、国内热点、政务服务、民生服务、生活向导等多项功能，集电视直播、电台直播、短视频、拍客、便民服务、政务服务、精彩活动等为一体，开设民生服务板块，已开通70余项服务功能，为群众提供便捷、实用的服务项目，让群众获得"一端在手尽知庆云"的最佳体验。

第一节　构建媒体运行新体系

2018年6月，庆云县融媒体中心在原电视台产业运营中心基础上，经县政府批准，注册成立国有独资文化企业———庆云星云文化传媒有限公司，公司实行企业化运营，由庆云县融媒体中心管理，利润通过财政全部交融媒体中心，用于事业发展以及职工绩效工资、日常运转费用等，"融媒中心+国有公司"模式初现雏形。

2019年7月，庆云县委、县政府成立工作专班，统筹推进融媒体中心深化改革工作,县委宣传部制发《关于加强县融媒体中心建设的实施方案》和《庆云县融媒体中心绩效考核管理办法》。庆云县融媒体中心聘用人员全部划转星云文化传媒,重新调整分配制度,改革人事制度,建立全新的薪酬管理体系,充分激发全体干部职工干事创业积极性,最终确立形成"融媒中心＋国有公司"拓展经营创收、激发内生活力的新路子。

公司化运作反哺融媒体发展。星云文化传媒通过公司化运作反哺融媒体中心发展,形成公司与中心良性互补、共同壮大的良好局面,基本保障了合同工工资保险以及中心基本运转费用,实现自身"造血"。

第二节　激发融媒发展新活力

一、大刀阔斧深化人事制度改革

庆云县融媒体中心按需设岗,明确各部门、各岗位职责,内部人事管理由身份管理转为岗位管理。中心分管负责人和中层干部全部竞聘上岗,各部门工作人员由部门负责人和员工本人进行双向选择。庆云县融媒体中心聘用人员全部与星云文化传媒签订劳务合同,同时不受身份限制,平等参与融媒体中心竞聘上岗和双向选择。通过内部人事管理改革,融媒体中心打破了身份界限,建立了"能上能下、能进能出"的选人用人机制,为优秀人才脱颖而出创造了良好环境,为培育优质部门团队提供了有力保障,极大提高了员工干事创业积极性。

二、按绩取酬深化薪酬制度改革

《庆云县融媒体中心绩效考核管理办法》的出台,确立了同工同酬、多劳多得、优质优酬原则,建立了以岗位奉献、绩效考评、动态管理为核心的薪酬管理体系。融媒体中心按照岗位职责、工作量、工作效率、工作业绩等对员工进行绩效考核,把绩效考核结果与薪酬发放直接挂钩,彻底打破干多干少一个样、干好干坏一个样的局面。同时，星云文化传媒岗位人员除正常工作绩效，还享受创收奖励。这充分调动了全体员工的工作积极性、主动性、创造性、创新性，进一步增强了单位整体发展活力。

三、统一运营融媒体广告业务

星云文化传媒以租赁形式统一运营融媒体中心广告资源，做好融媒体产品的经营创收，抽调中心精干营销力量充盈到星云文化传媒，保障了广告营销团队的建设。

第三节　拓展融媒创收新路径

一、"媒体+广告"保障资金来源

星云文化传媒以租赁形式统一运营融媒体中心广告资源，推动融媒体产品经营创收增效。设立广告设计部，积极拓展平面设计、户外广告业务，建成融合县域广播、电视、报纸、网站、"智慧庆云"App、"智慧庆云"官方微信、微博、抖音等在内的全方位传播矩阵，为广告创收提供强大的平台支撑。

发挥资源整合、内容聚合优势，承接各类宣传片、汇报片、公益片制作业务100余项。近年来，星云文化传媒广告平台资源创收478.7万元，占总体收入的28.9%，其中新媒体平台广告营收逐年递增，年增幅15%以上。

二、"媒体+文化"拓展宣传收入

近年来，县融媒体中心连续承办国台办重点对台文化交流项目海峡两岸八极拳技艺交流大会、"京津冀鲁"龙舟邀请赛，以及新时代广电融媒体经营与发展（庆云）峰会、央视《丰收中国过大年》走进庆云、农民丰收节、房交家装交易会、春晚、少儿春晚、开工仪式、房地产开盘等重大文化活动、商业宣传活动近400场次。2023年7月，举办第18届消夏艺术节暨第2届啤酒文化节,共吸引游客 3 万人次,实现销售收入 95.52 万元。各类大型活动的举办既丰富了群众精神文化生活,提高了庆云的全国美誉度,激发了市场活力,促进了区域消费,又赢取了县领导的认可支持,锤炼了融媒体中心人才队伍,同时也促进了星云文化传媒营收。

三、"媒体+设计"实现文化创收

星云文化传媒在文化工程领域求突破,业务涵盖展厅展馆布置、装饰装修、企业整体环境设计、党建文化设计制作等。先后承接吴钟八极拳博物馆、融媒体中心办公区域基础装修、严务红色记忆展馆、常家镇红色展馆的设计建设,文明城、卫生城创建氛围打造以及多个单位党建文化室建设。截至 2023 年 11 月,星云文化传媒营收 2000 万元,2023 年上半年,实现营收 344.03 万元,同比增长 32.1%,其中,非传统广告收入占比 75% 以上。

四、"媒体+代理"促进服务升级

2021 年 4 月,星云文化传媒经县政府批准成立山东优逸招标代理有限公司,培养专业人才拓展招标代理业务,先后完成庆云县城南公共服务提升(庆云县文化体育中心)工程、庆云县融媒体中心网络安全等级保护服务等多个项目的招投标代理服务工作,实现收入 48.5 万元。

2023 年 9 月,星云文化传媒有限公司与上海翔立方文化体育集团有限公司正式签约,共同组建运营管理公司接手运营庆云文化体育中心,将庆云县作为品牌进驻山东省的首发站,对整个场馆实行集约化运作,创新经营,统一管理,科学考核,第一阶段打造以品牌运营管理、赛事活动举办、青少年教培训练、体育旅游、体育装备零售为核心的体育综合体,第二阶段运营新建改建体育公园、体育绿地、体育场馆等,打造翔立方山东总部(大区基地)。

2022 年,庆云县融媒体中心获评山东省十二家县级广电媒体融合先导单位之一。在 2023 中国县级融媒与乡村振兴融合发展年会上,庆云县融媒体中心主任王洪亮作了题为《深化改革创新之路 增强自我造血能力——庆云县融媒体中心积极探索"融媒中心+国有公司"模式》的典型发言,该案例获评"2023传媒中国年度县级融媒体中心建设优秀案例"。

第四节　改革提动力　服务为目标

县级融媒体中心建设是加强和改进基层宣传思想工作、推动县级媒体转型升级的战略工程。改革为县级融媒体中心建设增加内生动力,而所有的措施最终都是以加强融媒体中心的服务能力为根本目的。

一、移动为先,建平台

随着技术不断发展,移动媒体也进入加速发展阶段。融媒体建设要坚持移动优先,实现报纸、广播、电视、网站、客户端等媒体资源一体化运作,优化"策、采、写、编"新闻生产流程,构建"一次采集、多重生成、多元发布"的全媒体矩阵传播格局。

二、内容为要,转方式

融媒体中心要树立"内容为王"的理念,创新传播方式,努力将内容优势转化为传播优势。一方面,要打造优质原创内容。推出受众喜欢的本土化内容和接地气的特色内容,生动地讲好故事,最大限度扩大提升新闻的传播力和影响力。另一方面,要创新新闻传播方式。多生产精准短小、鲜活快捷、吸引力强的内容,加强短视频、微视频等小微产品,让宣传的内容表达可闻可见可感可知。

三、以人为本,提质量

"引导群众、服务群众"是县级媒体融合的根本目的,做好服务才是实现县级融媒体中心建设的根本。县级融媒体中心在建设融媒体中心的过程中,要把服务群众的功能贯穿始终，传播权威主流新闻，为当地发展营造良好氛围。

四、改革为魂，促融合

县级融媒体中心要打破信息壁垒。要求各级党政部门和企事业单位将可开放的互联网数据、信息和网络便民服务内容，全面向区融媒体中心开放，打破政务、行业、媒体之间的信息壁垒，以数据融合资源，聚合管理区内各部门各行业新闻内容，在县级融媒体中心平台实现内容的高效传播。实现向下提供宣传服务，向上提供民意反馈，以数据实现信息互通，构架党政机关、企事业单位与用户之间的沟通桥梁。其次，要提升"造血"能力。加快县融媒体中心建设，输血十分必要，但不能全靠输血，要强化以市场化为导向的媒体融合发展，不断增强区融媒体中心的内生动力。

五、人才为基，激活力

一方面，针对传统媒体队伍老化、人才匮乏等问题，要"走出去"和"请进来"并进，把新媒体人才列入年度人才引进计划，引进专业人才和大学毕业生，同时把现有人员选送到高校或先进地区媒体单位培训，提升队伍的专业素养和融媒体运营能力。另一方面，要根据媒体工作的特点和规律来建设融媒体中心，在人事、财政、薪酬上采取适应融媒体发展的思路，敢于突破，敢于尝试。核心就是要深化人事薪酬制度改革，打破原先"大锅饭"模式，解决干多干少一个样问题，推行"基础工资+绩效工资+绩效奖励"的分配模式，实施"优稿优酬、劣稿低酬"及"兴趣化组合、项目化施工"模式，淡化"事业编制""聘用制"等概念，因事设岗、因岗配人，定员定岗，充分调动干部职工积极性、主动性、创造性。

简而言之，建设县级融媒体中心，就是要按照中央要求，切实整合县级媒体资源、巩固壮大主流思想舆论。要深化机构、人事、财政、薪酬等方面改革，调整优化媒体布局，推进融合发展，不断提高县级媒体传播力、引导力、影响力、公信力。

第三十章

天长市融媒体中心：以"活动"引"活水"促"活力"

刘兴民　刘晓峰　王秋生　骆倩雯

天长市融媒体中心为公益一类事业单位，挂牌于2018年12月18日，班子组建并正式运行于2019年3月7日。目前，中心班子成员5人，共设立了综合办、财务计划部、总编室、新闻采访部、新媒体部、电视频道运行部、广播频率运行部、技术播出部、综合业务部、无线发射部、天广传媒公司等13个部门，辖直属事业单位1个——广播电视发展服务中心（公益二类），目前在职职工总数为171人。组建伊始，天长市融媒体中心就致力于稳步推动"传统"和"新型"媒体资源由"物理相加"实现"化学融合"，目前中心已形成了阵容强大的媒体矩阵，将天长人民广播电台FM104.8、天长电视台、市委机关报《今日天长》、政务微信公众号"天长发布""天长市人民政府发布""天广传媒""1048TC"、抖音号"天长融媒"以及天长市人民政府网、天长新闻网、"天长发布"视频号、"爱天长"App等16个权威媒体平台集于一营，不仅做到了全媒体资源的融合汇聚、融合生产、融合发布，更实现了统一调度，集中发声，多元发布，即时传播，全面占据了舆论宣传阵地至高点。

2023年，中心经营方面的总收入约为2100万元（不含专款和财政拨付资金）。

第一节　大张旗鼓、不遗余力开展活动

从人数上看，天长融媒在全省县级融媒体中心中体量位于前列，就收入而言，也属尚可。那么，在做好新闻宣传主业的同时，为什么我们还要大张旗鼓、不遗余力地开展活动呢。原因主要有以下两点。

一是有压力。虽说人多好办事，但天长融媒在职干部职工中，财政供给只有33人，其他均为事业编制自收自支或聘用人员，自我造血的压力很大，要求很高。就总收入而言，天长融媒的数字电视收入占了绝对大头，但受电视观众老龄化、电信、移动、自媒体竞争等诸多不利因素影响，用户从最高峰12万户呈逐年流失态势，至2023年底只有大约4.6万户（仍在下滑），与此同时，广告收入也是断崖式下降，电视广告十年前最高的时候近1000万，现在只有不足100万元。此外，前几年，中心主动试水了线下销售，也积极尝试进军旅游市场，但受多种综合因素影响，总体收效不大。面对收入与支出之间不断扩大的剪刀差，中心倍感生存压力，不得不居安思危。

二是有能力。面对真实存在且无法躲避的生存压力，以"融媒路在何方"为题，天长融媒党组班子广泛调研，并和中心干部职工利用各种机会交流谈心，还发出了征集"金点子"的倡议。结合实际判断和反馈，大家广泛认为，天长融媒的"二次创业"着力点应该也必须是——搞活动。搞活动，无外乎平台、人才、市场这几方面要素，对天长融媒而言，能力完全具备。拿平台来讲，我们将天长人民广播电台FM104、天长电视台、市委机关报《今日天长》、政务微信公众号"天长发布""天长市人民政府发布""天广传媒""1048TC"、抖音号"天长融媒""爱天长"以及天长市人民政府网、天长新闻网、"爱天长"App、城乡户外大屏等十多个权威媒体平台集于一营，有着强大的媒体矩阵。再说人才，搞活动离不开策划、包装、搭台等，但主持人更是灵魂和核心，我们中心现在的男女主持人多达16人，且大多数是"80后""90后"

都形象靓丽、有抱负有才情、有朝气有活力，深受当地听众、观众喜爱。活动中有他们站台，可以说磁场巨大。再说市场。一年365天，国庆、中秋、护士节、教师节、儿童节等各类纪念日贯穿相连，开业、奠基、厂庆、店庆等政务、商务、生活服务类庆祝活动也是此起彼伏，做好了，何愁没市场？

第二节 引"活水"迈出实践步伐

在确立了大办活动、办好活动的思路后，天长融媒主要从以下几个方面迈开了实践的步伐。

一是主动找活。过去，很多大小活动，中心往往派个主持人或派些记者去做个采访，回头给做个新闻报道完事。这样的思维定式造成了新闻单位出力、别人赚钱，甚至新闻单位贴钱、别人贴金的"憋屈"现象长期存在。从2019年下半年起，中心开始了主动出击，只要市里有大型活动，中心主要负责人都带头去向领导报告、表态、争取，一次不行两次，两次不行三次，主办不行承办，承办不行协办，一点点夺回了过去忽视、长期失去的市场。

二是积极谋活。作为主流媒体，融媒体中心在新闻宣传上当之无愧是权威，但不可否认，由于欠账较多，在搞活动、搞经营等方面，还只能算是"新兵"。为此，天长融媒体中心在苦练内功的同时，也不断地进行毛遂自荐，除了政府机关，中心积极与企事业单位，各类商家进行了广泛接触，传递了"天长融媒体、万物皆可播"的理念，仪式、庆典、会议、演出、演练、直播，无论什么形式，中心如今都可以驾轻就熟，提供全程、全面、优质的服务。

三是多点融合。把活动搞好，需要群策，更需要群力。在这方面，天长融媒体中心有效打破了部门限制，实现了联合作战。每场活动中，中心的发展服务中心或者综合部拿方案，总编室、电台出主持人，社教部做包装，采访部出人手，技术部作保障，综合办作后勤，分工明确，配合默契。此外，在着重培养专业人才的同时，中心还积极寻求业内知名的视频制作团队作为

"外援"和"友军"。在各类活动尤其是商家直播活动中，他们先进的策划理念、成熟的拍摄手法以及后期制作技术，给了中心很大的帮助和启发。

四是纵深延伸。每场活动，天长融媒体中心都利用自身的平台优势，做足做好前期推广和后期宣传这两篇文章，如活动前期，中心会以H5、微视频的形式，对活动的内容、亮点广而告之；活动结束后，中心会将精彩片段串编整合，以抖音、公众号、视频号等形式进行二次传播。这不仅扩大了活动影响力、知晓度、覆盖面，更极大地增强了客户的黏性，赢来了诸多回头客。

五是条块管理。根据在举办活动中不断积累的经验，从2021年下半年起，中心按政务、商务和生活服务分类，打造了三支活动团队，实行分头跟踪、条块管理。其中政务活动由中心主要领导主抓，商务活动和生活服务类活动指定两名分管领导牵头，各团队人员基于各自特长组合而成，规模不一但相对固定。此举实施以来，见效显著，弥补了此前出现的"抓大舍小""配合不畅""特色不明"等短板，不仅大大培养提升了各团队"术业有专攻"的专业素养，让中心能够更清晰把握市场动态，更精准地分析工作得失，更高效地利用人力资源，使中心具备了同一时段举办多场次、多类型活动的能力。

天长融媒在实践中探索，在探索中创新，以丰富多彩的"活动"引来了增收创收的"活水"，促进了干部职工的"活力"，成效主要表现在以下几个方面方面。一是有搞头。2019年至今，天长融媒体中心已主办、承办、协办了410多场有分量、有影响的中大型活动。2020年5月至今，在爱天长App开展了160多期商家探店直播活动。如第二届和第三届千秋剥果节、全市教师表彰大会、全市卫健系统表彰大会、年度十大新闻及十大新闻人物表彰庆典、欢迎援鄂医生凯旋仪式、城市纳凉晚会、最美逆行者征文评比、新天康医院落成庆典、高考志愿填报专家讲座、天长城市发展高层论坛暨纳凉晚会、"开秧门"、唱响天长歌唱大赛、海尔电器探店、九味牛烤肉探店等，覆盖了政务、会务、商务和社会民生方方面面。二是有盼头。成功活动的背后付出了很多辛劳，但焕发了干部职工的精气神，让能力得到了验证，更让社会各界对融媒体中心有了重新的定位。如今，天长社会各界在举办活动时已将中心确立为优先合作对象。2021年、2022年、2023年连续三年，受天长市委、市政府委派，中心先后承办了天长在深圳、上海举办的大型招商引资推荐会活动，反响强烈；中心出色协办了第三届（云上）千秋剥果节，其中的主持人直播带货环节销售金额近200万元。天长的龙头企业——安徽天康集团出于对天长融媒主持人的高度认可，指定将其医院开业、电商公司成立等仪式交由中心承办。知名房地产企业吾悦广场入户天长后，已与中心开展了多次合作，建立了紧密的互信协作关系。这些好的势头正在产生强大的示范效应，让中心对未来充满信心。三是有劲头。通过搞活动，中心的知名度不断攀升，部门间的团结协作精神明显增强，主持人被更好地推向了前台，一批有想法，有干劲的优秀同志尤其是年轻的一线同志得以脱颖而出。在增收创收方面，据不完全统计，2019年至今，中心举办的各类活动总收入580多万元。可圈可点的是，除公益类活动外，不少活动的利润率非常可观。四是有奔头。随着各类活动的风生水起，天长融媒视频制作业务收入也水涨船高，惊喜不断。2019年，中心共制作了42部视频作品，收入约54万元；2020年，中心共制作了102部视频作品，收入达92万元；2021年，中心共制作了102部视频作品，收入近120万元；2022年，中心共制作了150多部视频作品，收入近140万元；2023年，中心共制作了160多部视频作品，收入近152万元。除了经济效益，社会效益同样收获满满，如2021年中心制作的"灯火里的中国"千人快闪、"千人颂歌 百年同庆"——天长市庆祝建党100周年群众歌咏大赛、2022年中心承办的安徽省第九届茉莉花全民健身展示大赛暨天长市第十一届体育文化旅游节开幕仪式、2023年天长市少儿春晚等活动不仅在现场集聚了大量人气，而且后续通过直播、短视频等形式在抖音、微博以及天长群众的"朋友圈"中得到了广泛传播，产生了巨大的轰动效应。常言道驾轻就熟，在不断的磨炼中，中心视频制作水平亦呈现出不断进步提升的良好态势，涌现了一批批精品、优品，如中心创作的MG动画《网络江湖 安全秘籍》获滁州网络安全微视频征集活动一等奖；中心创作的《灯火里的中国》《从天长到地久》MV被安徽省广播电视局评为网络视频制作二等奖……2019—2023年，中心累计有130多人、210多部作品得到省、滁州市级表彰。

第三节　活力激发，未来思考

树欲静而风不止。在新生事物不断涌现的今天，县级融媒的发展可谓挑战与机遇并存、压力和动力共生，绝不容安步当车，也定不会一帆风顺。对于未来的创新发展，我们认为，应从以下几方面同步发力，力求进步。

一是坚定不移"党媒姓党"。要充分把握"事企改革"的契机，全力用好用活各类好的政策，好的资源，秉承"党媒姓党，绝对忠诚"的宗旨不动摇，坚决守好舆论宣传主阵地。

二是坚定不移"二次创业"。在稳定数字电视基本盘的基础上，积极开拓发展宽带业务，同时，在直播、专题片、视频制作上进一步加大投入力量，不断延伸业务领域。

三是坚定不移"内容为王"。在新创栏目、联办栏目、寻求冠名以及针对不同群体的需求方面大做文章，着力改进和丰富节目内容。

四是坚定不移"包装自己"。集中力量为主持人量身打造相关节目，让他们更有名，更加标签化，让主持人成为单位的代言人，让主持人资源成为中心开展战略合作的重要一环。

五是坚定不移培养人才。不断培养壮大新闻记者队伍，在广告营销、视频制作等方面也积极广纳贤才，让复合型人才成为融媒前行的最大牵引力。

沧海横流，方显英雄本色！县级融媒体中心建设，是一个需要不断探索、不断创新的过程，要有敢向潮头的自信、敢于吃螃蟹的勇气，有胆有识、敢作敢为、有情有义、善做善成！我们有幸赶上了媒体融合的崭新时代，我们为之挥洒青春和汗水，让媒体在我们的手中走向重生，这个时代也必将留下我们为之奋斗的足迹！

第三十一章

岳西县融媒体中心："航空母舰"创新蝶变叙写媒体融合新篇章

——岳西网和康养岳西 App 全媒体发布平台

林智勇　王云峰　刘　倩

在 2018 年 8 月召开的全国宣传思想工作会议上，习近平总书记明确提出，"要扎实抓好县级融媒体中心建设，更好引导群众、服务群众"。这也是党中央以建设"两中心一平台"（新时代文明实践中心、融媒体中心、"学习强国"平台）为抓手，巩固和加强基层意识形态建设主阵地的重要举措。为深入贯彻落实这一举措，岳西县委县政府于 2018 年 10 月全面启动融媒体中心建设工作，将原岳西周刊社、岳西县广播电影电视发展中心、岳西网等县级媒体资源整合优化。2018 年 11 月 30 日，岳西县融媒体中心在安庆市率先挂牌成立，实现了县域全境媒体资源的统一融合。

岳西县融媒体中心现有职工 67 人，其中有副高职称 5 人、中级职称 12 人。下设 9 个部门，以及一个直属副科级事业单位——广播电视发射台。为了进一步打破部门之间的壁垒，实现深度融合，中心成立了编辑委员会、技术安全委员会、市场运营委员会、后勤保障委员会，由分管领导分别担任四个委员会主任，统筹调度各项工作。

中心旗下矩阵有岳西周刊、岳西电视台、岳西网、康养岳西 App、岳西网岳西发布微信公众号、岳西融媒微信视频号抖音号、"学习强国"平台等

14个媒体平台。各平台实行总编负总责、编委会成员分管制度，按照"字字千钧、秒秒政治、天天考试"的要求对融媒体矩阵所有平台信息，严格实行"三审三校"制度，确保信息发布安全。

5年多以来，媒体融合取得了累累硕果。媒体融合发展、应急广播体系建设、农村广播电视节目传送秩序规范化建设管理等工作先后多次在全省会议上做经验交流，2020年12月16日，副省长王翠凤来岳调研，对应急广播系统建设及融媒体中心建设工作给予了高度评价。2021年先后荣获由安庆市委市政府表彰的安庆市先进集体以及由中宣部、文旅部、国家广电总局共同表彰的"第九届全国服务农民、服务基层文化建设先进集体"（全省唯一）。

第一节 案例基本情况

通过与安徽皖云省级技术平台合作，新版岳西网以及康养岳西App于2022年11月正式上线运行。岳西网和康养岳西App全媒体发布平台（以下简称岳西网平台）实现了网端合一，可与抖音、公众号、融媒号、电视、应急广播平台融合互通，将大量信息进行分类、整合，使移动媒体、广播电视媒体与网络新兴媒体等传统与新媒体形态融合成一个庞大的媒体资源聚集地，构筑全面丰富的新型电视、应急传播矩阵，真正实现一键全媒体发布，既保障了日常节目的权威性与安全性，也扩大了融媒体中心的宣传力度和影响力。

第二节 基本做法与亮点成果

一、基本做法

（一）做好"媒体+"，打造综合服务平台

一是将岳西网与县内文明网、政府网、民生网、先锋网、纪检网、皖事通等网站及平台打通,实现"媒体+政务"。二是与各乡镇、县直各单位、企业等签订信息服务协议,做好"媒体+服务"。三是创新活动策划,强化"媒体+商务",承办合肥茶博会岳西翠兰专场推介会、"心手相连 消费助农"2023年乡村振兴产品展览文旅推介、"缘聚云上 青春有岳"青年人才联谊会等活动30余场,同时通过媒体平台同步进行直播,所有稿件、视频都能通过岳西网平台向其他媒体平台一键分发,构建了强大的传播矩阵。

(二)做优云平台,共建共享社区信息

一是2021年4月首次开通慢直播,逐步在全县安装11处慢直播点,并通过新媒体平台进行实时直播,将乡村美景端上了云平台,让市民全方位、多角度"云"赏岳西风光美景。2022年直播天峡千亩野生杜鹃花海,吸引来自全国各地数百万网民云上踏青,岳西成为全国十大赏花首选地之一。二是探索开启便民功能,开设水电费缴纳、手机充值、天气等政务便民区域,实现信息共建共享。三是强化舆论引导,加强与用户的深度互动,增强用户黏性,同时鼓励全体干部职工通过自己的平台分享宣推中心的融媒产品。在岳西网平台开设"群众留言板",2023年共受理群众意见1800个,与部门联动解决群众诉求200多起,办结满意率超过98%。

(三)直面新挑战,守牢意识形态阵地

平台快速成长的同时也给"三审三校"带来严峻的挑战,为了压实"三审三校"职责,采取"人防+技防"的措施,全面守牢意识形态阵地。一是修订完善三审三校、重要稿件提级审核、财务管理、安全播出等各项日常管理制度33项,进一步细化工作流程,切实提升意识形态阵地管理。二是坚决把好稿件签发关和审核关,加强稿源把控,确保信息发布安全。加强编辑人员培训,定期梳理高频错敏词,坚决杜绝重复发生错误。三是深化与皖云省级技术平台的合作,依托省级技术平台提供强大的技术支持。同时利用博约和黑马自动校对软件,进一步确保新闻发布安全。

(四)做强全媒体,强化主流舆论引导

充分发挥岳西网平台的辐射带动作用,强化内宣策划,拓展对外宣传,深入推进传统媒体与新兴媒体的融合发展，全面提升主流媒体的传播力、引导力、影响力、公信力。全媒体平台全年发布各类新闻稿件共计 21000 余条（篇）。一是优化传统媒体平台。将传统纸媒《岳西周刊》电子版接入岳西网网站，不断优化版面等内容；夯实基础设施建设，我县广播和电视覆盖率均达到 99%，2022 年 5 月岳西新闻综合频道正式入驻 IPTV 客户端，在岳西网微信公众号和康养岳西 App 中开通了岳西新闻综合和岳西人民广播电台直播频道，实现大屏连小屏，全面提升用户体验，也拓宽了观看岳西本地节目的渠道。2022 年 9 月完成了应急广播二期建设项目并通过省级专家组验收，目前已建成覆盖全县 24 个乡镇 188 个村（社区）的应急广播体系，共有 1532 个终端，在护林防火、乡村振兴及社会治安等方面发挥了重要作用，真正打通了融媒"最后一公里"。二是深耕新媒体平台。成立新媒体部，安排专人运营新媒体平台，通过深入研究新媒体平台传播规律，利用网络打破地域限制，拓展传播范围。实施融媒产品高质量供给行动，尝试将 AI 歌手引入短视频中，创新风格和内容，创作符合现在的人口味的融媒作品。岳西网、岳西发布公众号全年发布稿件 3900 余条，总计阅读量 800 余万。短视频发稿 1900 余条，总计播放量超 2600 万次，其中播放量 5 万多的 60 条、10 万多的 20 条、20 万多的 10 条。

（五）建全人才库，打造人才集聚"磁场"

在稿件审核、研讨交流、考察学习等机制上找准突破口，提升职工的创新能力，以优秀作品为"口"，讲好岳西故事、传播岳西声音。一是结合融媒体工作性质，创新思路开办融媒夜校，利用晚上时间充电，全年组织开展融媒夜校 13 期。学习内容涵盖意识形态、网络安全等政治理论方面知识以及新闻写作、摄影摄像技巧、新媒体平台运营等业务干货，授课形式包括邀请专业老师授课、班子成员授课、专业技术强的职工授课、外出学习职工分享学习收获、集体观看创意短视频等，学习内容广、授课形式多样、职工参与度高，达到了理论水平和业务技能双提升的效果，充分调动了干部职工"线下"学习的积极性。二是坚持贯彻周总结采编例会机制，全年开展学习研讨、经验交流40余次；安排领导班子成员、一线采编人员以及技术人员等到南京西西里公司、北京、桐城等地进行考察学习20余人次；建立月度新闻述评机制，评选优质稿件30篇、问题稿件19篇，让中心干部职工"在评中比，在述中学"。三是重大活动实行牵头人负责制，不论岗位、职务，任何人都可担任牵头人，牵头人只对活动结果负责，可调配一切所需的人员、设备来完成任务。四是建立通讯员队伍，聘请特约记者，并出台相关的管理制度，开设通讯员培训班，培养一支能力突出、素质优良的通讯员队伍，充分发挥通讯员和特约记者的作用，为中心供好稿、供大稿，为讲好中国故事岳西篇章积蓄力量。

（六）拓宽新视野，深度擦亮岳西名片

一是创作拍摄四集专题片《老外看岳西》，在新华网、新华网海外频道、央广网播放，引起广泛关注，成为向世界讲好中国故事、传播中国声音的桥梁。《你要是写岳西，就不能只写岳西》视频发布当天，就登上抖音同城热搜榜第一，同城关注量400多万，播放量54万多。二是联合央视三农频道开展"春暖花开，跟着文旅局长去旅游"直播，面向全国推介岳西旅游资源。岳西县农民丰收节开幕式首次登上国家级平台，央视频同步直播，"学习强国"平台进行录播，充分展现了岳西农民良好的精神风貌和农业产业发展情况。三是邀请长三角及省内媒体参加大别山红叶节活动，大家纷纷用笔头、用镜头报道活动盛况，人民网、中新网、凤凰网、腾讯网、江苏电视台、安徽电视台、中安在线等纷纷发稿，在短短的几天内密集发布各类稿件90余篇，进一步提升了云上岳西、康养福地的知名度和美誉度。

二、亮点成果

岳西网平台现已成为岳西县融媒体中心的"航空母舰"，开启了创新蝶变的历程。平台每日采编发原创稿件300余篇，供其他媒体平台选用；53家县直单位、24个乡镇、规模企业和部分商家入驻，近500名编审人员参与稿件审校，3万多网民浏览，岳西网、岳西发布微信公众号稿件总阅读量达350万，岳西网微信公众号稳居全省县区级政务新媒体影响力评选月榜前十名，其中两次进入周榜第三名。平台的强大也不断激励着人才的成长，全年中心共有十余篇好新闻、好作品、典型案例上报参评并获省市奖励。微视频《张文红——大山里的"小网红"，家庭里的顶梁柱》被评为安徽新闻奖三等奖，实现自中心成立以来安徽新闻奖零的突破。《中国古代神话故事》获得全省广播电视播音与主持作品三等奖。安徽省广电局在宿州市砀山县举办的"融媒实训·花海砀山"全省网络视听服务机构融媒体业务实训中，中心记者邬晨阳的采风作品《一棵梨树的自述》被评选为优秀作品，全省仅13件作品入选。"博主看冬奥VLOG"拉近了岳西与"双奥之城"北京的距离。

第三节 县级融媒体创新发展的未来思考

一、聚焦主责主业，强化创新创优，在宣传上提质提量

全面贯彻落实习近平总书记关于媒体融合发展的重要论述精神以及党中央的整体部署，扎实推进媒体深度融合。严格落实意识形态工作责任制，坚决压实"三审三校"责任，切实守牢意识形态阵地。牢牢把握正确舆论导向，弘扬主旋律、传播正能量，走好新时代群众路线，强化创作人民群众喜闻乐见的融媒精品，充分发挥好党和人民群众的桥梁纽带作用。

二、聚焦深化改革，把握目标明晰路径，在体制上有所突破

打破传统思维定式，进行改革创新和科学布局，推动传统媒体和新兴媒体在体制机制、政策措施、流程管理、人才技术等方面不断加快融合步伐。全面把握改革目标，明晰改革路径，破除机制体制壁垒，增强市场竞争意识和能力。

打造媒体集团，探索建立"媒体＋政务服务商务"的运营模式，激发改革活力，加强自我造血机能，全面构建全媒体传播体系，塑造主流舆论新格局。

三、聚焦资源配置，做大做强媒体平台，在传播上突破限制

推动主力军全面挺进主战场，深入研究精准把握现代新闻传播规律和新兴媒体发展规律，主动适应社会信息化发展趋势，以互联网思维不断优化资源配置，将优质资源、新技术新应用、优质人才等向互联网主阵地汇集、向移动端倾斜，做大做强新媒体平台，占领新兴传播阵地，全面打破传播区域限制，为经济社会发展提供强有力的舆论保障。

第三十二章

邹城市融媒体中心：创新生产模式　打造融媒精品　以优质内容推动媒体深度融合发展

胡晓倩

邹城市是著名思想家、教育家孟子的故里，素有"孔孟桑梓之邦，文化发祥之地"之美誉，是国家历史文化名城、中国优秀旅游城市、全国综合实力百强县市。2019年6月30日，邹城市按照中央加快推进媒体深度融合发展的决策部署，推动基层融媒体改革发展，深度整合邹城广播电视台、《新邹城》等区域媒体资源，重构策采编发业务全流程，组建邹城市融媒体中心，为市委直属公益二类事业单位，现有内设部门22个，在职人员186人，其中在编人员132人，聘用合同制人员54人。研究生学历8人，高级职称13人。目前自办2个电视频道、1个广播频率，负责编印《今日邹城》，同时统一运营"邹鲁融媒"App、官方微信公众号、抖音号、头条号，以及邹城外宣网、邹城手机报等当地所有官方新媒体平台。

邹城市融媒体中心聚焦"移动优先"这一主线，构建全媒体传播体系，通过融创产品、融通产业、融聚资源，建设深度融合、高效运行的新型主流媒体，逐步探索出了媒体融合发展的"邹城路径"，打响了"邹鲁融媒·贴心相随"品牌。邹城市融媒体中心建设经验分别被"学习强国"平台、人民网、《大众日报》、山东广播电视台、齐鲁网和《山东宣传工作》刊发报道，深度融合创新成果入编《中国新闻出版深度融合发展年鉴》，有关工作经验入选"全国新闻出版深度融合发展创新案例""山东省县级广电媒体融合典型案例""山东省优秀广播电视和网络视听行业深化人才发展体制机制改革创新案例"，先后荣获全国智慧广电融媒管理团队、山东省广播电视和网络视听节目联合制作优秀单位、山东省县级融媒体中心先进单位等称号，获得山东省电视宣传、广播宣传、融媒体宣传先进集体一等奖，山东广播电视台"县域影响力奖""优秀传播力奖""特别策划奖"等奖项。

第一节　基本情况、基本做法与亮点成果

习近平总书记指出："内容永远是根本，融合发展必须坚持内容为王，以内容优势赢得发展优势。"邹城市融媒体中心坚持导向为魂、移动为先、品牌为要、以人为本，为优质内容生产把方向、保供给、促创新、聚力量，不断增强媒体核心竞争力，推动媒体深度融合发展。

一、坚持导向为魂，严把优质内容生产方向

（一）当好重大主题宣传"主力军"

统筹主题宣传、形势宣传、成就宣传、典型宣传和舆论引导，强信心、聚民心、暖人心、筑同心。在全媒体平台开设《深入学习宣传贯彻党的二十大精神》《学习贯彻习近平新时代中国特色社会主义思想主题教育》《强信心　稳经济　促发展》等专栏，平实生动做好主题宣传报道，推出体现社会主义核心价值观、群众喜闻乐见的融媒产品，让正面宣传更加鲜活、更接地气、更有人气。

（二）当好省市重点工作"宣传员"

围绕经济社会发展、民生保障、乡村振兴等省市重点工作，常年开设《打造乡村振兴齐鲁样板》《提升公共服务　增进民生福祉》《创文明城市　建美

好家园》等专题专栏，依托"1+4+N"融媒传播矩阵，采用VLOG、短视频、图文直播、图解、海报等多种形式，从各个角度、不同侧面进行全媒体传播，持续增强主流媒体的传播力、引导力、影响力、公信力。

（三）当好优秀传统文化"传播者"

围绕本地文化资源禀赋，开办文化类电视频道，长期开设《这里是邹城》《建设文化"两创"示范区》等一系列具有文化特色和本土风情的电视专题栏目。聚焦青少年群体，与山东广播电视台合作打造《国学小名士》第四季《孟子故里·孟言孟语》大型文化综艺类季播节目，引导青少年感悟孟子思想中与共产党人一脉相承的浩然之气、仁义精神、斗争精神，先后荣获"2021年第三季度广播电视创新创优节目""2021年度优秀少儿节目扶持项目"两项国家级大奖。

二、坚持移动为先，稳保优质内容生产供给

（一）搭建优质内容传播平台

做强电视、广播、报纸、网站4个传统媒体，拓展融合各类新媒体平台，构建"1+4+N"全媒体传播格局。在各主流媒体和商业媒体集中开设32个"邹鲁融媒"媒体号，在"学习强国"平台开通"邹鲁融媒号"，不断丰富优质内容传播载体平台。

（二）打造综合信息服务平台

优化升级"邹鲁融媒"App，融合"资讯、党建、政务、便民服务"4大板块，在主页面设置第一资讯、邹鲁直播、邹视频、"学习强国"平台、文明实践、看电视、听广播、读报纸等15个栏目。在涵盖邹鲁融媒全部产品的同时，增加了网上政务服务大厅、社保查询、在线医疗等90多项便民服务功能，实力担当引导群众、服务群众的主渠道任务。截至目前，"邹鲁融媒"App下载安装用户41.7万。

（三）用好移动技术支撑平台

坚持技术引领，高标准建设融媒体调度指挥平台和新闻采编中心，全面

升级演播大厅和高清虚拟演播室，新建专业录音棚一个；优先购置移动直播设备，采购了TVU和LiveU直播背包、航拍机、电影摄影机、手持云台、全景相机、4K摄像机等专业采编设备。

（四）重建媒体内容生产平台

按照互联网思维重构"策采编发"业务流程，成立全媒体编辑委员会，编制《生产运转流程图》，建立全媒体内容生产流程整体架构，依托山东省技术平台，打通"台、网、微、屏、端"等媒介，真正实现优质内容生产"一次采集、多种生成、全媒传播"。

三、坚持品牌为要，力促优质内容生产创新

（一）发力短视频创作

围绕时政新闻、历史文化、美景美食等内容，加大短视频生产力度。2020年以来，共生产各类短视频1.1万余条，其中点击量过亿的两条、过千万的25条、过百万的155条。围绕新闻评论、主播日常，16位融媒主播精心推出《邹鲁主播说》系列短视频，重点打造"邹鲁主播IP"，《谢谢您！最美逆行者》点击量过亿，点赞750万，一度登上热搜榜第四位。"邹鲁主播说"网评品牌被中央网信办简报发文肯定。围绕本地文化资源禀赋，制作《孟子说》系列短视频，对《孟子》中的经典语录进行解读，解析孟子思想的现实意义，让优秀传统文化生动起来、鲜活起来。积极推送优质短视频在上级主流媒体平台播出并参加评选活动，"风雨中的牵手""隐姓埋名资助学生的好老师"等弘扬传统美德、传递正能量的短视频新闻，先后在央视、新华社客户端、山东卫视、闪电新闻客户端等上级主流媒体平台播出。短视频《管得宽》获山东新闻奖县（市）级媒体融合作品一等奖；《越峰月圆 幸福"酒"久》以117.1万播放量，位列新华社"千里共婵娟"系列微视频展映活动排行榜第四名。

（二）深耕直播领域

以先进技术为支撑，聚合央视频、闪电新闻、邹鲁融媒客户端等平台，

打造涵盖中央、省、社交平台在内的全媒体直播矩阵，通过新闻直播、公益直播、商业直播三驾马车共同发力，不断推动直播常态化、特色化、品牌化，打响"邹鲁直播"品牌。2022年以来开展各类直播活动1000多场，单场直播单个平台观看人数最高突破10万。《东西协作　情满邹莎——鲁疆文化交流融媒联动直播》荣获全国"优秀直播报道奖"，《纪念孟母孟子大典》等三场直播中的技术创新被省闪电云平台作为优秀案例推广。配合央视完成《百年百城》大型融媒体活动，聚焦"千年古城变身现代工业新城"，通过45分钟的新媒体直播，向全国人民展示了千年古县的生机和活力。系列直播《邹鲁主播的俫行：看看俺村都有啥　第一书记助力乡村振兴》，通过发布销售信息、直播带货等形式，帮助群众销售农副产品，助农增收，推进乡村振兴。2023年高考期间，山东广播电视台闪电新闻推出《乘风破浪、不负韶华！直通2023山东夏季高考》融媒联动直播，在山东省发起6路直播连线，邹城市融媒体中心是唯一参与现场直播活动的县级媒体。

（三）开发音频栏目

依托邹鲁融媒主播团队，先后推出《邹鲁融媒好声音》《邹鲁夜读》等音频栏目，在国庆节、教师节、春节等节点推出祖国颂、忆师恩、岁华新等系列音频，在"学习强国"平台、山东广播电视台"闪电夜读"和"邹鲁融媒"App等平台播出。精心制作《邹鲁夜读·百年党史》音频产品25期，讲述百年党史故事，宣传党的光辉历程和丰功伟绩，用声音让正能量"入耳，更入心"，作品收录在山东广播电视台"闪电新闻"《建党100周年》专栏中，并被省级媒体《农村大众》报道。

（四）打造品牌栏目

传统强档日播电视新闻栏目《邹城新闻联播》实现对播，每期15分钟。推出大型融媒节目《邹鲁民生》，聚焦民生热点，回应群众呼声。探索"媒体＋国学教育"新模式，联合孟子研究院，邀请清华大学国学研究院陈来院长等一批儒学大师，历时五年，以电视节目的形式，对《论语》《大学》《中庸》《孟子》等国学经典进行权威解读，丰富"四书"解读的内涵和当代价值，使经典更加深入人心，有力地促进了儒家思想的传播和经典文本的转化应用。《"四书"解读》相关节目先后在"学习强国"平台、山东教育电视台等平台进行播放，累计播放／观看达110万人次。

四、坚持以人为本，汇聚优质内容生产力量

建立蹲点调研采访制度，由领导班子成员带领编辑、记者深入群众生产生活，打造具有强烈吸引力和感染力的融媒作品，形成团队作战合力。实行扁平化管理，进一步盘活内部资源存量，先后探索项目制、工作室制等弹性机制，成立律动邹鲁、邹鲁主播的侣行、短视频制作等5个工作室，鼓励创新创优。推进分配制度改革，打破事业和企业人员的身份限制，实行以岗定薪、同工同酬、能上能下、动态管理的绩效管理办法。建立镇街部门通讯员通联机制，在闪电云平台为通讯员开通个人账号，拓展融媒体信息渠道，在"邹鲁融媒"App政务号栏目中，为各部门、单位开通发布端口，搭建政务信息发布渠道，鼓励第一时间在平台上传各类融媒产品，有效提升部门、单位创作积极性。

第二节　县级融媒体创新发展的未来思考

媒体融合发展没有休止符，而是一个长期、复杂、循序渐进的过程。县级融媒体中心作为最贴近基层、贴近群众的媒体，只有推进理念、机制、内容、渠道、平台等全方位深度融合，把融媒体中心真正建设成主流舆论阵地、综合服务平台、社区信息枢纽，才能更好引导群众、服务群众。

一、持续提升舆论引导能力

县级融媒体中心必须旗帜鲜明地坚持党管媒体原则，以政治建设为统领，始终把统一思想、凝聚力量作为融媒体事业发展的中心环节；坚持正确的政

治方向、价值取向和舆论导向，把宣传党委政府方针政策与反映人民群众的心声结合起来，通过有力、有序、有效的舆论引导，进一步凝聚人心，振奋精神，鼓舞士气，凝聚更多正能量！

二、不断推出优质融媒产品

"内容为王"始终是主流媒体的价值担当，必须要坚持以人民为中心的工作导向，立足于品牌打造、品质提升，围绕短视频、直播、音频、品牌栏目等持续发力、不断创新，生产出一大批适合多媒体传播、多平台互动的优质内容和优秀融媒产品，更好满足广大基层群众对高品质精神文化生活的需要。

三、提高服务基层群众水平

媒体融合进入深水期和攻坚期，县级媒体想要持续转型升级，实现浴火重生，必须推动融媒体中心从单纯的信息服务向更丰富的党建服务、政务服务、公共服务、民生服务转型，将多样化的公共服务融入传播体系中，充分利用新媒体平台参与基层社会治理。统筹推进县级融媒体中心和新时代文明实践中心融合发展，线上线下相结合，强化为民服务功能，不断丰富群众文化生活，提升城乡社会文明程度和群众生活品质，推动文明实践深入人心。

全国县级融媒体创新发展研究报告
2023—2024

创新技术应用篇

第三十三章
长兴县融媒体中心：县级融媒体从数智到数治的实践与探索

王晓伟

随着云计算、互联网、物联网、5G、大数据及人工智能等新一代信息技术的飞速发展，新闻的传播方式、传播格局、传媒生态正在发生深刻变革。如何建设与全媒体时代相适应的新型主流媒体，形成与奋进新征程相一致的主流舆论强势，是当下媒体共同的思考和探索。

长兴县融媒体中心深入贯彻落实习近平文化思想和习近平总书记关于媒体融合重要讲话精神，坚定不移推动数字化转型，通过数据资源集约整合与运用，大力布局智慧产业，致力实现从"数字"到"数智"，再努力迈向"数治"的发展，全力打造区域数据融合应用、大数据产业繁荣发展的县级融媒体中心新高地。

目前，中心拥有一支50余人的"数智"团队，累计落地数字化项目400余个，获得26项软件著作权，数字化产业拉动中心整体营收每年呈8%以上增长。中心先后获浙江省网络视听年度技术与产品创新团队、浙江省网络视听数字化改革创新团队荣誉称号。2022年，中心旗下浙江慧源数字经济发展有限公司获评国家高新企业。

第一节　激活数据资源

构建统一数据管理、统一数据存储，激活数据要素潜能，保障数据价值释放。

开发 CIG 信息栅格平台，构建数字"神经中枢"，成功打通长兴县 56 个部门数据交互接口，汇聚 906 类信息资源，形成约 15.24 亿条数据，实现 205 个结构化数据的共享接口上线服务，建立可信数据连接，打通"数据"任督二脉。

建设完成长兴县云数据中心，自主投资 4800 多万元，提供海量、安全、可靠的政务云、民生云存储服务，支持容量和处理能力弹性扩展，虚拟化后形成云数据中心"资源池"，为数字经济产业发展提供支持和保障。

第二节　建好数字项目

从最需要改革破题的高频事项着手，借助数字化改革东风，大力推进数字化项目建设。

打造一支由 50 余人组成的本地化、专业化技术研发团队，拥有中高级工程师 14 人，一级建造师 2 人，二级建造师 2 人，PMP 产品经理 4 人，技术人员占比 92% 以上，团队入选浙江省数字化改革创新团队。

截至目前，共落地数字化项目 400 余个，研发数字化产品 100 余款。其中，"未来乡村""未来社区"项目列为省级试点，"碳效码"综合应用为全国各地提供了长兴模板。下属浙江慧源科技信息有限公司获评浙江省第二批科技型中小企业、未来社区产业联盟第二批成员单位等荣誉，智慧信息产业 2023 年完成创收 1.32 亿元，较 2022 年增长 32%，创历史新高。

一、未来景区安心玩

为聚焦破解游客需求与景区服务供给不平衡、大流量交通引导调度、景区应急处突不全面掌控等核心问题；以"泛感知能力提升、泛安保能力提升、泛治理能力提升"为目标；建设一体化智能化集成治理服务系统"旅游大脑"，打造有安全感、舒适感和未来感的新型景区，引领旅游方式、优化景区管理理念、创新服务方式和内容，构建"人本化、便利化、数字化"的"未来景区"。该应用被评为浙江省数字文化第一批系统最佳应用。

二、未来乡村

以数字化改革推进未来乡村流程再造，制度重塑，以数字服务、数字生活、智慧治理的未来乡村为建设目标，实现乡村治理现代化，形成决策共谋、建设共管、成果共享的善治乡村成效。通用板块已在全县各行政村完成全面覆盖。融合16个部委办局的32个应用系统，完成与卫健、民政、教育、文体等部门的多跨，提升了基层数智管理水平，实现整体运行一图感知、百姓需求一目了然、社区管理一键传达。该应用入选省农业农村数字化改革第一批"优秀应用"。

三、智慧广播

通过自主研发的智慧广播管控平台，推动应急广播在教育、公安、自然资源、生态环境、建设、水利、农业农村、文化旅游、卫生健康、应急管理、林业、地震、气象等领域的使用。另外通过日常播报机制的制定、视播联动算法的定时定音等技术手段将"播报扰民"问题的负面影响降到最低。同时在广播标识上张贴二维码，方便群众扫码提交意见建议，方便收集民意，起到上传下达的作用。安装2642套，覆盖18个乡镇/街道，265个村/社区，在线率在98%以上。智慧应急广播体系建设获胡伟副省长、省广电总局张燕局长、湖州市副省长阮叶萍、县委石书记等领导批示。

四、长兴科技奖一投一贷

联动数字化平台应用主要围绕科技企业金融服务，立足省科技厅"浙科贷"典型场景应用，从科技型企业金融服务"小切口"入手，结合"跨部门、跨层级、跨业务"多跨模式，以"科技型企业画像"联动"科技贷、贴息服务、投资项目"三大模块，建设集科技企业信息归集、分类、分析、研判的综合科技金融服务平台，进一步迭代升级，优化业务流程，集成闭环数据资源，推动科技金融服务一体联动、一触即达、一屏感知。截至目前累计发放科技贷款24亿元，投资科创基金项目17个（共计9328万元），贴息574万元。入选"新华信用杯"全国信用案例。

五、开店宝

开店宝项目主要为解决老百姓开店难、经营难、推广难的问题。针对这些问题开店宝应用围绕开什么店、在哪里开、怎么开、怎么开好店这四大需求，提供行业分析、选址推荐、便捷服务和增值服务四大功能的创新应用。同时通过政府数据和公共数据的双数融合，汇聚了人口、法人、地名地址、交通等公共数据25类1220余万条，以及实时人流量、消费偏好、消费层次等社会数据10类、889万条，以及配套可租店铺识别算法模型、选址推荐算法模型、时序预测算法模型、客群画像分析算法模型等十余个算法模型。系统自2023年8月正式上线，已为全县近5万家个体户和10余万潜在开店群体提供服务，破解了市场调研、开店选址、服务整合、精准营销和长效运营五大难题。荣获2023数据开放创新应用大赛湖州分赛总分第一名；王文序副省长对长兴"开店宝"的相关做法进行了批示肯定；荣获2023数据开放创新应用大赛湖州分赛二等奖；参加2023联合国大数据黑客松大赛。

六、浙北党员之家

从党员分类、分类管理、党性体检、综合分析和预警监测五个方面管理全县党员，已整合全县各类党员38062人信息。实现对党员信息数据的一键归集，实际表现情况自动预警；提高数据资源利用效能，通过架构表现逻辑实现对日常数据的综合运用，全面客观真实评价党员教育、管理和作用发挥情况；推动党员先锋模范成效进一步凸显，切实扛起"五大历史使命"，为我省建设变革型组织，提高领导干部塑造变革能力提供坚强组织保障。被列为中组部全国党员分类九大试点之一。

七、长兴文明诚信码

长兴文明诚信码是集档案管理、场景运用、基层治理、媒体宣发的综合管理平台。平台采集了大数据平台内关于个人荣誉、捐款、献血、志愿服务的正向数据以及行政处罚、失信人等反向数据，有效解决了以往村社区管理员档案收集面窄、考评主观性强等问题，让档案管理更全面更客观；以家庭户为单位进行考评，一户一档一码，一季一评一用，户户都有诚信档案；在收集档案数据同时，以大数据的分析结果反过来赋能各基层部门，助力基层治理。

第三节　创新融合应用场景

围绕百姓吃、穿、住、行、游、购、娱，自主研发民生应用30多项，包含掌心商城、掌心外卖、掌心社区、工会福利、消费券、公证二手房、一点就灵等多个应用场景。其中"指尖"支付系统，基于机关、企事业单位餐补的统一管理，进行数字消费模式定制开发，激活了2个多亿餐补资金，撬动了近1个亿的市场资金，集合了289家单位、538家商户，打造了本地版的"支付宝"，在此支付渠道上，我们进一步拓展了商城、外卖等。其他如"公证二手房"，联合公证中心搭建二手房交易平台，推动降低佣金，促进市场规范。

一、指尖支付：用指尖　折上折！

掌心长兴 App 借助数字化技术，研发"指尖"服务应用。纳入部分合作单位食堂餐补，通过媒体公开招募，挑选优质商家，通过连接用户、食堂、商家、产品、银行，形成线上支付结算平台，为用户提供就餐、居民服务等功能。用户使用"掌心长兴"App，即可在线下商家处扫码消费、线上商城实时交易，并拥有超多优惠的消费场景，是长兴人的"手机支付小管家"。

二、掌心商城：用指尖　就购了

掌心商城是掌心长兴 App 旗下电商平台，已在 2021 年 11 月 11 日上线，2023 年 1 月上线 2.0 版本。主要为长兴本地用户提供便捷、高效的生活服务需求，在指尖支付基础上，通过科技连接商家和消费者，以"到店、包邮、自提"的业务模式，为用户提供餐饮、快消品及本地生活服务。

三、掌心外卖：用指尖　点外卖

掌心外卖是掌心长兴 App 旗下网络订餐平台，在 2023 年 6 月 16 日正式上线运营。我们聚焦于长兴本地用户"吃得更好、用得更好"的品质需求，通过科技连接商家和消费者，基于"指尖"支付，依托顺丰、京东等物流配送团队，以"线上+线下"的业务模式，为用户提供餐饮及生活服务。

四、工会福利

工会福利是掌心长兴 App 与长兴县总工会联合创办的线上数智工会系统，旨在为全县工会职工提供消费打折、福利领取、消费券发放、互助帮扶等服务。该应用是掌心长兴 App 核心惠民场景，已录入全长兴县 18 万多工会用户白名单、3725 多家建会单位以及 1000 家多合作商户，并建立大商户中心，可供各企事业单位自由选择商户类型、福利类型进行定点消费。

五、掌心社区：长兴人的社区家园

掌心社区是掌心长兴 App 旗下用户社交 UGC 平台，以社交、用户兴趣、用户动机为主要驱动，围绕本地用户社交互动、报料求助、垂直行业信息分享等功能需求，为用户提供求助报料、吃喝玩乐、八卦吐槽、招聘求职、楼市家装、车友会、优惠种草、亲子教育、舞文弄墨等线上互动服务。

六、掌心农场：万物可培 掌出惊喜

掌心农场 1.0 是掌心长兴 App 旗下用户互动任务类游戏，已在 2023 年 4 月 5 日上线试运营，聚焦于长兴年轻用户"万物可培 掌出惊喜"的娱乐需求，通过科技连接农产品、商户和用户，为各乡镇农产品、商户活动、优质短视频做宣传推广。目前已合作本地乡镇特色农产品，未来将开发 2.0 虚拟现实版上线，建立与农场采摘园新型合作销售渠道。

七、预付管家

预付管家是掌心长兴 App 旗下教培监管平台，即将在 2023 年 11 月上线。我们联合县文广旅体局、中国银行通过"预付"管家功能实现智能合约预付资金模式。通过科技连接用户、商户和教培相关产业，数字人民币合约支付功能、各类活动运营、智能匹配、数据分析，为预付费使用问题的解决进行赋能，规范教培行业市场秩序、保护消费者权益，力争成为全省校外培训机构全额资金监管试点县。

八、掌心趣友

趣友是掌心长兴 App 旗下相亲交友平台，2023 年 8 月上线。我们联合总工会聚焦于本地单身男女婚恋问题，用科技连接用户、商户和婚庆相关产业，通过活动运营、智能匹配、数据分析、公益红娘以及调动社会闲置资源，为婚恋问题的解决进行赋能，缓解婚恋社会压力与问题。

九、通用消费券发放平台

消费券是掌心长兴 App 在三年疫情期间面向政府、商业、用户研发的本地消费券发放领用平台。通过响应国家号召，自主研发平台，为用户提供便捷、高效、实惠的民生消费服务，起到刺激县域经济、促进消费热情的重要作用。目前，已常态化投入运营，为本地大小商户、政府部门、文旅乡宿、银行金融、本地用户等多方提供服务。

十、房屋买卖

房屋买卖是长兴县公证处联合"数智"团队推出的"公证二手房超市"，打破传统依赖中介进行交易方式，为买卖双方搭建的二手房自主交易平台，系为买卖双方提供的二手房交易全新选项。

十一、一点就灵

一点就灵是一款智慧社区服务工具，它通过"掌心长兴"客户端组建服务平台，建立完善的社区服务体系，平台提供维修类、工程类、家政类三大种类50余项服务。派单满足1500个运营管理，20000社区服务人员同时在线，同时，可面向100万社区用户提供服务，各项查询响应速度小于三秒。

十二、免费影院

免费影院是一个影视剧观影娱乐平台，即将在2023年12月上线。我们联合杭州产投公司，授权使用万部优质影视剧版权，为广大用户提供一个免费、流畅、健康的观影平台。同时设置冠名商、合作商灵活广告位，用于商业内容价值输出。

第四节　增强平台综合实力

自平台成立以来，共申请资质证书8个［通信工程施工总承包、电子与智能化工程专业承包、浙江省安全技术防范行业资信等级一级、涉密信息系统集成资质（系统集成、安防监控、软件开发）乙级、消防设施工程专业承包、建筑装修装饰工程专业承包、软件成熟度三级、国家高新技术企业］，通过质量管理、环境管理、信息安全管理、职业健康安全管理、信息技术服务管理等5个体系认证。成功申报软件著作权26个。

第五节　打造产业生态圈

突破舒适圈层，全力投入长兴数智大厦建设运营，打造宽广数字经济产业生态圈。

建成使用面积超1300平方米的数字化改革成果展厅、智慧城市驾驶舱，全方位展示长兴数字化改革成果，为数字经济产业发展营造良好氛围。

2022年7月，招引一批数字经济产业项目及高精尖人才团队入驻数智大厦，通过资源优势互补，进一步打造自有数字产品、技术及服务品牌，全面实现对外复制推广。目前已有杭州唯艺数字技术、浙江呗壳数字科技等10余家数字经济企业及人才团队入驻。

"媒体融合，没有完成时，只有进行时。"置身于全新的传播格局和舆论生态。未来，中心将围绕数智治理应用新场景，充分发挥主流媒体在智能感知、智慧沟通、智库决策方面的作用，通过信息共享、信息匹配和信息互动构建媒体深度融合信息网络协同联动机制，打造"数据—信息—知识—决策"全流程治理，全面推进媒体数智化转型。

第三十四章
博山区融媒体中心：博山好"慢直播"

王　忠　刘晓庆　栾兆鹏

2019年1月，博山区整合区广播电视局、区电视台、区电台、博山报社合并成立了博山区融媒体中心。加挂博山区广播电视台、博山报社牌子，为区委直属公益一类事业单位，正科级，由区委宣传部代管。经费来源为财政拨款（全额）。编制总额76名。

博山区融媒体中心始终牢记新闻舆论工作的职责使命，不断巩固扩大全区舆论宣传阵地，积极打造"博山融媒"宣传矩阵。目前，中心拥有"博山好"客户端、"博山发布"公众号、"博山融媒"公众号、"博山发布"微信、"博山融媒"视频号、"博山融媒"抖音号、"博山融媒"头条号、"博山融媒"央视频号、"博山融媒"人民号及2个电视频道、1个应急广播组成的融媒矩阵。目前矩阵总粉丝数60余万。

同时，博山区融媒体中心积极加快各媒体的融合发展。为适应新形势下新闻宣传的发展特点和规律，破除传统媒体与新兴媒体的壁垒，便于优势互补、协调推进、一体发展，进一步提升新闻舆论的传播力、引导力、影响力和公信力，进一步巩固宣传思想文化阵地，壮大主流思想舆论。博山区融媒体中心技术上以山东省广播电视台的"闪电云"融合生产平台为技术支撑，节目生产流程上按照"中央厨房"的生产方式从策、采、编、审、发、评的各个环节进行统筹调度，实现了新闻产品的"一次采集，多种生成，多元传播"，大大提升了新闻采编效率，提高了新闻传播效果，为推进媒体深度融合提供了助力和大数据分析。

中心先后获评全省统一供片工作先进集体、山东省首届"美好山东"短视频大赛一等奖、山东省广播电视和网络视听节目联合制作优秀单位、山东省优秀广播电视和网络视听行业深化人才发展体制机制改革创新案例，在山东省互联网新闻信息服务单位内容管理考核中被评为优秀。

第一节 博山好"慢直播"基本情况

博山区融媒体中心开设博山好"慢直播"主要有以下几个因素。

一、主流媒体的职责所在

主流媒体作为党和政府的喉舌，必须要坚持正确的政治方向和舆论导向。主流媒体要承担起举旗帜、聚民心、育新人、兴文化、展形象的使命任务。这就要求我们在不断融合发展中肩负起使命，必须在守正中不断创新。

二、巩固壮大舆论阵地的迫切要求

现在自媒体如雨后春笋般快速地成几何倍数的速度发展，给人的印象是一夜之间遍地开花并且结果，如抖音、快手、今日头条、火山小视频等等，可以毫不夸张地说，现在人人都是自媒体，在一定程度上冲击着各主流媒体。这就要求主流媒体不断巩固壮大舆论阵地。

三、提升主流媒体传播力、引导力、影响力、公信力的迫切要求

融媒体必须跟上时代的变化、技术的变迁。融媒体只有不断地创新内容

生产方式、应用新技术、再造生产流程、丰富表达方式，才能切实增强群众认同度、信任度、喜爱度，才能不断提升传播力、引导力、影响力、公信力，在舆论引导中才能真正发挥主导性、关键性作用。

四、技术发展的需要

近年来，随着融媒体＋的不断发展，移动端的视频直播逐渐成为媒体与社交平台分发内容的主要形式。在媒体深度融合的背景下，随着AI、VR、AR、5G等新兴技术的异军突起，以智能化、网络化等技术为核心手段的媒体融合方式应运而生并飞速发展。

在这种背景下，中心在"博山好"App上开通了"慢直播"栏目。

第二节　基本做法与亮点成果

在进行"慢直播"的过程中，我们主要从以下几方面着手。

一、基本做法

（一）人员安排

按照工作需要，对"慢直播"工作进行细化分工，列出各部室具体工作职责和任务，主要涉及技术部和媒资部，其他部室人员由于涉及的很少，根据工作需要随时进行调度。根据直播对象的不同，可以灵活安排，主要包括策划人员、技术人员、摄像人员、日常平台运维人员等。"慢直播"负责人一般也是策划人员，主要负责整个直播活动的策划、选题及日常工作安排；技术人员是不可或缺的，主要承担整个"慢直播"技术平台的搭建及各设备链路的调试、维护、故障排除等工作；摄像人员主要承担画面取景，一般在户外进行特定活动直播时才需要参与，平时参与率不高，随时调度即可；平台运维人员主要承担着日常信号的监测、各信号源的切换及内容的更换等。

对所有人员的要求是人员职责和分工要明确、确保人员之间的协作顺畅，从而提高直播的质量和效果。

（二）进行目的分析

首先需要明确"慢直播"的目标，是为了传递某种信息、宣传某个产品，还是为了吸引受众的注意力，综合考虑区融媒体中心所具有的各项优势和所要达到的效果，我们确定出直播目的是为提升移动端App下载量、日活量和提高与用户的黏合度，扩大博山融媒在域内的影响力和传播力。

（三）确定平台

选择适合的直播平台进行直播，一般在自有App或其他具有直播功能的新媒体平台上，如区级融媒体的官方客户端、社交媒体平台、视频直播平台等。同时要确保直播信号能够流畅传输，最好有备用链路，最终将直播内容推送给受众。在平台选择上，我们选择了自有的App客户端"博山好"和微信视频号，主要原因是想进一步提高自有App的浏览量、下载量和影响力。同时，由于是自有平台，也方便各项技术的对接和实现，在实现上有很大的灵活性。

（四）确定主题和内容

根据确定的目标和受众的特点，同时结合媒体所具有的资源来确定主题。要想让"慢直播"能够达到预设的效果，其主题和内容必须是吸引人的，应该是受众感兴趣的，能够引起共鸣的。可以选择一些具有吸引力的节目、地方、活动或事件作为直播内容或对象。我们在实际运作过程中，主要是突出本地优势资源和特色。因为只有本地的才是自己的，才是独一无二的，才能在激烈的竞争中有优势，当地受众一般也是非常关心关注自己身边的人和事。我们立足于博山美景和品牌节目，所以主要确定了以下几种信号源。一是与景区合作，选取景区内比较有名的网红打卡点和环境优美的点作为"慢直播"的对象；二是在城区较高的位置安装直播摄像设备，对全城进行全天24小时的"慢直播"，让广大受众慢慢欣赏自己家乡24小时不同的美景变换；三是将本台自办的品牌节目或上级台播发本地的特色节目进行轮流直播，特别是一些文旅体验方面的节目；四是自办的本台电视节目。当然信号源是多种多样的，只要是坚持正确的导向，最大化地服务受众和吸引受众，都是可以考虑的。如也可以与交警部门合作或者在重要交通路口安装直播设备对交通状况进行实时"慢直播"，特别是在交通出行高峰或雨雪天气时候，方便公众实时了解交通情况，为公众提供相关服务。

（五）直播设备与技术

直播设备主要包括摄像机（或摄像头）、麦克风、联网设备、推流设备等，并确保设备的稳定性和可靠性。同时，要掌握相关的直播技术，如信号传输、视频编码、推流等。在景区"慢直播"时，我们充分利用了景区自有的视频监控系统，将其视频信号与博山好 App 进行了对接，节约了成本，提高了效率，实现了共赢，既提高了景区的关注度，也提高了 App 的流量。另外，在户外不方便通过有线网络进行回传的时候，我们采用了 5G 技术，这样在地点选择方面更加灵活多变，更加方便取景。

（六）确定时间

确定"慢直播"的时间，考虑到观众的观看习惯和平台的特点，确定 24 小时不间断直播。其直播内容也不是一成不变的，要根据时间节点有针对性地编排。如在"五一"和"国庆节"等重要旅游节假日，会对各景区及重要路段进行轮流地信号切换，方便让游客及时了解各景区的现场状况和交通状况，在欣赏美景的同时，做到提高安排，方便出行。而在凌晨时间，由于受光线影响受众的整体视觉和观看效果，则以文旅体验节目为主，通过实践，效果不错。同时，按照各时间节点的不同特点实现各信号交替播出。

（七）制定推广策略

制定有效的推广策略，通过"博山好"客户端、"博山发布"公众号、"博山融媒"公众号、"博山发布"微信、"博山融媒"视频号、"博山融媒"抖音号等组成的融媒矩阵进行宣传预热和推广。

（八）召开例会，进行复盘

定期召开专题例会，收集直播相关数据，以此来分析观众的反馈，了解掌握观众的兴趣和需求。然后根据数据分析结果，不断优化直播内容和策略，提高直播的质量和影响力。

二、亮点成果

"慢直播"是指借助直播设备对实景进行超长时间的实时记录并原生态呈现的一种直播形态。没有主持人,没有解说字幕,更没有绚丽的镜头切换以及精美的后期制作,只用固定机位拍摄来更加真实地展现事件现场,这让受众的参与感以及沉浸式的体验更加真实。融媒体的发展即将进入下一个常态发展阶段,以低制作成本、"无添加"的真实报道等特点吸引特定受众。"慢直播"所带来的自主参与体验,是"单向传播"和"选择性传播"不能比拟的。博山好"慢直播"以日常直播自有电视信号为基础,以特殊时段穿插自有节目以及公共领域视频图像为核心,形成了具有媒体融合创新特色的"慢直播"新形态。同时,博山区融媒体中心紧跟域内时事热点,抓住观众兴趣点,在自有App"博山好"开辟直播阵地,自开播以来,获得了良好的社会反响与传播效果。博山好"慢直播"既创新了宣传渠道,通过直播引流,又宣传了自办节目,更推介了本地特色,增加了受众的黏性,丰富了报道内容,促进了媒体融合,为受众提供了服务。在具体的实施过程中,中心联合景区等单位达到了资源共享、合作共赢的目的,多措并举,在实现媒体融合的同时,也实现了社会资源的融合,在进一步提高融媒体中心传播力、影响力方面取得了良好的效果。

第三节 县级融媒体创新发展的未来思考

当前我国县级融媒体中心建设已取得阶段性成果,但域内影响力不足仍是县级融媒体中心发展急需解决的问题。结合县级融媒体中心发展现状,在充分总结其机构运作机制、优势、历史遗留问题的基础上,探讨如何提高县级融媒体域内影响力,真正做到主流媒体影响力和传播力的不断提高,巩固壮大主流媒体阵地，成为创新发展的关键。

县级融媒体创新发展重在创新，以创新促发展，以发展反哺创新，可从以下几个方面入手，通过试点，以点到面，逐步推进。

一、内容创新

内容是媒体的核心，县级融媒体在内容上要注重本土化和贴近性，结合当地特色和需求，以个性彰显共性，打造专属 IP，打造特色标签，跳出千篇一律同质化严重的网红形式，发掘本土特色，比如非遗产品、历史文化、古建古村、特色产业等，打造具有地方特色的融媒体品牌，创作出具有地方特色的优秀内容。

二、形式创新

除了传统的文字和图片，县级融媒体可以运用短视频、直播等形式，丰富内容的表现形式。传播形式的创新孕育出微妙而有趣的社交联系，这很大地满足了受众所需要的"陪伴感"，更容易引发情感共鸣，让"情感牌"成为新的流量密码，对传统的旅游、文娱等只能在线下消费和转化的行业来说，形式创新也可以促进成果的转化，这对县域文旅工作来说无疑是一副好牌。

三、平台创新

县级融媒体可以进行传播平台的改革创新，利用多种平台进行传播，如微博、微信、抖音等，实现多渠道传播。同时，历次传统媒体的改革布局，对社区空间这一基层平台的忽视已逐渐将这一与群众联系的生命线拱手让给了互联网自媒体，这是融媒体创新发展值得反思与改进的地方，不能只想创新而忽视了原有阵地。县级融媒体中心对基层社区影响力的建设提升，有利于避免基层地区受到良莠不齐的自媒体影响。

四、运营创新

县级融媒体中心本身体量较小、转型的困难与成本更低，所以在运营层面的试错能力和自我纠正能力更强，县级融媒体可以大胆地进行运营的创新，多方融合，在保证官方媒体权威性的同时，将自媒体的灵活性和抓热点能力融会贯通。还要注重与受众的互动和沟通，了解他们的需求和反馈，不断优化和改进运营策略，建设与发展有利于加强党和群众最直接的联系，打通媒体影响力的"最后一公里"，进一步提升县级融媒体影响力。

总之，区级融媒体的发展需要从多个方面入手，真正将各种媒体、各种技术、各种优势资源深度融合，注重内容、形式、平台、运营的创新，不断提高自身的竞争力和影响力，以媒体融合为契机，才能真正把主流媒体的影响力和传播力深入基层当中、群众当中。

第三十五章
城阳区融媒体中心：应急广播拓宽舆论宣传新阵地

徐文明　鲁　敏　刘同杰

2019年4月18日，青岛市编办批复，将城阳广播电视中心整建制由青岛市广播电视台划归城阳区管理，4月25日，城阳区编办下文，成立城阳区广播电视中心，加挂区融媒体中心牌子，为区政府直属的公益二类财政补贴事业单位。

2019年7月1日，城阳区融媒体中心正式挂牌，以省台"闪电云"系统为平台，搭建城阳区融媒体生产调度指挥中心系统，规划建设了综合调度平台、内容生产平台、技术保障平台、运营创收平台"四大平台"，建设一次采集、多元生成、多渠道传播的内容发布机制。与山东电视台融媒体平台打通，实现了中央、省、市、区传播渠道互联互通。严格落实中央、省、市宣传要求，实现重大新闻宣传的无缝覆盖，城阳电视台每晚的中央新闻联播、山东新闻联播同步转播，"爱城阳"App全天候直播城阳电视台、广播电台的节目。对于重大新闻宣传，通过通联系统适时抓取。

区广电中心主要职责是：贯彻落实党和国家新闻宣传方针政策，承担广播电视、融媒体新闻宣传工作，坚持正确政治方向和舆论导向，发挥舆论监督作用；确定各个时期新闻宣传工作指导思想和报道重点，组织协调广播电视、融媒体等各平台的重大宣传报道；承担广播电视、融媒体平台节目内容生产、审查、审看、发布以及发射传输工作；承担区融媒体"新闻＋政务＋服务"综合服务平台建设工作，建立广播、电视、网站、App、微信、微博以及相关新媒体的运行体系；承担"爱城阳"客户端平台建设和运营，打造党务政务信息的总出口和党政服务的总入口；承担城阳区对外新闻宣传推广工作；承担广播电视、融媒体技术支撑以及技术项目规划、方案制定、建设维护等工作；承担广播电视人才队伍建设工作，做好干部职工思想政治建设、业务培训和职业道德教育，推进广播电视系统内部管理体制改革；承担本领域内招商引资、招才引智以及优化营商环境相关工作；承担培育、引导、扶持本领域行业协会发展工作，推进行业协会自律，发挥服务国家、服务社会、服务群众、服务行业的作用；完成区委、区政府交办的其他任务。

第一节　基本情况

2018年，国家明确了应急广播建设的基本原则、工作目标和具体措施，正式启动了应急广播体系建设。根据山东省广播电视局和青岛市文化和旅游局统一部署，作为城阳区重大项目之一的城阳区应急广播系统建设项目于2022年3月正式启动，在建设之初就综合考虑广播电视技术发展趋势，充分利用我区广播电视节目制作播发和传输覆盖基础，结合我区应急信息发布特点，对接省、市应急广播系统和我区应急信息发布部门，利用原有的无线调频、有线数字电视、IPTV、城市应急广播、融媒体发布渠道、应急广播大喇叭等多种方式面向城乡居民及时播发应急信息，充分发挥广播电视信息权威、传递迅速、抗灾能力强的特点，满足"事前、事中、事后"不同阶段的信息发布需求。同时，适应媒体融合发展方向，推进新兴媒体应急广播系统建设，逐步实现反应快捷、安全可靠的城阳区应急广播体系的建设目标，共同构建我区应急预警信息发布体系。全面建设全媒体党群宣传服务平台，着力打造活力城阳党群宣传"最后一公里"创新模式，真正做到让党的声音"飞入寻常百姓家"。

2023年8月31日，项目完成了硬件建设，同年9月14日项目传输链路部分完成招投标。到目前，建设完成区应急广播平台和区指挥大厅终端显示，实现与省、市平台的互联互通；建成4个横向应急信息发布部门和8个街道平台、459个社区平台，已安装1980个终端，大喇叭或音柱3960个，建设的终端覆盖场景包括了社区、商业小区、公园、医院、学校、广场、商业综合体等10个以上，达到了省局要求的应急广播终端村村通的建设目标，终端在线率一直保持在90%以上。2023年12月20日，由青岛市文化和旅游局组织的专家组在城阳区广播电视中心对《城阳区应急广播系统建设项目》进行了整体验收，专家组对城阳区应急广播体系建设项目给予了充分肯定，一致同意项目通过验收。至此，省、市、区、街道、社区应急广播体系基本形成。

第二节　基本做法与亮点成果

一、基本做法

城阳区应急广播项目由市文旅局指定，由我中心全面负责项目立项、设计、招标采购、工程管理、安全生产、文明施工等各项任务，承担未来全区应急广播系统的日常运行和运维管理。按照"平战结合"原则，在确保"战时""急时"应急广播，平时作为党和政府政策宣传舆论工具，积极开展创新应用，发挥好应急广播常态化、长效化作用。

（一）加强顶层设计，组织领导到位

及时成立中心应急广播项目建设领导小组，确定项目工作方向，明确责任目标。协调区委办公室专门下发了《城阳区应急广播建设管理办法》，加快推进应急广播体系建设工作。区委宣传部召开全区应急广播工作会，明确街道、社区工作责任，进行网格化推进。中心克服人员不足困难，勇挑重担，及时成立工作专班。每周召开协调会，督促各项工作落实情况，及时解决发现的问题，分管领导靠前指挥，压紧压实管理责任。同时，做到任务明确、责任到人，形成了上下联动、各部门协作的推进机制。强化政策引领，积极争取财政资金支持，其中，建设资金1608万元，分三年拨付到位。每年传输链路375万元，运维资金43.2万元。从项目立项、项目建设全过程到项目运维各环节都得到了财政资金保障。

（二）坚持科技创新，高水平、高标准规划

在建设上遵循"技术先进、安全可靠"原则，合理规划，统筹布局，统一规划，统一标准，总体设计具有一定的先进性，适度超前，在设计过程中坚持安全原则，强化技术支撑。我们邀请中广电设计研究院进行高标准设计，并由深圳市广播电视台行业内专家、山东省局组织的应急广播专家库专家和区发改局组织的专家组共五次分别对设计方案进行讨论和审核，并按照专家提出的意见和建议进行了充分的答疑和修改，最终通过了省局专家技术方案和招标方案的审核备案并进行了实施。方案中区平台大胆采用超融合基础架构，具有高灵活性和可扩展性；应急广播与"智慧+"深度融合，以数据为驱动，以智能为核心，构建一体化的智慧平台；利用青岛市台CDR传输通道代发应急信息，增加了应急信息传输通道；使用了CDR接收终端、具备点歌功能音柱和配备了太阳能电池板不间断电源，等等，大大丰富了应急广播的终端形式，提升了应急广播的覆盖效果。

（三）严格施工，确保工程质量

应急广播系统的标准化、规范化建设，确保应急广播平台采取统一的数据格式和接口标准，做到上下贯通、稳定运行、可管可控。针对部分商业小区存在入场协调困难情况问题，由领导小组协调相关部门解决处理；针对部分社区拆迁、改造以及无法敷设电缆等问题，甲方、监理、代建、施工单位现场踏勘落实，科学合理规划，针对问题点位进行优化调整，变更方案经各方同意后，进行设计变更。强化安全责任，杜绝施工事故。坚持安全责任制，切实做到谁施工谁负责，将安全责任压紧压实。

（四）加强运维，应急广播应用长效化

为把应急广播管好用好，关键时刻有效发挥作用，建立高效、便捷的运转机制和可持续的维护保障机制。制定了统一的管理文件和运行技术规范，由区里将应急广播工作纳入日常考核工作统一管理。应急信息发布单位和街道、社区平台按照"谁使用、谁管理、谁负责"原则，严格三级审核制度，进行规范化管理。为确保应急广播系统长期稳定运行，安排专人24小时值班，保持平台稳定运行；承建单位组建的运维队伍发现离线点位及时修复，保证了终端在线率≥90%。

二、亮点成果

城阳区应急广播项目在建设过程中大胆创新，采用了多项创新性新技术，是青岛市首个实现省平台链通的区市应急广播平台，并实现与省应急视频指挥系统的互联互通。是青岛市广播电视台 CDR 技术优秀合作试点单位；是省首个应急广播 CDR 覆盖渠道的区级应急广播平台。

（一）平台采用超融合基础架构

应用计算、网络和服务器虚拟化等资源和技术，不仅减少了机房空间占用，而且具有高灵活性和高扩展性。

（二）新旧应急广播平台整合

我区在2019年建设了区级平台、4个街道、44个社区平台和370个终端，为充分利用这些设备，发挥财政资金最大效用，我们开发了新平台对原有设备的控制软件，升级了街道、平台应用软件，全部更换了终端硬件，将两个网络真正整合在一起，实现了全区一个平台控制所有设备、共用一个应急广播网络。

（三）应急广播与"智慧+"深度融合

以数据为驱动，以智能为核心，构建起一体化的智慧大数据平台。传输渠道多样化。结合城阳区实际，充分利用现有广播电视传输覆盖网络，开创性应用 CDR 和 IPTV 渠道传输应急广播信息。

（四）终端形式多样

除了部署普通终端和音柱外，还建设了配备太阳能电池板不间断电源的 CDR 终端、具有点播功能的音柱、楼宇电视和户外视频大屏等，满足应急广播特色化部署。

（五）多中心应急指挥

在区政府总指挥中心、区融媒体中心融媒体平台指挥大厅和播控机房实现了多中心远程指挥和备份，提升应对突发事件的能力和安全保障能力。

（六）创新公共服务形式

创新融合应急广播系统网络，在我区各社区广场建设安装了 300 个户外电子屏终端，构建起全省乃至全国首个"1 中心 + 4 平台 + N 服务""社区 LED 大屏 + 家庭电视 + 智能手机 + 智能喇叭"三屏联动、万屏一声的全媒体宣传矩阵，打造全国首个"党建 + 宣传 + 平台 + 内容 + 服务"的创新示范项目。

三、社会效益

应急广播项目进一步助力城阳区基层宣传思想文化工作和精神文明建设再创新高，取得了良好的社会效益。

一是城阳区应急广播项目经过近三个月的试运行，性能指标达到了设计要求，区应急广播平台和终端设备在线率一直保持 90% 以上，达到了山东省广电局的考核要求，顺利通过了由市文旅局组织的专家组验收。

二是发展提升我区融媒体中心的传播力和服务力，打造融媒体，提升基层社区治理水平的有效抓手。为区委区政府、区直各单位、各街道搭建更有效的宣传新载体，满足包括党建、宣传、林业、乡村振兴等各行业的宣传需求。

三是为居民提供一个才艺展示、邻里分享的健康快乐的自我服务空间。通过应急广播终端在全区的全面覆盖，应急广播已成为我区新的文化宣传阵地和重要媒体融合平台。

四、结束语

应急广播项目的建成，将全面实现应急广播信号在城阳区的全覆盖，提升城阳区应急信息发布能力，最终形成国家、省、市、区统一协调、上下贯通、可管可控、综合覆盖的应急广播体系，将在提升市民应急处置能力、保护人民群众生命财产安全等方面发挥重要作用。

第三节 未来思考

下一步，我中心将正式运行应急广播系统，要不断完善各项规章制度，建立应急广播运行维护队伍，真正把应急广播管好用好，为广大居民提供优质、精准的应急广播公共服务。

一、完善管理体系，打造良性运转机制

持续加强制度体系建设。为构筑上下贯通、左右一体的应急广播管理制度体系，制定全区应急广播信息发布、运维管理等各类规章制度，完善信息发布流程和系统运维应急预案，强化指令发布及信息通报机制。建立健全考核、评估机制，使应急广播系统稳定长效运行，在战时和平时能够发挥应急服务重要作用。

二、筑牢根基，不断优化平台

以当前区应急广播平台为基础，以运行更高效、审播更快捷、维护更方便为目标，补齐运行中发现的问题和短板，合理调整终端建设布局。探索精准应用场景，全力满足服务需求。突出需求导向，充分利用商业小区已建智能广播系统，与应急广播有机结合，深化拓展应急广播服务效能。丰富运用功能，实现应急广播综合利用。逐步与更多的政务服务App、微信公众平台、

楼宇电视、户外大屏等对接，发挥应急广播在政策宣传、应急管理、社会治理和精神文明建设等方面的积极作用，深入贯彻习近平新时代中国特色社会主义思想，切实加强党的创新理论武装，守好建强意识形态主阵地。

三、不断创新，探索新技术应用

当今大数据、AI、VR等新一代信息技术日新月异，广播电视技术也朝着数字化、智慧化方向加速发展，在应急广播体系建设中应充分融合新技术，大力倡导技术创新。强化应急广播安全管理，保障与政务数据、电视节目数据等之间的边界安全管理，构建全方位的信息安全保障体系，努力实现应急广播平台与爱城阳App、有线电视、IPTV等良好适配，探索与公交、地铁及避难场所等场景应用的融合，拓展应急广播终端的覆盖面，适应广大市民移动化、差异化特点，努力满足人民群众多元化需求，努力提升应急广播公共服务能力。

第三十六章
单县融媒体中心：应急广播在智慧城市建设中的创新应用

刘　震　彭　麟　黄克石

应急广播是国家制定的以平时广播、战时应急、平战结合的战略项目，是遇到突发事件及时将应急信息广而传播，把党和政府的声音及时传达到基层，把科技、法律、健康等知识传播到千家万户，满足群众日益增长的文化娱乐需求为目的的民生工程。是通过应急广播系统的资源共建共享，提升政府及各部门宣传引导、城市管理和应急处置等社会综合治理能力的有效工具，是我党意识形态阵地建设的主阵地之一。

第一节　建设基本情况

单县地处山东省鲁西南地区，四省八县交界处，面积1702平方千米，辖22个乡镇（办事处）、1个省级经济技术开发区、1个省级旅游度假区（浮龙湖生态文化旅游开发区）、502个行政村、2491个自然村。为贯彻落实习近平总书记重要讲话和指示精神，加强意识形态阵地建设，自2018年10月，国家广播电视总局出台《应急广播体系总体技术规范》后，单县融媒体中心在县委政府的指导下，积极推进应急广播建设。2020年5月，单县应急广播建设实施方案顺利通过了山东省县级应急广播专家组评审。

为加快推进单县应急广播体系建设，做好应急广播建设规范、管理有序、安全播出。单县应急广播建设始终坚持落实工作责任，成立了由县委宣传部为总指挥调度，县财政局、县文旅局、县应急局、县公安局、县融媒体中心等相关部门为成员的单县应急广播建设领导小组。由县融媒体中心制定应急广播建设规划和发布管理制度，先后制定了《单县应急广播管理制度》《单县应急广播运维管理制度》《应急预警信息发布管理制度》等相关制度。各部门按建设规划和管理规定严格执行，加强宣传思想和意识形态阵地建设管理。建设运维管理由县融媒体中心负责，制定了建设、使用、运维方案，并将应急广播建设纳入县年度宣传思想工作考核。

目前单县应急广播系统建设1个县级平台、22个镇级平台和502个行政村级平台，在主要街道、行政村、社区、车站、公园等人口密集区安装接收点1199个，基本实现全覆盖，县级平台已与省、市平台对接，同时建设了公安、卫健、气象、地震、应急、供电、城管等平行部门播控平台；实现了省、市、县、镇、村5级播控，上下贯通、全平台管控。同时紧紧围绕建设"四全型"应急广播体系，充分发挥智能化、网络化、融合化特点，综合利用广播、电视、网络视听、手机App、新媒体平台等发布渠道，全面开展应急广播建设和创新应用工作。

第二节　创新过程及做法、特色亮点及经验

一、创新过程及做法

（一）思想高度重视，做好顶层设计

为做好应急广播建设，单县融媒体中心组织召开了单县应急广播建设专题会议，讨论应急广播建设标准方向，明确了单县应急广播建设要综合考虑

设备先进性、稳定性、实用性和可扩展性目标。参观学习先进经验，结合我县实际情况实地勘察，安排专业技术人员做好单县应急广播顶层设计规划方案。设计方案评审论证通过后，由县委宣传部牵头召开了应急广播推进会，成立了应急广播建设领导小组。

（二）先期试点运营，后期全面实施

单县应急广播建设共分三期完成，2021年一期完成了5个试点乡镇及主要街道覆盖任务，并通过一期的建设运营过程，查找实际运营过程中发现的问题，为二期建设工作更好推进汲取经验做好铺垫；2022年二期完成了平行部门、乡镇、行政村播控平台建设，对全县行政村进行接收点覆盖，同时对城区公园、社区等现有公共广播进行提升改造，与县应急广播系统并网，并与省、市平台对接，实现了省、市、县、镇、村五级播控。在城市管理方面，通过应急广播资源与"雪亮工程"、乡镇综治办、各部门指挥中心大屏、摄像头等现有资源共建共享，实现了统一指挥、可看可讲，充分发挥应急广播作用，提高政府应急处置能力和社会综合治理能力；2023年三期完成全县自然村覆盖及盲区补点任务。

（三）加强管理运维，确保平战结合

为实现应急广播服务群众最后一公里的宗旨，日常运维非常关键。一是制定了县、镇、村三级应急广播管理制度和应急广播信息发布制度等相关制度，做到有制度可依，管理责任到人，每季度对该项工作进行考核通报，纳入全县考核项；二是成立了运维管理小组，对每天应急广播设备运行状态和发布信息状态进行监播监控，发现故障及时向维修人员下达维修维护指令，确保终端在线率90%以上；三是加强应急广播系统的网络安全保障，按照三级等保标准建设了网络安全防护；四是加强县、镇、村三级应急广播管理人员和使用人员培训，提高突发事件应急处置能力。

二、特色亮点及经验

一是播控功能灵活，县、镇、村及平行部门根据权限可分别控制本辖区内所有接收终端。播发区域可对本辖区所有接收点进行全区域播发、分区域播发、单点播发和一键应急统发；播发方式可采用话筒实时喊话、U 盘播放、电脑线路播放等多种方式进行播控，紧急事件可通过 App、电话、短信进行远程播控。

二是运行维护可控，接收终端采用以 TDMB 为主，调频、IP、4G 为辅，预留有线电视端口的五模传输方式进行接收，避免了单点故障造成全面瘫痪。通过建立 IP 和 4G 网络流量池，实现双向下发回传功能，可通过电脑端、手机 App、指挥大屏随时查看各接收点运行状态、播发状态及运维数据统计，并可进行远程升级和运行维护，便于指挥调度和日常维护，有效降低了运维成本。对正在启动的应急广播发布内容可进行监听，对不符合规定的信息或忘关闭的镇村平台进行远程关闭。所有发布信息保存在县平台服务器，便于日后追溯。部分接收终端配备了不间断电源 UPS，确保了应急广播在断网、断电等极端情况下的可用性。

三是共建共享共用，与省、市应急广播系统对接完成，实现了省、市、县、镇、村五级播控。与公安、水利、气象、城管等行政管理部门的平行对接，实现了应急广播与乡镇综治办、各部门摄像头及指挥中心大屏等现有资源的共建共享，融合发展，实现了可看可讲。对现有社区、公园、校园等公共广播进行提升改造，并入县应急广播系统，让应急广播功能得到广泛应用，避免了重复建设和资源浪费，有效提升了政府应急处置能力和社会综合治理能力。

四是融合媒体覆盖，综合利用广播、电视、网络视听、手机 App、新媒体平台等发布渠道，实现了电台频率与应急广播同步播出；测试完成了有线数字电视和无线数字电视应急字幕发布系统；完成了手机 App、微信公众号等新媒体平台的应急广播一键推送，开设了应急广播专栏，便于群众点播收听；实现了应急信息终端向广播电视、音柱、手机客户端、新媒体平台等拓展，基本实现应急信息的多媒体、立体化传播。通过应急广播建设的应用，有效提升了我县宣传及意识形态阵地建设。

第三节 应用成效及发展、创新发展及规划

一、应用成效及发展

一是单县应急广播自 2020 年建设以来，县、镇、村充分发挥应急广播资源和优势。一方面及时收转上级应急广播信息，另一方面将本县新闻资讯、政策法规、应急预警信息，第一时间传递到广大群众当中；通过与平行部门和镇街综治办共建共享，充分利用大屏、摄像头等现有公共资源融合发展，加强了县、镇、村三级社会综合治理能力，有效提升了宣传效果，降低了纸质、车辆宣传成本和人力物力资源浪费。目前单县应急广播总播发量129589次，其中应急广播播发量89022次，日常广播40568次，平均日播发量100余条。播发《单县新闻》《预防一氧化碳中毒》《疫情防控》《一盔一带安全守护行动》《禁放烟花炮竹》《交通安全提示》《预防溺水》《禁止秸秆焚烧》等公益宣传2万余次。尤其疫情防控期间，县、镇、村及时通过应急广播向广大群众实时发布疫情防控动态、政策法规等信息，应急广播作用得到充分体现。

二是建立了平行部门联合应急发布机制，充分发挥和凸显了应急广播的快速性和重要性。气象地震部门根据气象和地质变化，第一时间向广大群众发布了雷雨、台风等气象预警，同时对有可能发生的地质灾害进行预警发布，有效避免了因气象和地质变化可能造成的人身财产损失；住建系统实时监控城区积水和施工状况，通过应急广播实时发布城区积水路段和施工路段绕行提醒；公安交警部门根据指挥中心实时监控交通拥堵路段和违章停车情况，利用应急广播对交通拥堵路段进行实时提醒和现场指挥交通，对违章车辆进行实时喊话挪行；水利部门通过对河道实时监控，通过应急广播对发现的违规违法行为和私自下河游泳现象进行实时喊话，有效避免了溺水事故发生；城管部门通过监控平台看到占道经营违法商贩，可通过街道应急广播进行喊

话劝离，提高了人性化管理，避免了城管执法基层矛盾发生；发生突发事件时，应急部门可通过应急广播对化工园区、公园、广场等应急避难场所进行实时喊话指挥避险等。可以说应急广播在各部门的广泛应用有效提高了政府综合治理能力，减少了部门人力、物力、财力负担和资源浪费。

三是通过建立 IP 和 4G 流量池网络，实现双向下发回传功能，可通过电脑端、手机 App、指挥大屏随时查看各接收点运行状态和播发状态，并可进行远程升级和运行维护，便于指挥调度和日常维护，有效降低了运维成本。如 2022 年地面数字 700M 清频工作，造成应急广播无法在原地面数字频点播发，单县通过 IP 和 4G 流量池网络远程进行终端参数修改，有效减少了 80% 的工作量。

四是提升改造 21 个社区、3 个公园公共广播平台对接，基本完成了公园、广场、车站、社区等公共场所覆盖，覆盖人口 102 万；利用微信公众号、App 等现代传播手段，一键推送直达用户 40 余万，覆盖率占人口比例 43% 以上。拓展了应急广播的覆盖面，基本实现"精准覆盖"。

二、创新发展及规划

一是加强与相关应急部门的沟通联络，完善各部门共同参与的应急广播协调联络机制，细化工作流程和应急处置预案，保证指挥调度机制有效运行。在日常沟通联络的基础上，推动各级应急广播系统与本地应急管理指挥系统、城市大脑、地震预警、气象预警等信息系统对接，进一步拓宽应急信息来源，不断提升应急广播平台的紧急应急信息发布能力。

二是加强终端供电和信息传输安全保障，在终端部署太阳板和蓄电池，确保因自然灾害或其他原因造成停电后仍具备接收能力。在特殊区域和关键点建立主动发布终端，与视频监控、气象监测等设备互联互通，发现问题及时发布预设预警信息。如监控发现违规违法行为，道路交通堵塞，违规占道经营，气象监测自然灾害等情况，可以通过主动发布终端进行告警。同时要加强传输安全保障，一方面对县、镇、村平台加强网络安全措施；另一方面对现有终端升级加密模块，确保终端安全接收播发。

三是加强应急广播运行维护工作，由于应急广播点位多，分布分散，维修维护工作量较大，技术人员匮乏，需加强技术人才培养培训，提高应急广播运维力量和能力。按照谁使用谁管理的原则，做好乡镇、村级使用人员的使用培训、应急培训等工作，做到操作规范，管理有序，遇到紧急情况能够应急处置，同时做好运维资金保障。

四是加强应急广播意识形态阵地建设，在巩固现有覆盖阵地的前提下，扩展覆盖范围、覆盖方式和覆盖面。探索推进应急广播在 IPTV、楼宇电视、户外大屏、公交车辆等方面的应用。如建设县级 IPTV 应急广播发布平台，及时对 IPTV 电视用户进行应急信息发布，开展户外大屏、楼宇电视、公交、校园、高速公路等公共区域的联动覆盖，将公园、学校、社区、商场、医院的现有公共广播和 LED 电子屏进行升级改造并入应急广播系统。

五是加强待建或预建应急广播、公共广播、楼宇电视、社区 LED 大屏管理审批，对现有社区楼宇电视和 LED 电子屏资源进行整合管控。这是意识形态阵地的最前沿，一旦被私有资本介入，将是意识形态阵地的丢失。同时将应急广播纳入新建小区基础配套验收，明确相关部门应急广播、公共广播建设资金，交由县融媒体中心规划实施，避免重复建设和自建无法并网的情况发生。

总而言之，建设应急广播既是国家战略要求，也是一项惠民工程，既要建好还要使用好，从而真正达到平时广播、战时应急、平战结合的目的；真正能满足政府和各部门提升应急处置能力和宣传工作需求，做到共建、共享、共用，避免重复建设和资源浪费，充分发挥应急广播功能应用，促进智慧城市建设发展。

第三十七章

定陶区融媒体中心：坚持多元融合 推进上云赋智 打造"融媒+"发展新模式

曹丽华

菏泽市定陶区融媒体中心挂牌成立于2019年6月20日，是山东省菏泽市首家挂牌的县级融媒体中心。成立以来，定陶融媒体中心整合广播、电视、新媒体等传播平台，打通策、采、编、审、发、评全流程，依托山东省广电"闪电云"系统，坚持移动优先，消除宣传壁垒，打通广播、电视、网站、客户端、微博、微信公众号、政务号等传统媒与新兴媒体发稿渠道，将内宣、外宣、网宣等职责融为一体，将新闻从业人员采、编、播等技能融为一体，构建了新型传播格局，使媒体由"相加"到"相融"，真正形成"你就是我、我就是你"的融合发展传播体系；不断强化内容生产，借助新技术创新传播形式，在各新媒体平台爆款频现；创新推进"融媒体"与政务服务、基层治理等相结合，以"爱定陶"App为载体，高效整合各种媒介资源、生产要素，全面打造信息内容、技术应用、平台终端和数字化管理等互融互通的"云平台"，形成了"融媒+"多元融合发展新模式。截至目前，"爱定陶"手机客户端注册用户42.7万，定陶融媒体中心连续五年荣获山东省电视宣传、广播宣传、融媒体宣传先进集体一等奖，定陶区媒体融合工作入选全省县级广电媒体融合典型案例，在2023年全省县级融媒体高质量发展推进暨培训会上，定陶区作典型发言。

第一节　创新案例基本情况、基本做法、亮点成果

一、创新"融媒+云服务",打造新型智慧社区惠民生

一是"两心融合"推行"点单式"志愿服务。坚持将区融媒体中心和新时代文明实践中心"两个中心"的融合发展,在"爱定陶"客户端嵌入"新时代文明实践"板块,新增群众点单、志愿服务队精准派单等功能,推进志愿服务活动线上招募打卡、线下打卡服务,实现了网上网下同频共振,线上线下"双线"打通,服务群众"最后一公里"。目前,已入驻新时代文明实践团队2213余支,志愿者18.4万,2023年以来,开展活动7万余次,活动时长127万多小时,真正实现了"线上数据+线下实践"相结合。定陶区"两心"融合经验也被山东省广播电视局推广。2023年新上线了"美德信用积分平台",进一步激励志愿者参与服务的热情,让"有德者有得"。

二是"民呼我应"推行"上门式"便民服务。引导各类商铺入驻打造"民呼我应"服务平台,开通换锁、家政、灯具、家电维修等便民服务功能13类70余项,推行全民呼叫,对每一项服务需求都做到24小时及时联系、价格公示、有效协商、微笑服务,实现让群众不出家门、一个电话就可以享受到最便捷的服务的目的。目前,已入驻商铺133家,可有效覆盖全区。

三是"政务外卖"推行"网购式"政务服务。组织区行政审批局、区工信局分别入驻打造"政务外卖"服务平台和"企业服务平台",创新群众和企业点单、平台做单、邮政跑单、政府买单的居家办公服务模式,开通查询违章、个人档案查询、政务审批、缴电费、法律服务等便民服务功能,纳入个体工商户登记、企业备案、经营许可业务变更等120余项审批事项,可对城区周边需求实现5分钟响应、30分钟内办结。

二、创新"融媒+云宣传",筑牢意识形态阵地聚民心

一是融合打通全平台。相继开通各商业平台、央级平台、新华社、央视频、人民日报等宣传平台账号,建成电视、电台、应急广播、新媒体一体发稿渠道,构建了融媒宣传矩阵,实现了手机、电视、电台、应急广播多平台联动宣传、信息资源同步共享,全面扩大了主流价值影响力和覆盖面。2023年以来新媒体各平台也是爆款频现,《山东定陶:初夏时节好"丰"景,瓜果飘香采收忙》《大棚育苗忙,科技赋能促增收》《校长跟学生"抢凳子",这校长太可爱啦!》《丰收啦!定陶区鸡枞菌新鲜上市,"撑"起群众"致富伞"》等271篇反映定陶经济社会发展的原创作品点击量超百万,其中《校长跟学生"抢凳子",这校长太可爱啦!》推出后,抖音号达到474.8万点击量,视频号达到603.2万点击量,并被新民晚报、赣南日报等10余家媒体转发,连续7天登上同城热榜,全网点击量1700多万。2023年11月,获得菏泽市"乡村振兴齐鲁样板——村村有好戏"主题宣传先进单位称号。

二是理论宣讲全渠道。创新采取一体化采编调度系统,吸纳来自全区各镇街、单位、学校的300余名工作人员成为我们融媒的通讯员,为融媒体中心内容生产助力。全媒体开设党的最新理论、新闻资讯、上级政策、好人好事等20个专题专栏,常态化使用图说、短视频、访谈进行全媒体播发。融媒体中心新闻宣传上稿量连续四年位居全市第一,2022年位居全省第三,作品《"世袭"校长杨雪品》《回乡种田的一等功臣》分别荣获2022年全国县级融媒体中心优秀作品秋赛二等奖、三等奖。制作的短视频《崔建金:奔跑着的梦想》荣获山东省优秀广播电视和网络视听节目一等奖,《"世袭"校长杨雪品》《乡村振兴合伙人反哺家乡助振兴》荣获山东新闻奖县级融媒体专项奖一等奖。定陶融媒体中心先后获评全省2021年度和2022年度统一供片先进集体、山东省优秀传播机构、广播电视公益广告优秀传播机构,真正让融媒体中心成为定陶人民了解大事小情的必备渠道。

三是文化浸润全氛围。定陶区融媒体中心依托丰富的红色文化资源,坚

持内容创新、表达创新和传播创新，用有品质有价值的优质作品凝心聚力，既增强价值引领又让红色文化传播活起来，重点策划了重大革命历史题材作品《定陶战役》。《定陶战役》共三集，每集 45 分钟，作品介绍了定陶战役发生的宏大历史背景、敌我双方力量对比，以及我军的战略部署等情况，全景式展示定陶战役的全过程，并着重介绍了地方人民群众、地方政府、地方武装对定陶战役的支援，揭示兵民是胜利之本的深刻主题。作品通过对一个个鲜活人物形象的塑造，对一个个催人泪下感人故事的再现，深刻地感染观众，传承红色文化基因，激发爱国热情，凝聚民族力量，打造山东红色文化品牌。纪录片《定陶战役》获得 2022 年度山东省优秀广播电视和网络视听节目一等奖。2023 年 11 月，定陶区融媒体中心在中国人民大学、中共山东省委宣传部、学习时报社共同主办的红色文化论坛中就《定陶战役》创作作主旨演讲；常态化举行"美在我身边"等随手拍活动，发动身边的群众发现身边的美好；每逢端午节、国庆节等节日期间，在各宣传平台广泛开展线上答题有礼等活动；采取"云直播＋现场观看"的形式开展"最美退役军人评选""感动定陶人物评选"等活动，其中"走进春天"定陶区 2023 年元宵节晚会暨感动定陶人物颁奖典礼线上直播观看人次达 25 万，全面倡树了先进模范典型、传递了社会正能量。2023 年中国定陶第八届玫瑰节，定陶融媒体全媒体直播开幕式，观看人次 30 余万，向全网推介定陶玫瑰，直播也入选菏泽市 2023 牡丹节会十大带流量、有特色的高质量直播活动。2023 年暑假期间，为提高广大家长和学生的防溺水意识，定陶融媒体中心充分利用多种形式开展防溺水宣传，利用"课件＋直播＋答题"的形式，推出了防溺水课堂、防溺水专题讲座、防溺水有奖知识问答，系列活动推出后，参与人次近 40 万，切实提高了公众对防溺水意识和知识的知晓率、参与度和认可度，营造了全社会共同关注青少年防溺水的良好氛围。定陶区防溺水线上答题和防溺水直播也分别入选省"闪电云"平台活动榜 TOP10。

三、创新"融媒+云监督",拓宽政务服务渠道畅民意

一是主动征集群众意见。聚焦做好网上群众工作,利用"爱定陶"客户端常态化开展线上网友问题随手拍、调查问卷等互动活动,在党代会、两会等重大会议和决策中广开言路,在重大民生工程等工作中主动征求群众意见,累计回应群众留言5000条次,切实做到了"网"罗社情民意,"网"住民生福祉,让互联网这个"最大变量",变成凝聚民心的"最大增量"。

二是倾力办好民生实事。建立健全"群众诉求网上办理平台",进一步完善了群众诉求接收、交办、督办、回复等工作机制,对小微民生问题力求"动态清零"、快办快结,对重大工作事项坚持"135"办理工作制度,即1天内要开展核查,3日内核查清楚,5日内网上回复,做到了每一条网络留言问题不排除、不解决就不办结,做到"件件有着落,事事有回音"。

三是持续优化营商环境。区纪委监委入驻开设"'清风护航'优化营商环境举报专区",对企业反映的问题第一时间调查取证,重点聚焦项目建设、招商引资等易贪腐领域,狠抓反面典型,予以公开曝光,大力倡导"寓监管于服务、寓服务于监管"工作方法,严禁到企业以罚款为目的的乱检查行为,全面营造重商、亲商、安商、富商的一流营商环境。

第二节 县级融媒体中心创新发展的未来思考

一、从内容生产转向内容运营

县级融媒体中心作为党和政府的喉舌、舆论引导的主阵地,在牢牢把握舆论引导的主动权、话语权上要创新形式和手段。要建立符合互联网传播规律的24小时采编发制度,采编发内容由同质化向垂类深耕,坚持平台思维,将主题宣传爆款化,坚持严谨、专业的工作态度,以符号化流行元素传播主流价值观。策划选题要"全景化",打破人员壁垒,充分调动资源,从策划、

拍摄、后期、技术全方位服务，保证主题宣传既坚持主流价值又融合传播价值。

二、融媒体中心要赋能基层社会治理现代化

县级融媒体要依托自有的移动客户端和新媒体矩阵，以大数据、新技术为核心，通过数据汇集、数据挖掘、用户画像和精准推送，以"一张网整合"的方式打破组织界限和数据壁垒，为市民提供一体化便民应用、一站式指尖服务，充分统筹县域资源，开发综合服务功能，为地方群众提供政务服务、生活服务、传播服务、社交服务等。以信息服务、便民服务、志愿服务、政务服务为核心，融合县级融媒体中心客户端、新时代文明实践、应急广播等功能模块，发挥舆论监督优势，搭建智慧社区服务平台，开设本地化信息沟通功能模块，优化了网民与政府机构互动交流的功能，有利于及时发现问题，了解民情民意，赋能基层社会治理现代化。

三、融媒体中心要技术赋能、业务创新

县级融媒体中心在产业运营方面要积极转型，激活多元产业，发挥融媒优势，做强、研学拓展、产品展销、艺术培训等，拓宽增值渠道。探索"融媒＋电子商务"的运营模式，以用户为中心，打造品牌营销，为群众提供吃住行游购娱一站式综合服务，服务"三农"，助力地方经济发展。

第三十八章
栖霞区融媒体中心：新媒体直播车项目

运营技术科

南京市栖霞区融媒体中心于 2020 年 6 月正式挂牌成立，为副处级公益一类事业单位，负责全区宣传工作及电视、网络和移动端等全媒体融合发展。中心下设科室 3 个、广告公司 1 个，配备有全媒体融合生产平台、融合媒体指挥中心、互动虚拟演播室、全媒体 4K 新闻演播厅、4K 高清混编视频制作网、高等级安全播控系统等。中心管理的南京栖广融合传媒有限公司为国有全资有限责任公司，对外承接广告宣传、视频制作、演出策划等项目，提供旅游、培训、教育、文创等文化产业服务。

长期以来，中心重视数字时代新媒体的发展，推动传统媒体与新媒体深度融合，充分运用报、台、网、屏、微、端等全媒体手段，增加互联网阵地上的资源配比、要素配置，与传统媒体形成统一行动、个性表达、各展所长、优势互补的舆论引导传播格局。中心坚持经济效益与社会效益的统一，遵循"内容为王""移动优先"理念，把正能量内容、精品视频、文化创新"三大要素"作为深化媒体融合发展的核心竞争力，以数字技术打造短视频、互动式直播等平台，加速优质网络文化产品在网络平台的分享与传播。

近年来，中心致力于拓展"新闻+政务+服务+商务"全媒体传播体系，通过"4K+5G+AI 技术"赋能加快适配全媒体传播和融媒新产品的需求，逐步建成涵盖 4K/高清电视新闻、AI 摇臂机器人、AI 手语数字人、"5G+4K"全媒体直播、智慧融媒客户端、融媒体传播矩阵等为一体的"广电 +"智慧媒体生态系统，应用各类互动、沉浸、体验式产品，服务区域经济产业的发展，深入基层、覆盖全区、辐射周边，打造深化媒体融合发展的新样本。

第一节　创新案例：新媒体直播车项目

一、基本情况

2022 年，中心启动了新媒体直播车项目，车辆于 2023 年 1 月正式投入使用。新媒体直播车采用福特底盘，整车不仅有传统直播车的视音频系统，还具备随行车队广播功能，可以兼顾多种活动的现场直播，同时具备电视节目录制和必要的回传功能，能够满足中小型综艺节目、重大活动直播转播功能需求和移动广播使用需求。

视频系统能够录制并传输嵌入音频的高清信号，能够接收多格式外来信号；摄像机、录像机和外来信号等经处理进入切换台，提供主播出信号。整个系统用 BB 作为同步基准信号；系统主要设备具有主备双电源冗余，系统的周边信号处理板可热插拔；系统信号源 6 路摄像机信号、2 路外来信号，监视系统采用多画分监视；摄像机信号传输采用无线传输，以减少新媒体直播车外出工作时工作量，通话系统要求与无线传输系统配套的无线通话和 Tally。

视频系统的摄像机信号传输，其中 3 讯道采用自组网无线传输系统，将 3 路摄像机信号传输至车内切换台，其采用 H.265 视音频压缩编码技术，最高支持 1080p60,支持 3G-SDI 输入接口，视频延时最低可达 120ms；支持 NTP 时间授时功能；支持动态码率调整技术，可根据使用环境情况进行预判自动调整传输码率，保证视频传输的稳定性。还有 1 通道 4K/5G 背包传输系统，可以支持 1 路 4K 节目传输至切换台，背包视频采集端口支持 1

组 4×3G-SDI（其中包含 1 个 12G 兼容接口），1 个 HDMI，同时具备 1 个 SDI 视频环出接口；超清视频编码码率最大支持 100Mbps；支持 YUV422 10bits 视频的编码传输，符合广播级 BT.2020 色域和高动态 HDR 要求，满足制作领域应用需求；内置全网通模组 6 个，其中包含 3 个 5G 全网通模组（支持 700M FDD 5G 标准），3 个 4G 全网通模组；内置 256G 固态硬盘；具备路测功能，配合外置北斗 GPS 模块，结合 GIS 地理信息系统形成传输质量路测覆盖图及信号质量覆盖图，便于直播前了解传输质量及信号情况。另外配置 2 通道有线信号进入系统，还可以通过多通道光缆输入 2 路视频和 4 路音频进入系统，车顶还设置了 1 台遥控云台摄像机，这样最多可以有 8 路信号进入参与节目制作。

音频系统除了正常配置的二级调音系统外，增加了主备路广播发射机，可以实现随行车队广播，广播的传输距离可以达到 2 公里范围。

新媒体直播车信号传播回台内可以通过系统配置的另外两套"5G+4K"背包传输，另外切换台自身具备网络直播推流功能，配合 5G 聚合路由服务器可以实现网络的多平台直播。

二、基本做法

中心的新媒体直播车系统集成了先进的 4K 技术平台，以实现更高质量的视频传输和制作。在项目设计时，中心主要从车体和系统两个方面进行优化考虑。

（一）车体底盘和车体改造

1. 对于车体底盘选型，中心从以下两个方面进行考虑：①在直播活动中城乡许多地方高度经常受限，所以车辆的动力、整体的高度、行车的灵活性都要充分考虑；②车辆既要满足视频系统在固定场所停止时的视频系统节目制作需求，同时还要满足跟随领导车队进行广播直播活动。

因此，在车型选择上既要考虑视频系统对整车改装后使用空间的需求，也要考虑整车在行驶时的动力性能和整车高度，满足跟随领导车队的随车广播需求。车体底盘在做选型时，考虑过多种车体，最后还是选择福特全顺的JX6581TA-M6底盘进行改装，配置2.2T柴油发动机，改装完成后尺寸为5820×1974×2590（mm）。车长不超过6m，平时使用时C照可以满足需求，不需要单独配置人员。

2. 车体改造需要整车系统具备完善的防雷接地保护，电源配备交流浪涌保护器，设备与车体间的避震性能良好。电磁环境得到良好的控制，各种通信设备同时正常工作。

3. 除了需要满足设备使用的需求，还需要具备良好的工作环境，考虑使用人员使用的舒适性，因此我们除了保留了原车的行车空调，还增加了停车时的驻车空调，采用天鹅顶置1.5P车载空调一台，用于满足直播区内温度适宜。具有制冷、通风功能，能够保证车内环境的舒适性，以满足工作人员长时间工作的要求。

（二）车辆视音频系统建设

1. 充分利用了当前4K技术平台的最新技术和产品，保证系统的技术领先性。同时，考虑到了技术的兼容性，使得系统能够在超高清节目制作和高清播出之间顺利过渡。

2. 高度重视系统的安全性。中心预想了可能出现的各种故障，并为此设计了应急矩阵和二选一切换器等多种应急措施，以保证系统的稳定运行。

3. 充分考虑系统的可扩展性。系统核心设备切换台及矩阵预留了充足的输入输出路数，并设计了功能完备的车外接口板，以便于系统的升级、扩展和级联使用。

4. 尽可能地简化了系统的操作，使得使用可以方便、灵活，这样节目制作人员能够更简单地理解和使用系统。

5. 结合4G/5G的移动通信技术，视音频编解码技术，运用网络传输和基带传输手段相结合，以满足当前视音频系统的发展需求。

总的来说，项目目标是通过最优化的设计，使得新媒体直播车系统在满足当前需求的同时，也具备良好的适应性和扩展性，以应对未来的挑战。

三、亮点成果

在项目规划时，中心就高度关注新技术发展，深入研究新技术可能带来的技术变革，主动跟进。除了近几年的 5G 技术和 4K 制作系统的应用，也考虑到传统直播车项目在使用时的一些痛点。

传统直播车在使用时需要配置大量的工作人员，每场外出节目制作工作人员需要花费大量精力在布放线材上，拖放摄像机光缆，连接外接的视音频信号。作为区县级融媒体中心，我们的人员配置少，因此中心在设备选型时充分考虑这些使用痛点，选择了无线视频传输系统。

另外，车辆除了正常的二级调音配置调音台外，还配置了 2 台主备调频广播发射机，实现一车多用，既能满足台内电视系统的节目制作需求，也能服务政府接待来宾跟随领导车队广播；配置了一套双向光发光收设备，通过一根摄像机光缆可以实现 2 路视频 4 路音频的双向传输，解决现场与大屏、扩声系统的信号交互，简化线缆布放，减少工作量。

车辆由无线视频传输基站、无线视频传输终端、高清视频解码器、语音通话系统、Tally 服务系统、摄像机控制系统、天馈系统等组成。在 4G/5G 移动通信高速率、高带宽的技术基础上，系统通过快速部署专用网络，提供更优异的传输性能，在 20MHz 的射频带宽基础上，支持上行传输速率 50Mbps，下行传输速率 100Mbps。在可视的环境下，单基站可形成半径 3 公里以上的信号覆盖范围，支持网络快速部署，支持 2 路 4K 超高清或 4 路高清或 25 路监看视频同时接入。

车辆配置的 V-Studio 融合媒体导播系统切换台集融合媒体导播切换、实时直播、字幕和特效切换等多种功能于一体，针对具有移动较高要求的专业用户以及手机移动视频拍摄等多种新闻、传媒事件应用场景下的产品，无须复杂的系统间连线，开机即可投入使用，极大地方便了多机位、多信号源直播和现场导播的需求。同时，支持在局域网环境、互联网环境使用手机、背包拍摄回传节目 IP 流信号进行导播；支持本地 8 路 SDI 信号输入，内置

DDR 播放通道，在本地文件通道中可添加多个文件，每个文件均可进行入出点编辑，同时提供多种文件播放方式；内置网络直播推流功能，最多可以实现 10 个发布目标地址，同时针对不同的发布平台，可灵活选择其直播流的画面幅面、输出码率、输出协议。

无线视频传输系统采用全 IP 的架构，支持视频、语音、Tally、数据双向传输，主要优势在于：①系统通过快速建立无线视频传输专用网络，形成区域信号覆盖，不占用公网频率资源，不使用公网流量。②专用网络仅为系统自身的发射端服务，其他终端无法接入，保证传输带宽的稳定性。③单台基站支持同时为多个发射端服务，视频传输、通话对讲、Tally 指示、CCU 控制、终端定位等数据在网络间双向无线传输，视频传输和通信调度融合配合制播系统，实现更简洁高效的转播体系。④系统采用 IP 架构，方便与前端摄像及后端导播等其他平台兼容对接，基站可以通过网线、光纤、无线、卫星等多种方式将信号传到导播台或直播车。

此系统不仅可以通过自组网的专网运行，后期可以依据需要在发射端增加公网功能，在整个栖霞区内几个重要场所增加无线基站，通过光纤或网络也可以实现信号的公网传输，把摄像机信号直接传输回台内，实现在整区范围内的全覆盖。当所在场所需要节目制作时，只要摄像人员带着摄像机和背包出去，就可以实现远距离节目制作，从而减少人员的出动，节约人力成本。

中心新媒体直播车项目建成以后已经经过多次使用，完成了 2023 仙林马拉松、仙林大学城音乐节的网络直播，圆满完成安徽省、黑龙江省、内蒙古自治区党政代表团来南京调研时的跟随车队广播保障任务。

第二节　县级融媒体创新发展的未来思考

南京市栖霞区融媒体中心作为县级融媒体中心的一员，将继续以技术创新和内容创优为引领，充分发挥新媒体直播车作用，全力向"广电 +"智慧媒体转型升级。

一、用好 4K+5G+AI 新技术、新手段

积极运用新技术、新创意打造融媒体产品，将 ChatGPT、AI 数字人、4K+5G 等创新技术运用到优质内容生产、为民办实事工作中，为中心电视节目改版及新媒体平台开发向数字化、智能化转型提供技术和平台支持。

二、拓展"广电+"智慧媒体生态系统

加强和属地创新型文化企业、高校之间的交流合作，联合探索深化媒体融合发展的技术、模式和路径，通过大数据思维的指导实践，加强垂直领域布局和多元化内容的生产，为广大用户提供更为精准的生活服务。

三、建设"广电+公共服务"信息化枢纽平台

引入机构和企业入驻平台，发布活动资讯，传播企业文化，推进公共服务覆盖栖霞各街道社区的"最后一公里"；吸纳高校达人、社区达人开号进驻，善用自媒体的垂直流量，实现口碑良性传播。

四、强化"栖小融"数字营销

以"栖小融"为视觉形象和品牌 IP 连接政府、高校、企业，通过"数字营销+优质短视频+网络直播"的形式，加快延伸影像、创意、文化、旅游等产业化互动联通，助力历史文化、大美栖霞建设，助力栖霞本地的名优产品拓宽销售渠道，全面推进"AI+文旅"新业态项目发展。

第三十九章

曲沃县融媒体中心：创新发展成长项目
——智慧村务综合服务体系

唐行军　晁　锐　程　珩

　　曲沃县融媒体中心于2018年12月25日挂牌成立，是由原广播电视服务中心和原县委通讯组《今日曲沃》报整合组建，为山西省首批挂牌成立的39家县级融媒体中心之一。中心总占地面积8678.08平方米，总建筑面积7445.76平方米。设有11层的综合办公楼一座及附属设施用房，既有"中央厨房"式的新型全媒体采编发空间，又有具备核心交换能力的接入传输机房。

　　2021年，曲沃县事业单位进行改革，中心原有的曲沃电视转播台、曲沃县乡镇广播电视服务站两个下属单位被撤销，其人员转隶至中心。目前曲沃县融媒体中心是县政府直属事业单位，正科级建制，公益一类，归口县委宣传部领导，核定编制51名，实有109人（全额事业61人，自收自支48人），下属2个公司共聘员工49人。中心设有党组，共有成员7人，领导职数1正3副。设有党总支，总支下设2个党支部，共有党员59人。

　　中心被省局评为2020年度全省广播电视媒体融合发展示范单位，并蝉联2021年度、2022年度、2023年度"临汾市新闻宣传工作先进集体"。搭建的"智慧村务"综合服务体系获2021年度新华社新闻信息中心优秀政务服务奖。

　　2023年4月，中心实施的曲沃县智慧广电跨代通讯网项目和曲沃县智慧村务服务体系项目由市文旅局上报，经省广电局审核，分别向国家广电总局推荐为2023年全国广播电视媒体融合典型案例和全国广播电视媒体融合成长项目。2023年7月，国家广播电视总局同意批复曲沃县入选广播电视基本公共服务国家级试点县。2023年12月，中心组织的曲沃县"诗经山水晋都曲沃"文旅品牌消费帮扶宣传推介活动入选我省智慧广电"消费帮扶"典型案例。中心下属沃祺公司实施的曲沃县智慧广电政务服务生态链项目入选省级广播电视和网络视听产业发展入库项目。

第一节　成长项目

一、项目名称

曲沃县智慧村务综合服务体系项目。

二、项目基本情况

"智慧村务"服务体系是曲沃县融媒体中心打造的为县委、县政府着眼现代化乡村振兴需求，强化基层治理措施，提高乡村服务数字化水平的县、乡、村、户四级同频、全民参与的综合服务体系。按照分众化传播原则，针对性提供综合信息供给服务，根据基层组织、社会监督、公共事务、乡村生态、公共服务等方面需求共设置"清廉监督""清廉村居""党务公开""村务公开""财务公开""党员教育""政策消息""三农服务""幸福乡村""智慧就业""智慧医疗""智慧金融"12个板块。同时，在"智慧曲沃"App手机端设置专版专栏，以达到传播、传导立体化全覆盖的目标。

第二节　基本做法及亮点成果

一、基本做法

（一）建强机构高位推动，成立智慧村务专班

2021年5月，县纪委监委积极探索"互联网＋监督＋服务"模式，以里村镇13个村作为试点，开展了"智慧村务"试点工作，并就"智慧村务"服务体系建设工作向县委主要领导进行了专题汇报，县委高度重视，成立了由县委书记吴滨同志任组长的领导组。2022年1月，县委下发了《关于开展"智慧村务"工作的实施方案》的通知，成立了工作专班，明确了工作职责，深入推进"智慧村务"工作。县融媒体中心成立了"智慧村务"工作室并安排专职人员开展此项工作，各乡镇结合本乡镇实际，分别制定了实施方案，切实发挥乡镇党委的领导和统筹作用，成立了乡镇党委书记任组长的"智慧村务"工作领导组，并进一步明确分管领导，安排专职人员组成工作专班，从制度上形成了长效的工作机制，至此该项工作在全县全面展开。与此同时，各乡镇通过积极宣传推广，让广大村民知晓平台、熟悉平台，利用平台做好村务监督，不断提升村民的参与度。

（二）畅通渠道双向沟通，打造便民服务平台

一方面将政府的文件解读、惠农政策等具体措施发布至电视、手机、广播各个终端，快捷地传播到每个人的手中，有效提高群众的参与性和信息的触达率。另一方开展乡村数据资源采集，面对广大群众反映的实际问题和实际需求进行分类整理，第一时间转呈相关部门、单位，实现了部门内信息纵向汇聚和传递、部门间在线实时信息横向交换，进一步畅通了基层政音民声通道。智慧村务综合服务平台的成功上线，有效地解决了村委会目前存在的事务办理流程烦琐、村民通知及村务公开不能及时有效传达等村务痛点问题，让数据多跑路、群众少跑腿，提高了村两委会办事效率，受到了村民的欢迎。

（三）弘扬先进倡导参与，推动精神文明建设

一方面以弘扬社会主义核心价值观为出发点，通过对优秀典型、先进事迹、镇村主题活动、本村文化建设等方面的具体化展示和动态反映，结合群众实际需求开展群众性文化活动。另一方面，实现村民之间的互动，"好人好事""致富经验"等都可在这里分享，使其家喻户晓。互动也让村民们紧密相连，邻里关系更加和谐，也有利于提高村民的精神文明建设。通过对各类与村民生活密切相关信息的及时处理，为村民提供更加安全、便利、舒适、愉悦的生活环境，满足乡村村民的精神文化需求，提升乡村生活品质。

（四）产业信息精准投放，助力集体经济壮大

该平台设置县级总平台，以乡镇为单位设置主板块，以村为单位划定区域围栏，根据各乡镇、各村在农林牧渔、旅游、文化等领域的产业特点，结合各自产业需求针对性提供信息服务，实现产业信息服务的精确制导。同时在电视机上开设"乡村特产"板块，将本土的农作物在线上宣传和营销，通过扫描二维码，实现线下交易，积极帮助百姓寻求致富途径，推动农村电商形成新模式。

二、亮点成果

（一）项目成长性数据亮点

经济效益："智慧村务"综合服务体系是一项公益类政务服务平台，在宣传推广和市场规模方面，该体系现已实现全县7个乡镇、114个行政村全覆盖，所有IP电视用户、"智慧曲沃"App用户、曲沃广播全区域覆盖，为曲沃县打造数字乡村、推动乡村振兴进程培植了新动能。随着智慧村务综合服务平台板块和功能的不断完善，预计2022年，IP电视链路服务将在全覆盖的基础上用户数增加30%，智能终端用户增加20%。

社会效益指标："智慧村务"综合服务平台，是基于县级融媒体中心"新闻+政务+服务"建设方向，贯彻落实中央1号文件精神，在公共事务、基层组织、乡村生态、公共服务等方面实现三级互通、双向互动的持续性系统

工程，将为打造数字乡村、推动乡村振兴进程助力添劲。

一方面通过构筑县、乡、村三级全民参与的"智慧村务"监督网，建立以县纪委监委为管理中枢、乡镇纪委为运行枢纽、村"两委"为实施桥头堡的管理结构。另一方面不断创新监督方式，有效提升党务、村务、财务公开成效，持续畅通基层政音民声通道，充分发挥社会监督和群众监督作用，使权力在阳光下运行。

（二）项目成效和应用前景

拓展农业农村大数据应用场景，加快推动数字乡村标准化建设，研究制定发展评价指标体系，持续开展数字乡村试点。加强农村信息基础设施建设。伴随大数据的成熟应用，数据驱动乡村生态、公共事务、基层组织、公共服务等方面治理逐渐成为乡村治理的重要力量。同时依托智慧村务新平台传播各类政务、便民信息、农机农业生产技术，加载丰富多彩的群众文化活动，使之成为开展对象化分众化宣传教育、弘扬和践行社会主义核心价值观的新载体，使中央1号文件精神落地。

（三）全媒体传播体系建设工作亮点

"智慧村务"平台是一项探索性、创新性工作，没有先例可以借鉴，我们在运行过程中不断完善提升，从最初的5个板块发展至现在的12个板块，成为宣传中央、省、市、县方针政策主阵地、群众参与基层治理的主渠道。同时调整"三务"公开周期，从每季度、每月到即时把群众最关心的村务状通过融媒体中心、"智慧沃"IP电视平台逐步进行公开，深化推进"三务"公开工作。目前，7个乡镇已安装"智慧村务"落地智能网络触摸显示屏7台，并在全县120个村（社区）设立了公开栏。截至目前，全县共上传信息3500余条，其中，党务公开360条、财务公开360条、村务公开360条、清廉村居11条、政策消息7条、政务服务23条、党员教育18条、其他信息（幸福乡村、智慧就业、智慧医疗、三农服务、智慧金融）等板块2351条，在全县形成全覆盖、无死角的公开格局。

（四）运营和服务模式拓展工作亮点与成效

2022年3月，县纪委监委牵头，印发《曲沃县"智慧村务"平台建设工作手册》，联合县委组织部、县农业农村局、县民政局、县融媒体中心选调业务骨干，对各乡镇、相关单位专职人员开展了专题培训，对"党务公开""财务公开""村务公开"具体内容进行了专题辅导。10月中旬，针对"智慧村务"工作运行中在平台结构、版面设置、内容制作审核、运行模式监管方面存在的数据不匹配、程序体现不完整、内容上传不及时、审核不到位、展示不统一、发布不及时等问题，县纪委监委联合融媒体中心再次对各乡镇专责人员进行了培训，安排了"智慧村务"报送工作等注意事项并部署了下一阶段的工作。2023年3月为解决"三务"公开和政策方面存在的填报内容不规范、板块不合理等问题，召集乡镇纪委书记和相关派驻纪检组组长进行了再次培训。

（五）体制机制改革和人才队伍建设工作亮点与成效

全县形成以各乡镇"组织部门、经管站、民政办主抓、村委会实施、镇纪委监督"的"五位一体"工作机制，由各村（社区）收集整理具体公开内容，分门别类，制作各项表格，并将财务基础票据拍照，统一形成标准化的纸质、电子表格台账，规范"三务"公开流程。由村党支部和村监会审核公开内容是否全面、客观、真实、确保公开内容的准确性和认可度；由乡镇包村领导、分管领导、主要领导复核内容是否规范、完整，确保公开内容权威性；由乡镇纪委对各村"三务"公开内容进行全程监督，特别是对公开内容的时效和程序进行审核把关，紧扣重点工作时间节点，加强横向对比，重点查找公开不及时、不到位问题并督促整改。

第三节　创新发展推进计划和持续性安排

"智慧村务"博士工作站是融媒体中心落实县校合作与山西传媒学院共创共建实训实践基地的基础上，具体落地的一个项目，也是下一步智慧村务综合服务体系发展的重点。博士工作站的建立，不仅可缓解当前人才、技术匮乏的局面，同时也将为"智慧村务"综合服务体系的功能完善、迭代升级、内容建设、推广应用提供强大的技术和智力支撑，并规划了"智慧村务"综合服务体系下一步的规范和升级，使这一平台真正起到助力乡村振兴、服务基层治理、引导文明村居的作用。

第四十章
如东县融媒体中心：深化媒介产品与服务供给侧结构性改革

姚银松　臧　余　石　明

如东县融媒体中心2019年6月25日正式挂牌成立，为中共如东县委直属事业单位。

如东县融媒体中心以总编委员会、行政管理委员会、文化产业经营管理委员会三个委员会，各自下辖若干部门形成组织架构。总编委员会下设总编室、融媒体采访部、新媒体部、广播部、电视部、报刊部、技术保障（播出）部；行政管理委员会下设办公室（人事科）、财审科、资产管理科、监察室；文化产业经营管理委员会下设产业发展部、广告科和各产业经营平台，含原下设广告公司、广视网络、东视旅游等经营性公司。总注册资金3655万元，2023年总资产7539.21万元，对外投资2.42亿元。2022年广告经营收入1239.47万元，其他产业收入311.61万元，财政补助4028.07万元，年度支出5664万元。2023年总收入6022万元，其中财政拨款4797万元，年度支出6535万元。

中心在职员工共209人，其中40岁以下人员占比32%，采编人员占比61%，技术人员占比13%，本科以上学历人员占比84%，具有较强的采编和内容审核、制作力量。

中心媒体平台包括：一个广播频率（如东人民广播电台89.6兆赫），三个电视频道（新闻综合、生活服务、影视娱乐），一张《如东日报》（周一至周五及周日每天刊出4个版面，周六及法定节日停刊），一个新媒体矩阵即三微（微信、微博、微视频）、一端（如东发布App）、两号（抖音号、头条号）、一网一应俱全，各移动端平台日渐成为县域主流新闻宣传、舆论引导新型主力阵地。

如东县融媒体中心近年不断强化新闻生产流程再造，全面促进融合生产，主要体现在策划、采访、编辑、审核、制作、发布这六个环节上不断推进深度融合，通过扎实推进策划的全员化、采访的集约化、编辑的专业化、审核的统筹化、制作的精细化、发布的分众化"六化建设"，改变了原来这六个环节全由各刊播平台内部独立运行的"独立性""分割化"现状，而变为"开放性""共享化"格局。

如东县融媒体中心始终坚持党管媒体，始终坚持守正创新，始终坚持深化融合，始终坚持争先创优，近三年来，移动端平台爆款产品频现，精品佳作迭出，共有213件作品获奖，其中国家级共14件、省级74件、市级125件，在建设好"主流舆论阵地、社区信息枢纽、综合服务平台"的县级融媒体中心高质量发展道路上奋力前行，受到如东县委县政府的充分肯定，受到如东百万群众的高度认可，在2022年度江苏省委宣传部对县级融媒体中心建设高质量发展考核评估中获得优良等次。

第一节　创新案例

近十年来，随着移动互联社交媒体的井喷式崛起，县级媒体由于供给与需求的日渐错位，面临着被受众"边缘化"、被市场"冷遇"的危机。习近平总书记2018年8月首次提出"扎实抓好县级融媒体中心建设"这一新时代新闻宣传工作重要命题，近5年过去了，全国各地在县级融媒体中心建设上边探索边艰难前行，"上半场"已经结束，"全覆盖"基本完成。时序进入"下半场"，"高质量"成为关键词。对照"不断提高县级媒体传播力、引导力、影响力、公信力"的要求，对照党的二十大报告对新闻舆论工作的新部署，江苏省如东县融媒体中心不断深化改革发展，乘着县级融媒体中心高质量发展改革的东风，以与苏州大学新闻传播学院共同编制的江苏省首部公开发布的县级融媒体中心高质量发展"十四五"规划为引领，深度推进媒介产品与服务的供给侧结构性改革，全力尝试解决供给与需求的错位与缺位、克服服务与引导的阙如与乏力，在"更好引导群众、服务群众"的过程中确立自身"地域性新型主流媒体"的价值与地位，在有效履行自身时代使命的同时获得了更好的发展。

一、让"受众"尽快变"用户"，努力打造"城市生活总门户"

中办、国办 2021 年 9 月印发的《关于加强网络文明建设的意见》明确提出：深入实施移动优先战略，从中央到地方，各级主流媒体都必须加大移动端建设和推广力度。如东县委县政府专门就深化媒体融合发展发文，将"如东发布"作为智慧城市建设的重要平台，由如东县委宣传部牵头，融媒体中心、网信办、人社局、财政局、文广旅局、发改委等文改领导小组成员单位和县域社会治理现代化指挥中心共同建设和推进。如东县融媒体中心委托苏州大学主持编制的《如东县媒体融合发展"十四五"规划》，是江苏省首部县级融媒体中心"十四五"发展规划，将"媒体＋政务＋商务＋服务＋N"列入"构建传媒产业发展体系"进行布局，设定了"媒体＋服务"嵌入事项近 100 项，计划分三年完成功能模块全"嵌入"，且以"有用""实用""便捷"作为"嵌入"标准。2022 年完成了 30 项，其中政务服务 9 项，公共服务 10 项，新时代文明实践服务 5 项，增值服务 6 项。2023 年完成 35 项。全县所有镇区和县级机关部门都与县融媒体中心建立了政务合作关系。增值服务"如意餐卡"实施后广受好评，将覆盖所有公职人员。截至 2023 年 12 月 20 日，"如东发布"用户已达 320703 户，占全县户籍人口的 36.4%，超过江苏省县融高质量发展考核指标 6.4 个百分点。

二、让内容供给更"有效",以消除用户的"不确定性"

如东县融媒体中心在内容的供给侧结构性改革中,尽可能增加供给的丰富度和有效性,满足用户对信息和知识的需求,消除互联网信息芜杂状态下的"不确定性"。陆续实施的项目有:在"如东发布"客户端开通慢直播视界,取景作为如东县地标建筑的融媒体中心电视塔、城区核心地块三元世纪城、复古街区上河印巷、浅水湾公园和湿地公园鹤鸣公园,采用 VR 和"千里眼"不间断实时慢直播;因如东古称扶海洲,有全省最长的海岸线和面积最大的沿海滩涂湿地,如东县融媒体中心开通"扶海拍客"功能板块(图片与短视频),创设美丽海湾摄影大赛、三河六岸摄影大赛等多个活动,结合中华传统佳节,创设"我的端午""我的春节""踏青去咯"等丰富多彩的主题,县摄影家协会会员、社会上众多的摄影爱好者积极投稿,每月图片和短视频供稿都在 350 件左右;如东向来尊师重教,群众对家庭教育非常重视,加之如东又是全国著名的长寿之乡,如东县融媒体中心为小朋友开设了"如东融媒小记者"、为老年人开设了"扶海夕阳红"功能板块,为青少年儿童和老年人服务,以一老一小牵动千万家庭;开设"范堤潮"板块(文学与文史),把如东各界有关文学与文史作品尽可能融入;开设"中视频"栏目"这方水土",打造移动端的电视专题片、纪录片垂直频道,方便用户随时点播;充实强化中心融媒评论工作室,加入播音员主持人和思维活跃的年轻记者,正常推出各类评论,尤其是移动端精短时评,在疫情防控的关键时候起到了意想不到的作用;围绕文明城市建设,搭建有奖爆料舆论场,当好"场主",开通 2 年多收到并解决群众投诉、举报、诉求近 1000 件。

三、让体制机制更"融通",形成融媒产品精彩纷呈竞相喷发态势

如东县融媒体中心在体制机制调整中,一切服从于移动优先,以"每一个人都是新媒体人"的理念实施全流程流畅整合和无缝对接。通过组建编辑

中心，强化策采编审制播全流程集约化程度。以每日小编前会、每周大编前会、每月总编委例会，不断完善选题策划清单式推进制度，实现"人人都是策划者""每个策划都共享"目标。加大"爆款"产品激励力度，全年拿出30余万元奖励精品创作，两年来百万以上点击率作品超过30件。对采访中心统分结合，组建政务服务部和融媒评论工作室、创意视频工作室、爆款产品孵化室、高级编辑徐庆华工作室，初步实现了策划端、采访端、编审端、产品端的供给侧改革。高级编辑徐庆华工作室，近年来出品了多件获得国家级、省级奖项的广播剧和电视纪录片精品，培养出了佘庆华、姚银松、徐小禾、张凯等多名中青年新闻采编骨干力量。

2019年1月25日习近平总书记提出了"四全媒体"的判断。这一判断清楚地表明，我们已经进入了智能化传播的时代，新闻产品从生产到传播，从只能被动、单方接受的读者、听众到可以互动、共创的用户，原来泾渭分明的界限已经日趋模糊且呈加速趋势。这使我们习惯的传统新闻采集手段看起来变得就像"新闻小农经济生产"。与此同时，不少自媒体尤其是较早采用智能化聚合生产模式的"头部"自媒体借助强大的社会力量获得了蓬勃发展的动能。如果说传统媒体时代的新闻生产基本是单一的"专业生产内容"（即PGC），移动互联网时代的新闻生产模式则是混合的"专业生产内容+用户生产内容"（即PGC+UGC），而当下的新闻生产模式正在添加"机器智能生产内容"（即MGC）。如东县融媒体中心正努力尝试将这三种新闻生产模式同时并存、相互补充、共同促进，从前期实践看只能说取得了初步成效，但看到了光明前景。

如东县融媒体中心深化媒介产品与服务供给侧结构性改革取得预期成效，在对内对外宣传、新闻精品创作、移动优先战略、服务引导群众、文化产业发展等方面持续取得可喜成绩。相关改革创新经验在《江苏宣传工作动态》和"学习强国"平台发表、推介。2022年，改革创新案例"如东融媒：先融真试创一流"在中宣部所属中国新闻出版集团全国新闻出版改革创新案例征集评选中成功入围，入选中国首部《中国新闻出版深度融合发展年鉴》。

相关经验在重庆《新闻研究导刊》（2023 年 1 月下半月刊）、江西《传媒论坛》杂志（2023 年 3 月下半月刊）及山东《全媒体探索》（2023 年第 4 期）等学术刊物推介。"如东县融媒体中心编制《如东县媒体融合发展"十四五"规划》"项目在全国广播影视优秀项目推介活动中荣获"影响中国传媒"2022—2023 年度影响力项目。第六届广播影视业创新大会暨"创新榜"优秀广播影视项目推介盛典 2023 年 12 月 16 —19 日在云南大理举行，如东县融媒体中心选送的电视纪录片《秧苗茁壮》获颁"创新榜"年度广播影视业观众青睐节目，《"中国式现代化如东新实践一线见闻"大型全媒体新闻行动》获"创新榜"年度广播影视业融合创新荣誉。

县级融媒体中心建设进入以"高质量"为主要导向的"下半场"，且中央和各地的文件中都强调要"加快"推进媒体"深度融合"。"深""高"与"快"的要求迫切而明确，推进新形势下传媒产业供给侧结构性改革刻不容缓，成为"急务"。深化县级融媒体中心建设没有任何现成经验可循，如东县融媒体中心以高质量发展"十四五"规划为引领，谋划了突围"下半场"走好可持续、高质量发展的路径与方法且积极尝试探索，旨在通过有计划稳步实施紧紧抓住千载难逢的历史机遇，真正成为在一个县域范围内既具有强大的舆论引导力又具有多样化服务功能的群众爱看爱用的新型区域主流媒体。如东县融媒体中心的探索实践，对实现县级融媒体中心的可持续、高质量发展提供了有益的经验，具有一定的可复制、可推广价值，也获得了业界和学界的认可。

第二节　未来思考

在推进以上改革创新的同时，如东县融媒体中心还力图通过推进融众之智的全媒体运作，让百万如东人能有机会参与内容生产与发布。

2020 年 9 月和 2022 年 8 月，中共中央办公厅、国务院办公厅分别印发了《关于加快推进媒体深度融合发展的意见》和《"十四五"文化发展规划》。两份文件都就媒体深度融合、可持续发展中的"群众路线"强调指出，要创新实践党的群众路线，大力弘扬"开门办报"传统，以智能化数字化的新技术新手段来强化媒体与受众的"链接"，努力让广大群众乐于以"用户"身份参与信息生产和传播，以达到生产的内容群众"更喜爱"，传播的渠道群众"离不开"，从而更好地服务和引导群众。

我们认为，再兴"开门办报"之风，对于我国各级各类主流媒体，既是传承优良宝贵传统，更是重大时代命题。县级融媒体中心要进一步深化融合、实现高质量发展，必须大力弘扬我党"开门办报"的优良传统，走好新时代新闻宣传、舆论引导中的"群众路线"。县级融媒体中心"大门大开""融众融智"，绝不仅仅是政治考量，更是转型之需、命脉所在。唯此，方是打通服务与引导群众的"最后一米"、走好高质量可持续发展之路，真正实现党中央对县级融媒体中心"建强用好"要求的迫切需要和根本之策。

随着大数据、云计算、物联网、区块链、人工智能等信息技术的迅猛发展，充分认识、研究各类新媒体技术应用普及对新闻采集、制作、发布和消费等方面产生的重大影响，"努力形成资源共享、各具特色、协同配合、一体发展的县域全媒传播新格局"，在当下和今后显得尤为重要。

三国时，曹操与袁绍起兵讨伐董卓时两人因"如果失利怎么办"有一段对话。袁问曹，"若事不辑，方面何所可据？"曹操反问，"足下意欲若何？"袁绍说，"吾南据河，北阻燕代，兼沙漠之众，南向以争天下，庶可以济乎？"曹操则回答，"吾任天下之智力，以道御之，无所不可"。曹操的回答看似风轻云淡，其实风起云涌。"融智"以得天下，对县级融媒体"开门融智"，应该多有启发。

第四十一章

沙县融媒体中心：沙县"近邻e家"网格化管理平台

邢丹鸿　谢　萍　冯庆烜　张燕桢　陈尊严

三明市沙县区融媒体中心于2018年10月挂牌，为区委直属公益一类事业单位，机构规格相当于正科级，归口区委宣传部管理。中心内设机构4个（全媒体资讯中心、全媒体融创中心、全媒体运营中心、全媒体服务中心），区属国企1个（沙县广电文化传媒有限公司）。核定事业编制45名，核定领导职数5名。目前，在职62人、高级职称2人、中级职称15人，本科及以上学历占比85%，新闻传播学类专业占比58%。

三明市沙县区融媒体中心着力打造具有本地特色、较广覆盖、较强传播力和影响力以及用户黏性的综合性全媒体传播矩阵。现有1套电视节目（沙县综合频道）、1套广播节目（沙县综合广播）、沙县新闻网、今日沙县客户端、微博、微信公众号，运维全区所有乡（镇／街道）和区直部门媒体矩阵；入驻人民日报客户端、新华社客户端、央视移动网、新福建客户端、海博TV、e三明等媒体平台，以及Facebook（脸书）公共主页、今日头条、抖音号、视频号等商业平台。自主开发沙县"近邻e家"网格化管理平台，聚合多项契合本地民生日常的垂直应用，进一步提升新闻舆论传播力、引导力、影响力、公信力。

第四十一章　沙县融媒体中心：沙县"近邻e家"网格化管理平台 | 创新技术应用篇 |

三明市沙县区融媒体中心按照"多元融合媒介资源、充分融汇服务功能、主动融入县域发展"的功能定位，全力做好"融媒+小吃产业""融媒+基层治理""融媒+电商产业"，切实推动媒体融合提质增效。中心"融媒+"系列做法，被国家广电总局评为"2021年全国广播电视媒体融合典型案例"；被中宣部、文旅部、国家广电总局联合授予"第九届全国服务农民服务基层文化建设先进集体"荣誉称号。近年来，获得"全国县级广播电视系统十佳广播电台""改革开放四十年全国百佳县级广播电视台""全省广播电视系统先进集体""全省优秀县级融媒体中心二等奖""全省十强县级台""全省十佳融媒体中心""全省融媒体新闻协作先进集体"等荣誉。

第一节　创新案例基本情况

党的二十大报告指出，"畅通和规范群众诉求表达、利益协调、权益保障通道，完善网格化管理、精细化服务、信息化支撑的基层治理平台，健全城乡社区治理体系，及时把矛盾纠纷化解在基层、化解在萌芽状态"。

当前，社区网格化管理普遍存在"网格林立"问题，基层社会治理工具的选择与使用存在一些短板，未取得最优效能。如何破解基层治理工作开展难、基层队伍作用发挥难，基层治理管理决策难？沙县区融媒体中心研发打造沙县"近邻e家"网格化管理平台和"虬城近邻e家"微信小程序，构建五级网格体系，努力以微网格推动社会治理体系和治理能力现代化，为智慧化赋能基层治理做出了有益探索。

2021年6月，沙县"近邻e家"网格化管理平台正式上线。该平台以信息化支撑、网格化治理、精细化服务为抓手，兼顾基层政府、媒体、社区、群众多样需求，分布治理、安全、民生、社交四大功能，将信息宣传和服务内容下沉到精细化管理的社区和微网格，提供云网一体化支撑，通过标准化的接入方式，统一服务支撑、统一汇聚共享、统一运维服务，促进智慧城市管理由"粗放型"向"精细型"的转变,促进群众服务由"分散服务"向"一站式服务"转变,全面打通基层治理"最后一米"。通过打造集问题收集、处置、跟踪、考评,信息推送,网络学习多功能于一体的综合服务平台,做到治理(宣传)网格化、网格网络化、网络微信化、微信集成化、服务一体化,实现"人在格中走,事在格中办",做到数据大融合、数据大协同和治理大联动。融媒体中心创新应用和基层智慧治理的有机融合,进一步巩固了县级融媒在区域治理功能体系中的重要地位。

第二节 基本做法与亮点成果

一、基本做法

(一)突出媒体功能,解决新闻资讯触达率不高问题

该平台把地理社区与网络社区结合在一起,按照"就近、就熟、便于管理"的原则,以楼栋或街巷为单位建设微网格,每个微网格建一个微社群,实现"用户入群"。同时,立足最基层的社群网格管理,在人民群众最熟悉、最常用的微信端做好信息分发和服务。目前,沙县城区 17 个社区划分为 113 个片区网格、1049 个微网格,建立微网格群 1049 个,截至 2023 年 12 月,城区 6.5 万户居民中,已有 5.4 万户居民进驻管理平台,家庭覆盖率达 83%。中心在每个微社群植入一个机器人管理员,通过"一键下发",信息可在瞬间直达千家万户,实现与全城百姓点对点沟通。目前,微社群单条信息最高阅读量 25.6 万 +,成为沙县区信息分发重要渠道。1049 个微社群成为县级融媒体中心的私域流量,大幅提升县级融媒体传播分发能力和宣传效果。

(二)突出平台功能,解决政务服务覆盖率不高问题

前端平台"虬城近邻 e 家"小程序,全面接入各类城市服务应用,为居民提供统一的服务窗口。推出"我的服务者"等 17 个大类 100 多项政务民生服务,每个住户通过实名认证,可以在小程序里找到自己对应的家庭医生、

对口民警、电力卫士、城管人员、社会保障、司法调解、市场监管、民政人员、信访人员、应急人员、金融助理、政协委员、广电服务、移动客服等14项服务人员。群众可"一键"连接到各类服务工作者，真正让服务工作者"围着群众转，解决群众盼"。平台开设"沙县小吃""一卡通""法律援助""畅游三明"等专区，服务包括小吃门店加盟、特色伴手礼线上销售、"定制化"养老服务、"一城一法官"服务等。平台上线以来，各类城市服务使用率提升300%。

（三）强化治理功能，解决基层治理智慧化不足问题

该平台建设"区智慧治理服务中心—街道—社区—片区—微网格"五级网格体系。由政法委牵头，集成所有基层治理资源，网格整合后，真正实现全区"一张网"，实现从"九龙治水"向"一龙治水"转变，从而解决了多网重叠、人力物力浪费等问题。建立"自下而上、分级治理"诉求办理机制，通过分级管理和"街道吹哨、部门报到"机制运行，促进街道社区、乡镇村与治理部门的互联互通，提高城市治理效能，确保人到"网"中行、力在"网"中聚、难在"网"中解、情在"网"中结，做到"小事不出网格，大事难事不出社区、街道"，切实把群众诉求问题和矛盾纠纷化解在基层。建立"网格化＋大数据＋脚底板"的治理模式，构建多元共建、网格共治、平安共享的社会治理新格局。同时，通过设立大数据基座，以三维地理信息图上叠加微网格、监控探头、人脸识别等基层治理元素，建立共建共享的数据平台。配套打造线下"近邻家园"，常态化举办"居民夜谈会""邻里节"等活动，帮助解决邻里纠纷、社区管理、文明城市创建等问题。

（四）突出服务功能，解决基层治理精细化不足问题

在沙县区委推动下，2022年1月，福建省首个区级智慧治理服务中心挂牌成立，该中心依托沙县"近邻e家"网格化管理平台，整合城市管理110热线、e三明随手拍、12345政务服务便民热线中心，打通线上线下诉求通道，并与"今日沙县"新闻客户端互融互通。同时，沙县区招募1049名微网格长（警务助理），通过将公安民警与微网格长进行身份绑定，赋予微网格长以警务

助理的职能，为微网格长各项基层工作开展筑起了坚实后盾。微网格长在信息采集、疫情防控、上传下达、矛盾调解等方面，精准对接群众需求，进一步提升基层社会治理的精细化服务水平，使微网格成为基层感知的第一触角、第一防线，通过线上问题收集、线下走访解决，让群众少跑路、数据多跑路，有效构建党媒主导、社区参与、居民欢迎的"桥梁纽带"，进一步增强人民群众获得感、幸福感、安全感。

二、亮点成果

该平台实现政府、媒体、社区、群众的有效互动，实用性、服务性强，极大提高县域治理智慧化，具有低投入、可复制、可持续的推广价值。2022年11月18日，《近邻e家App软件V1.0》获得中华人民共和国国家版权局计算机软件著作权登记证书。中心"融媒+基层治理"等系列作法，在全国广播电视媒体融合典型案例评选会、首届媒体融合创新案例研讨会等全国性会议上交流发言，获评"2021年全国广播电视媒体融合典型案例"，荣获2022年"福建新闻奖·应用创新类"二等奖。2023年11月21日，北京市广播电视局公布2023年度媒体融合创新技术与服务应用遴选推广计划评审结果，由三明市沙县区融媒体中心研发的"沙县'近邻e家'网格化管理平台项目"入选《2023年媒体融合创新技术与服务应用遴选推广计划入库项目名单》及《2023媒体融合创新技术与服务应用遴选推广计划优秀推荐项目名单》。近年来，"学习强国"平台、人民日报民生周刊、福建日报等媒体刊发报道推广相关经验。CSSCI核心刊物《电视研究》刊登论文《服务·赋能·造血：县级融媒体中心积极融入县域生态的路径探索》，新华政务智库报告发表专题《基层治理如何服务更精细、决策更精准？——福建省三明市沙县区探索智慧基层治理模式观察》，对融媒体中心参与基层治理给予充分肯定。

第三节　县级融媒体创新发展的未来思考

坚持以习近平新时代中国特色社会主义思想为指导，深入学习贯彻习近平文化思想，紧扣区委、区政府中心工作，全力推动媒体融合提质增效。

一、强化全媒人才建设，助力深度融合

加快培养一批熟悉全媒体策划、拍摄、剪辑、运营的全媒型人才与专家型人才，提升优质内容生产，持续推出一批全媒体报道精品和"爆款"产品，实现传播效果最大化。做好人才梯队建设，扩宽人才交流通道，强化人才引进培养，建强一批融媒体工作室，筑巢引凤，实现人才集聚"链式效应"。通过区域协同、校地合作、项目运营等发展模式，深化高层次人才战略合作，带动全媒体队伍整体提升。

二、融入数字乡村建设，助力乡村振兴

当前，我国数字乡村建设相对滞后，基层社会治理工具的选择与使用存在一些短板，未取得最优效能。县级融媒体应建设"县级统一乡村融合支撑平台"，围绕乡村治理、乡村服务、乡村宣传，打造面向乡村的综合治理和综合服务平台。通过统一技术架构和统一的标准规范，接入全县各个区县、各个乡镇、各个乡村的基础数据，实现统一的数据汇聚共享、统一的监管考核、统一的服务支撑。实现基层治理的创新联动、基层服务的有效覆盖、基层宣传的精准触达。项目整体按照"1+N+X"的建设思路，即：搭建"1"个县级总平台，"N"个乡镇，"X"个乡村统一接入。逐步建设"县—镇—村"各类联动处置应用场景，制定标准化的流程和统一接入规范。

第四十二章

温岭市融媒体中心：村社传播通

徐勇兵　王军波　李淑敏　王妙德　吴海滨

浙江省温岭市融媒体中心（温岭市传媒集团）由温岭日报社和温岭广播电视台整合组建而成，于2019年10月30日挂牌，实行"一套人马、两块牌子"的运营模式。2020年底全面完成融媒改革的整体布局和顶层设计，并于2021年1月正式开启一体化运行。目前，中心班子7名，员工502名，其中事业编制211名，企业职工291名。融合以来，锚定"打造全国一流的县域治理服务现代化平台"目标定位，以"创新融媒、智慧融媒、品牌融媒、活力融媒、先锋融媒"五个融媒建设为抓手，打造了融媒改革的"浙江样板"。

以融合为根本，构建机构运行总体布局，夯实改革发展基石。媒体改革高歌猛进，受到国家广电局领导和中宣部媒体融合专家组成员的肯定，得到省委宣传部、省广电局主要领导的批示。改革做法入选中宣部全国县融能力建设典型案例；以总分第一获评2023长三角媒体融合先导单位；"村社传播通"获全国新闻传媒行业最高层次科技奖项"王选奖"、全省数字化改革"最佳应用"。

以创新为核心，打造新闻生产全新生态，拓展"新闻＋政务服务商务"运营模式。融合第一年获浙江省新闻奖一等奖，两年来100多件作品获省级以上荣誉；2022年融媒指数考核排名全省第二名；连续三年荣获浙江省广电新媒体新闻协作特等奖，2022年全省排名第一，获得县级先进集体特等奖。在全国首创部门宣传经费预算改革，实现了"整合资金、创新载体、集成宣传"。围绕精准传播打造的"村社传播通"应用，获评全省数字化改革"最佳应用"和全省改革突破提名奖。

以转型为抓手，优化现代传媒产业格局。2021年成立大数据公司，两年时间营收实现从0到8千多万元的突破；传媒产业裂变发展，集团经营创收在疫情冲击下实现逆势增长，2021年突破2亿元大关，2022年再创新高达2.36亿元，两年共增长34.9%，进入全省前列。深度融入区域经济社会发展，探索城市形象IP化运行，通过影响力变现实现了良性发展。

第一节 基本情况

县级融媒体中心是最基层的新闻宣传机构，但长久以来，在重要政务、民生信息传播中存在难以精准触达的痛点。对党委政府来说，政策信息往往通过大众媒体无差别发布，发布者无法确定目标群体是否了解到位；对群众来说，政策获取渠道较为松散，应知、想知的信息可能被错过，又可能被不需要的、无效的信息多次干扰，宣传工作对政府治理的助力和赋能不足。这些难点痛点问题难以根治的核心原因就在于精准传播无法实现，亟须构建一套精准触达的现代传播体系。

想实现精准触达，首先要有精准的目标用户群体、有清晰的用户画像、有可控的传播路径，这是传统电视、报纸和微信公众号都无法完成的，而县融自主开发的App就成了构建精准触达传播体系的最优选择。

温岭"村社传播通"应用是由中共温岭市委宣传部、市融媒体中心共同开发的数字化精准传播体系，主要依托掌上温岭App运行。项目先后获得浙江省数字化改革最佳应用和中国新闻技术最高奖——王选新闻奖。

应用核心功能可以概括成"一舱两库四场景"服务，即数字驾驶舱服务、用户画像库服务、信息资源库服务、民情感知服务、需求决策服务、精准传播服务、反馈提升服务。

"一舱"就是指应用的数据驾驶舱，而"两库"指的是信息资源库和用户画像库。信息资源库的打造最早源于2021年温岭在全国率先开展的部门宣传预算改革，通过这项改革，温岭市融媒体中心实现了对部门镇街宣传平台、宣传资金、宣传素材统一调配，为市域宣传资源充分整合打下坚实基础。全市重点部门和16个镇街的内容发布统一入驻掌上温岭App，建立了信息资源库（宣传需求库）。

与此同时，市融媒体中心充分运用全省数字化改革成果，建立带有细分标签的用户画像库，通过IRS系统，归集部门数据，生成了1000多类用户标签，例如村社网格员、快递小哥、渔民、初中学生家长等标签群体，并结合App日常活动运营，记录用户行为习惯，为每个用户建立了用户画像。

用户标签化细分是应用的基础，但是广覆盖是有效细分的前提。应用结合反诈宣传、未来社区建设和村社网格员推广，以入户覆盖率带动总人口的覆盖率（解决老人、小孩覆盖不足的问题）。比如，温岭市人社局决定向在温岭初次创业三年内在校大学生、毕业5年以内的高校毕业生，发送"创业补贴政策"，经后台筛选，共计4443人符合条件，建立对应用户画像库，可完成一键推送。

截至目前，温岭30多个试点村社的入户覆盖率已超过95%。

第二节　基本做法与亮点成果

一、基本做法

基于信息资源库和用户数据库两个基础数据"库"，逐步实现精准传播的路径。温岭市融媒体中心通过搭建民情感知服务、需求决策服务、精准传播服务、反馈提升服务四大场景，在信息资源库（发送端）和用户画像库（接收端）之间建立精准对接。

应用接入"民呼我为浙里听"系统、民情监管系统、新闻爆料系统、网格员报送系统等平台，多渠道感知民情民意，让人人都成为"瞭望员"。系统通过梳理研判高频词汇，流转到对应部门。例如后台监测到，温岭九龙湖成为热词，并关联了杀人案，当地公安部门迅速跟进，确认为谣言并发布辟谣公告。此外，根据民情研判分析结果，及时对接部门需求，明确精准推送的内容、目标群体和传播等级，形成传播决策，确定是否启动"三级督阅"。

"三级督阅"是通过"App推送+短信提醒+机器电话"，确保推送到人。一级督阅就是App推送，一般性的政务信息，通过App向目标用户推送通知，可实时查看目标群体的阅读情况。二级督阅就是短信提醒，碰到较为重要的信息，通过App推送后，在设定时间内，发现还有部分未督阅的，则启动短信提醒，向未阅读的用户追加短信提醒，提高信息到达率。三级督阅就是针对特别重要的信息，App推送和短信都未读的，则启动机器电话提醒督阅，确保目标群体实现全覆盖。比如，2022年10月10日，温岭发现1例输入型新冠肺炎阳性病例，根据疫情防控指挥部的要求，确定推送对象为该病例暂住地居民以及时空伴随者；设定传播等级为最高级，启动"App推送+短信提醒+机器电话"的"三级督阅"机制，并设定在30分钟内完成全员告知。

二、亮点成果

村社传播通应用自2022年6月上线投用以来，覆盖总用户已超过90万，全市村社入户覆盖率达80%。应用累计发送推送指令500余条，累积触达用户100多万次，目标用户三级推送后的触达率超过90%。打造"村社传播通"数改应用，实现了政策信息精准到户、基层减负提升效率、县域传播系统重塑。应用获评浙江省数字化改革最佳应用、全省智慧广电创新大赛金奖，是全省县融唯一一个。温岭也成为省委宣传部确定的"舆论引导在线"重大改革正面宣传试点市。

（一）打通有效反馈路径

出台《温岭市重大信息精准推送操作规范》《温岭市社情民意网上处置反馈流程》等6项制度，打通自上而下的政策信息传播和自下而上的民意反馈路径，用户通过应用信息通知页面的反馈入口，可进行针对性反馈，形成"政策精准推送—民意实时反馈—政府实时跟踪—民意快速落实"的政策信息宣传闭环。比如在"城村两改"中，太平街道需向2539户征迁户解释征收补偿方案，通过应用"精准推送+三级督阅"，当晚信息触达率达95%。政策推送后，较多村民反映对条例规定理解不清、对房票计算把握不准，应用立即新增"房屋征收补偿计算器服务"，该服务累计使用4万余次，高效解决了村民的实际需求。

（二）"广集民智"共参与

将涉及多数群众利益的民生实事项目、村集体工程项目等恳谈事项搬到网上，开展网络直播恳谈活动。让村民代表以外的普通村民甚至外地群众加入到恳谈活动中，打破了传统民主恳谈"参与人员少""收集意见少"等局限。比如，在松门镇乌岩村举行"海滨游乐场建设"网络民主恳谈会，2小时内直播点击量突破6万，获《浙江新闻联播》点赞。

（三）"广聚民心"破难题

在"村社传播通"精准推送的内容后可选择添加社区恳谈、问卷调查、民意投票等功能，对前期征集到的各方意见进行表决，根据投票数比例，筛选出一个民意最集中最合理的方案，有效解决线下意见整合难、投票难等问题，提高了决策科学性和民主性。比如，在太平街道坊巷里小区开展网络民主恳谈，就小区品质管理等内容开展民意调查，共有179户参与，采纳10多条建议，并形成了相对集中的决策方案，得到了央视新闻采访报道。

例如，2022年，温岭大力推进城中村清零行动，中心在线汇集了群众政策需求和服务诉求，针对大家比较关心的征迁问题，专班向2539位征迁户精准推送了《征收补偿方案》和"征收补偿计算器"服务。经过"App推送+短信提醒+机器电话"，三级督阅，当晚信息打开率达95%，未打开的名单，反馈给街道跟进处置。其中"征收补偿计算器"使用4万余次，比如，被征收户是公寓房，套内面积150平方，公摊面积30平方，马上就能算出不同安置方案的补偿款、奖励等，一目了然。一键解决了征迁户最集中的问题，减轻了征迁干部工作负担。同时，将该项工作纳入网络民主恳谈，引导部门及时回应征迁户诉求。

2022年底防疫进入新常态后，掌上温岭App结合"村社传播通"应用推出战疫互助平台，搭建起"问诊—答复—求药—送药"线上线下相结合"救援通道"。一个月内收到和反馈1000多条问症求药咨询，引导宣传分发了大量爱心药企物资。

2023年，掌上温岭结合全国文明城市创建，推出"文明足迹"应用，可及时通过这里处理或者上报亟待改进的问题；结合促消费活动，推出消费券抢券服务，在精准推送的同时，提升消费券的核销率；联合市农水局开发打造"岭农学堂"农技推广学习平台，该平台通过精品视频、直播教学等形式，向全市范围内16到65周岁的相关人员不定期提供免费的农技高质量培训班，以农技提升助力乡村振兴。

2023年底推开的湖漫库区生态搬迁，是一场守护民生之源的战役，一条践行绿色发展的新路，温岭市融媒体中心联合城南镇、石桥头镇在掌上温岭App上开设"库区搬迁'一指通'"平台，依托村社传播通应用为库区群众提供相关政策答疑服务。

第三节　县级融媒体中心创新发展的未来思考

习近平总书记在党的二十大报告中强调："加强全媒体传播体系建设，塑造主流舆论新格局。"温岭市融媒体中心坚持以习近平总书记关于加快推进媒体融合发展的重要论述为指导，全面落实中央、省、市关于推动媒体融合发展的重要指示批示精神。2024年及今后一段时间，我们将以全国智慧广电乡村工程试点为契机，以打造社区信息枢纽为特色，以"五个融媒"建设为抓手，始终干在实处、走在前列、勇立潮头，打造全国一流的县域治理现代化服务平台，奋力谱写融媒改革温岭新篇章。

一、紧盯新目标，全力推动内容提质

将主题策划作为生产流程的首位，从"两城两湖"的战略高度、撤县设市 30 周年的历史维度，围绕市委市政府中心工作精心谋划，全面展示温岭经济、社会、文化等领域发展成就，提高温岭立体知名度。以机制创新为先导，优化融媒体内容采编流程，实行"大兵团作战"模式，重大主题宣传由集团党委专题研究推进，重点选题由编委会统筹推进；实行每日主选题制度，坚持外宣推进内宣、策划推进报道、融合推进传播，实现信息的高效传播，提升传播内容的影响力。

二、找准新赛道，深入推进社区信息枢纽建设

紧盯目标，以全国试点为契机，打通技术、采编、经营力量，推动"媒体平台"向"治理平台"转变，深入推进社区信息枢纽建设。以"未来社区"为试点，整合基层政务服务资源、本地公共服务资源、社区治理和自治资源。以村、社区为入口，个性化呈现为体验，标签化运行为特色，打造千人千面的掌上温岭 App。以"治理型新闻"为突破点，擦亮新闻为民小虎队等特色品牌，探索"新闻＋治理""传播＋治理""专班＋治理"新模式，提高采编工作辨识度。

三、出台新机制，加快推进全员转型

深化专班化制度改革成果，强化新媒体导向，推进全员加快转型。深化全员"技能清单"制度、轮岗交流业务轮训制度、采编经营协同制度。做好新媒体平台、新媒体专栏、新媒体频道改革，选拔培养好策划运营人才、评论人才。完善考核机制，重视"90 后""95 后"员工梯队培养，在新兴媒体平台锻炼队伍，提高全员在新媒体一线的实战能力。

第四十三章

张店区融媒体中心：重构未来传媒形态 打造"元视听"先锋应用新场景

张洪波　王　峰　马　骁　王孝港　吴　威

2019年1月18日，淄博市张店区融媒体中心正式挂牌成立。自成立以来，淄博市张店区融媒体中心秉承导向为魂、移动为先、内容为王、创新为要的理念，着力打造以指挥调度平台为支撑，以移动传播为主渠道的融合传播体系，从媒体资源整合、改革组织架构、打造移动客户端、专业化运营、培育全媒体人才等方面加快融合步伐，形成了集电视、App、微博、微信、视频号、抖音等于一体的融媒传播矩阵，形成了"一次采集、多种生成、全媒发布"的新闻舆论格局。

习近平总书记指出，"推动媒体融合向纵深发展"，"用得好是真本事"。淄博市张店区融媒体中心坚持以推进媒体深度融合为主线，以内容建设为根本，以先进技术为支撑，以创新管理为保障，努力先发新赛道抢构新格局，扩大主流舆论影响力版图。连续多年获评全省、全市广播电视宣传先进集体，全市互联网新闻信息服务单位考核优秀等次，多项案例入选《山东省县级融媒体应用白皮书》，连续第5年被山东省广播电视局表彰为全省统一供片先进单位。

第一节　创新案例基本情况、做法及亮点成果

2023年以来，淄博市张店区融媒体中心认真贯彻落实习近平总书记关于数字中国建设的重要论述，抢抓数字变革风口，重构未来传媒形态，对照上级关于广播电视和网络视听虚拟现实应用示范要求，多渠道合作、多产业融合，在区县级主流媒体中率先建设虚拟现实体验中心，通过元宇宙等前沿数字科技加持，构建"虚拟现实+"应用体系，以新技术、新应用探索"元视听"发展之路，为淄博推进数字强市建设贡献融媒之力。

一、"虚拟现实+媒体智能化"构建媒体发展新平台，提升主流媒体核心生产力

体验中心以虚拟现实技术等为驱动，利用数字化技术，赋能媒体核心业务。中心集合了虚拟现实视频融合制播、动作捕捉、隐形提词器、裸眼沉浸式呈现等设备及数字人等先进软件，充分应用于新闻报道、电视访谈、现场直播中，使记者、用户、软件、数字人等生产主体发挥创意、表现力和个性化等不同优势，实现内容的"共创"，与虚拟场景实现无缝衔接，助力广播电视及网络视听业态更新。其中，业内罕见的四折幕沉浸式现场直播连线，呈现多维视觉场景，为受众带来沉浸式体验和对新闻事实的临场感知。四折幕沉浸式专题片《心中的城市——张店》等，将文字、音乐、图片、AR、全景、穿越航拍等进行跨界融合组装，四面的包裹赋予了视觉内容空间与场景感，使受众仿佛"触摸"到了位于千里之外的城市的每一个角落、每一处细节。全息虚拟摄影棚，一体化集成了虚拟演播、视频切换、特技、调音、字幕、录制、推流等功能，视频制作不需搭建真实场景，既打破了时间、空间及场景道具方面的限制，又节省了成本，提高了影片的创造力和质量。暨南大学、山东大学新闻传播学院、山东理工大学等高校先后组织师生到中心调研，并

与山东理工大学、山东传媒职业学院挂牌成立教育科研及就业实践基地。

二 "虚拟现实+行业服务"拓展数字应用新场景，激发融媒创新多元想象

体验中心以推广虚拟现实行业应用为目标定位，立足党政机关及各个行业教育培训和展示需求，积极发掘、拓展公共应用服务职能，突出行业特点，设计开发和组织举办更能彰显"真境"效果的现场教育与培训，实现多行业数字化集成化展示。除了虚拟摄影棚等专业设施，中心还采用最前沿的AI智能体验区、虚拟音视频区与虚拟投影互动区等，打造贴合业务流程与应用场景的AI架构，推出沉浸式主题乐园、"云化虚拟"、AI智能绘画等200多种数字互动体验项目，加速"虚拟现实+教育教学""虚拟现实+行业展示""虚拟现实+文化娱乐""虚拟现实+商贸流通""虚拟现实+人才培养"等"虚拟现实+N"应用场景落地生根、具化成型，目前已接待区直机关工委、团区委10余批次党建、团建活动。开发《红船精神》《少年中国说》等党员教育、普法教育、国防教育为主题的虚拟现实体验项目，成功举办"赓续红色血脉 厚植爱国情怀""第20个全国测绘法宣传日""文明和谐促共富——首批最美城市主人发布仪式"等活动，拓展出虚实结合、沉浸交互的虚拟现实应用新模式，增强多场景行业应用的吸引力和创新性。2023年被省委网信办命名为全省第二批网络素养教育基地，并成为全市第一批网络安全宣传教育基地。

三、"虚拟现实+跨界运营"培育经营业态新动能，增强融媒造血功能

体验中心以有解思维探索建设与产业经营路径，推进技术、人才、资金等资源互动。中心整体为三层独立楼体，总面积1000平方米，一期总投资300余万元，完全撬动社会资本投建完成。其中，媒体制作区和培训教育区由爱心企业山东创业房产公益投资200万元建设，面向公众免费开放。设立企业虚拟实现展示区，为山东可为文化科技有限公司等文创企业元宇宙产品

搭建展示平台，赋能淄博的文旅元宇宙，落子文化创意市场。瞄准"剧本杀"这一方兴未艾的蓝海市场，招引旖旎文化公司投资 100 余万元，开发"红色剧本杀"等专业剧本推理，设置了民国风虚拟与实景沉浸体验区，整层楼装修为民国时期风格，并巧妙通过沉浸式投影，配合现场灯光音响等，让体验者身临其境感受剧本演绎，并且扮演其中角色，体验从科技感、现代感十足的未来穿越到过去时代的奇妙感觉，进一步做大做活产业经营，将虚拟现实资源转化为推动融媒经营发展的新动能。自国庆节试营业以来，接待体验者千余人次，实现营业收入 10 余万元，让虚拟技术真正创造出"现实价值"。

第二节　县级融媒体创新发展的未来思考

2022 年 11 月，工业和信息化部、教育部、文化和旅游部、国家广播电视总局、国家体育总局等五部门联合发布《虚拟现实与行业应用融合发展行动计划（2022—2026 年）》。2023 年 9 月，广电总局发布《关于开展广播电视和网络视听虚拟现实制作技术应用示范有关工作的通知》，明确提出要加快虚拟现实与行业应用融合发展，构建完善虚拟现实产业创新发展生态。作为区县级融媒体，应持续对标其中关于"加快虚拟现实与行业应用融合发展"的指导性意见，加速推动虚拟现实多场景应用落地，在经济、文化、教育、司法等领域开拓广阔智能化应用前景。

一、虚拟现实 + 媒体智能化

积极落实习近平总书记关于媒体智能化要求，通过技术赋能，探索新型导演叙事、虚拟拍摄技术，在新闻报道、短视频等融合媒体内容制作领域，推动虚拟现实数字内容同步发展，以虚拟现实技术助力融媒体业态更新，争创广播电视和网络视听虚拟现实制作实验区。

二、虚拟现实 + 行业教育

立足党政机关及各个行业教育培训和展示需求，积极发掘、拓展公共应用服务职能，突出行业特点，设计开发和组织举办更能彰显"真境"效果的现场观摩与培训，实现区域内多行业集成化展示。

三、虚拟现实 + 教育教学

联合教育部门进行虚拟现实课堂教研，积极编写教学大纲里的虚拟现实数字课程，使学生与各类虚拟物品、复杂现象与抽象概念的互动实操，开发适合青少年使用的虚拟现实服务，推动教学模式向快乐学习、自主体验升级，打造支持自主探究、协作学习的沉浸式新课堂，展现教育智能化水平。

四、虚拟现实 + 文化娱乐

搭建常态化的虚拟现实线上演播、直播环境，丰富虚拟文化娱乐内容，开展舞台艺术、综艺、非物质文化遗产等优质资源进行网络展播，探索观众与表演区新型互动方式，打造虚实融合的"超级现场"沉浸体验，并提供虚拟现实视频拍摄制作、创意摄影、婚纱摄影等数字化服务。

五、虚拟现实 + 商贸流通

积极服务商贸流通，在智慧家装、虚拟看房、大型会展、时尚创意、视频会议、智慧商圈、外卖零售等领域，积极推广虚拟现实技术的开发应用，架设商家与客户间更直观的沟通方式，探索新的市场营销手段，努力实现线上线下同步互动、有机融合的商贸活动体验新模式，打造商贸新场景、新业务。

六、虚拟现实 + 人才培养

基于数字经济人才培养，积极进行产学研合作，与驻地知名高校计算机科学与技术学院有关数字媒体专业合作交流，挂牌成立该专业大学生的校外实践基地，并吸引优秀人才定点实习交流，打造校城融合样板，助力数字经济专业人才的教育与培养。

七、虚拟现实＋跨界运营

遵循新媒体规律，积极利用前沿科技，开启跨领域、跨区域运营模式，努力在宣传推广、教育培训、参观展览、文化娱乐等方面创新拓展新链条，增强自我造血功能，探索多元化发展路径。